会計プロフェッショナルの
税務事案奮闘記 2
ストーリーで学ぶ租税法判例 プラス 30

木田 稔 監修　京滋会 編著
日本公認会計士協会

清文社

発刊にあたってのご挨拶

　本書の発刊にあたりまして，まずもってご協力いただきました多くの皆様に御礼申し上げます。

　日本公認会計士協会は，全国で約31,000名の公認会計士が所属する団体です。1949年（昭和24年）に発足し，制度発足70周年を迎えました。ご高承のとおり，公認会計士は会計の専門家として，監査や税務，コンサルティング等の業務を行い，日本経済を支えるインフラとして監査法人や会計事務所のほか，企業や自治体など多様な分野で活躍しています。

　日本公認会計士協会は16の地域会に分かれており，日本公認会計士協会京滋会（以下「京滋会」と表記いたします。）には，約650名の公認会計士が所属しています。京滋会は1968年（昭和43年）に発足しおかげさまで50周年を迎えることができました。発足以来，京滋会では様々な委員会を設置し活動しております。京滋会の出版委員会では，有志の公認会計士が集まり，会計や監査，コンサルティングなどの様々な分野で出版物を編著してまいりました。出版を通じて専門知識の研鑽を一層深めるとともに，研究成果を読者の皆様に披露することで公認会計士制度の発展に寄与することを目的としており，京滋会のよき伝統となっています。

　2016年に本書の前編である，「会計プロフェッショナルの税務事案奮闘記」の出版がなされました。皆様のご協力もあり，おかげさまで各所から好評のお言葉をいただきました。30の租税法判例を取り上げましたが，重要，かつ公認会計士の観点から興味深い判例は数多くあります。続編発行に対する編集委員の士気は非常に高く，今般，3年間の編集期間をいただき，新たに30の租税判例を選定させていただき，これを題材として小説仕立てでご説明させていただくこととなりました。

　小説の主人公は前回から引き続き，京都で開業する所長公認会計士・税理士の真生と沙也加，藍子，雪の個性あふれる公認会計士・税理士であり，クライアントや友人の様々な相談に対応していきます。ダンディーな所長会計士と3名の魅力的な女性会計士という設定です。京滋会の公認会計士の皆様から，ご自身が小説のモデルになっているのではないかというユーモアのあるご質問をいただいておりますが，ご想像にお任せし，ご回答はご容赦お願いいたします。

　本書では，「事件のいきさつ」として相談内容を，「関連事件を学ぶ」の項目では判例と関連する条文と論点の整理，「事件のゆくえ」では相談内容に対する専門的な見解を説明しています。これは，私たちが日頃，公認会計士の業務

で様々な専門的課題に直面した際に，まず，事実を正確に認識するとともに，次に会計基準や租税などの法令，判例を理解，解釈し，さらには事実を法令等にあてはめて判断するというプロセスと同一であり，ご参考としていただければ幸いです。

　取り上げた判例の税目は法人税，消費税，所得税，相続税等，幅広いものといたしました。また，近年話題となった判例等もできるだけ取り入れるように工夫されています。

　小説の舞台である京都の四季折々の風景と伝統行事を織り込み，登場人物は，仕事の合間には素敵な仲間と多様なワインや日本酒を美味しそうな食事とともに楽しんでいます。スリリングな事件やほのかなラブストーリーも取り入れ，肩肘はらず読んでいただけるようなものとさせていただきました。公認会計士や税理士などの専門家の方々のみならず，租税法や会計を学ぶ学生の方々，企業等で税務会計業務に携わっておられる方々，経営者の方々など多くの方々にとって，租税法判例に触れていただく機会となれば幸いです。

　本書の編著にあたり，京滋会出版委員会の吉川了平委員長のリーダーシップのもと，素晴らしいティームワークをもって16名の出版委員の皆さんには，読者に租税判例に楽しく触れる機会をもっていただきたいという情熱から，多忙な公認会計士の業務から時間を割き，膨大な時間と精力を判例取り上げから執筆，編集に費やしていただいたことに敬意を表します。また，公認会計士協会本部税務委員会の方々の支援，そしてまた，本書のみならず京滋会の出版活動を長年にわたって大いにご協力いただいております株式会社清文社の代表取締役社長小泉定裕氏ならびに編集部の髙橋祐介氏をはじめとする皆様に深謝申し上げます。

　近年，公認会計士に対して，小説で描いた会計税務業務に限らず，上場会社等の監査業務，学校法人や社会福祉法人，医療法人等の非営利団体への監査や会計支援，事業承継をふくむ中小企業の支援，あるいは企業等で働く組織内会計士や社外役員への就任など，様々な分野で専門的能力を活用するようにご要請をいただいております。私たち京滋会に所属する公認会計士は引き続き業務を通じて，地域社会に貢献させていただく所存です。今後とも皆様の公認会計士に対するご支援，ご協力を心よりお願い申し上げます。

　　平成31年3月1日

　　　　　　　　　　　　　　　　　　　　日本公認会計士協会京滋会

　　　　　　　　　　　　　　　　　　　　　会　長　木田　稔

目次

事件 file 01 〜 30 は本書第 1 巻に掲載しています。

事件file 31	海外不動産の購入	2
事件file 32	異母姉妹の相続税	18
事件file 33	むかしのコスト	28
事件file 34	愛より戸籍	40
事件file 35	家修理して保険契約	50
事件file 36	サブリースと賃料	61
事件file 37	海外子会社戦略	72
事件file 38	往復ビンタは殺生やわ!	84
事件file 39	相続財産の取得費	96
事件file 40	公正証書による贈与	106

(1)

目次

事件file 41	過払い固定資産税を国賠で取り戻す	116
事件file 42	はずれ舟券	130
事件file 43	止められた役員賞与	152
事件file 44	過払い源泉税を確定申告で取り戻す	162
事件file 45	株式相続後の暴落	176
事件file 46	クルーザーで日本海	187
事件file 47	真生所長の独り言	197
事件file 48	NPO法人のビジネス	213
事件file 49	親子クリニック	224
事件file 50	固定資産税評価額って信じていいの？	234

事件file 51	給与と報酬との境目	246
事件file 52	消費税を含めるの?	259
事件file 53	会長の懇親会費用	269
事件file 54	違法に収集された証拠	278
事件file 55	騙された投資家の責任	290
事件file 56	みらいのコスト	300
事件file 57	係争中の差額賃料	310
事件file 58	焦げ付いた貸付金	320
事件file 59	FX取引の失敗	330
事件file 60	華やかに輝かしい未来へ	340

税目別目次

租税法一般

遡及立法

事件file **31** 海外不動産の購入 ………………………………… 2
判例：最高裁平成23年9月22日判決・民集65巻6号2756頁

違法収集証拠

事件file **54** 違法に収集された証拠 ……………………… 278
判例：最高裁平成16年1月20日決定・刑集58巻1号26頁

法人税

同族会社の行為計算否認

事件file **36** サブリースと賃料 …………………………… 61
判例：最高裁平成6年6月21日判決・訟月41巻6号1539頁

収益事業

事件file **48** NPO法人のビジネス …………………… 213
判例：最高裁平成20年9月12日判決・訟月55巻7号2681頁

期間帰属

事件file **33** むかしのコスト ……………………………… 28
判例：東京地裁平成27年9月25日判決・税資265号順号12725

債務確定基準

事件file **56** みらいのコスト …………………………… 300
判例：最高裁平成16年10月29日判決・刑集58巻7号697頁

役員報酬（役員賞与）

事件file **43** 止められた役員賞与 …………………… 152
判例：東京高裁平成25年3月14日判決・訟月59巻12号3217頁

交際費

事件file **35** 家修理して保険契約 ⋯⋯⋯⋯⋯⋯⋯⋯⋯⋯⋯⋯⋯⋯⋯⋯⋯⋯⋯ 50
　　　　　　判例：東京高裁平成15年9月9日判決・税資253号順号9426

貸倒損失

事件file **58** 焦げ付いた貸付金 ⋯⋯⋯⋯⋯⋯⋯⋯⋯⋯⋯⋯⋯⋯⋯⋯⋯⋯⋯⋯⋯ 320
　　　　　　判例：最高裁平成16年12月24日判決・民集58巻9号2637頁

所得税

実質所得者課税

事件file **49** 親子クリニック ⋯⋯⋯⋯⋯⋯⋯⋯⋯⋯⋯⋯⋯⋯⋯⋯⋯⋯⋯⋯⋯⋯⋯ 224
　　　　　　判例：東京高裁平成3年6月6日判決・税資183号864頁

非課税所得

事件file **59** FX取引の失敗 ⋯⋯⋯⋯⋯⋯⋯⋯⋯⋯⋯⋯⋯⋯⋯⋯⋯⋯⋯⋯⋯⋯⋯ 330
　　　　　　判例：名古屋地裁平成21年9月30日判決・判時2100号28頁

所得分類

事件file **51** 給与と報酬との境目 ⋯⋯⋯⋯⋯⋯⋯⋯⋯⋯⋯⋯⋯⋯⋯⋯⋯⋯⋯ 246
　　　　　　判例：最高裁昭和56年4月24日判決・民集35巻3号672頁

所得分類・必要経費

事件file **42** はずれ舟券 ⋯⋯⋯⋯⋯⋯⋯⋯⋯⋯⋯⋯⋯⋯⋯⋯⋯⋯⋯⋯⋯⋯⋯⋯ 130
　　　　　　判例：最高裁平成27年3月10日判決・刑集69巻2号434頁

収入金額

事件file **57** 係争中の差額賃料 ⋯⋯⋯⋯⋯⋯⋯⋯⋯⋯⋯⋯⋯⋯⋯⋯⋯⋯⋯⋯⋯ 310
　　　　　　判例：最高裁昭和53年2月24日判決・民集32巻1号43頁

税目別目次

必要経費

事件file 53 会長の懇親会費用 ……………………………………… 269
判例：東京高裁平成24年9月19日判決・判時2170号20頁

譲渡所得

事件file 39 相続財産の取得費 ……………………………………… 96
判例：最高裁平成17年2月1日判決・訟月52巻3号1034頁

損益通算

事件file 46 クルーザーで日本海 …………………………………… 187
判例：東京地裁平成10年2月24日判決・税資230号722頁

配偶者控除

事件file 34 愛より戸籍 ……………………………………………… 40
判例：最高裁平成9年9月9日判決・税資228号501頁

源泉徴収

事件file 44 過払い源泉税を確定申告で取り戻す ………………… 162
判例：最高裁平成4年2月18日判決・民集46巻2号77頁

消費税

免税事業者

事件file 52 消費税を含めるの？ …………………………………… 259
判例：最高裁平成17年2月1日判決・民集59巻2号245頁

仕入税額控除

事件file 47 真生所長の独り言 ……………………………………… 197
判例：最高裁平成16年12月16日判決・民集58巻9号2458頁

(6)

相続税

相続財産

事件file 60　華やかに輝かしい未来へ ……………………………… 340
　　　判例：最高裁平成22年10月15日判決・民集64巻7号1764頁

株式評価

事件file 37　海外子会社戦略 ……………………………………………… 72
　　　判例：東京高裁平成25年2月28日判決・税資263号順号12157

後発事象

事件file 45　株式相続後の暴落 ……………………………………… 176
　　　判例：大阪地裁昭和59年4月25日判決・行集35巻4号532号

連帯納付義務

事件file 32　異母姉妹の相続税 …………………………………………… 18
　　　判例：最高裁昭和55年7月1日判決・民集34巻4号535頁

贈与

事件file 40　公正証書による贈与 ……………………………………… 106
　　　判例：名古屋高裁平成10年12月25日判決・訟月46巻6号3041頁

その他

加算税

事件file 55　騙された投資家の責任 ………………………………… 290
　　　判例：最高裁平成18年4月20日判決・民集60巻4号1611頁

適正な時価

事件file 50　固定資産税評価額って信じていいの？ ……………… 234
　　　判例：最高裁平成15年6月26日判決・民集57巻6号723頁

税目別目次

不動産取得税

事件file 38 往復ビンタは殺生やわ！ ·· 84
判例：東京地裁平成26年8月26日判決・LEX/DB25520864

国家賠償請求

事件file 41 過払い固定資産税を国賠で取り戻す ································ 116
判例：最高裁平成22年6月3日判決・民集64巻4号1010頁

凡　例

本書で使用する略語例は以下のとおりです。

民集…最高裁判所民事判例集　　　　刑集…最高裁判所刑事判例集

裁判集民…最高裁判所裁判集民事　　裁判集刑…最高裁判所裁判集刑事

行集…行政事件裁判例集　　　　　　高民集…高等裁判所民事判例集

訟月…訟務月報　　　　　　　　　　税資…税務訴訟資料

判時…判例時報　　　　　　　　　　判タ…判例タイムズ

民録…大審院民事判決録　　　　　　裁集…裁決事例集

※本書の内容は，平成31年3月1日現在の法令によっています。
　また本書は，日本公認会計士協会京滋会出版委員会メンバーによる租税法判例研究の成果を集約したものであり，本文中意見にわたる部分については日本公認会計士協会の見解ではないことをお断りしておきます。

事件file 31

海外不動産の購入

上告審：最高裁平成23年9月22日判決・民集65巻6号2756頁
控訴審：東京高裁平成20年12月4日判決・民集65巻6号2891頁
第一審：千葉地裁平成20年5月16日判決・民集65巻6号2869頁

事件のいきさつ

公認会計士，真生の事務所は，「まるたけえびすにおしおいけ　あねさんろっかくたこにしき…」と京童[1]に歌い継がれた竹屋町通にある。御所からも近く，風情豊かな京町家に居を構えている。所長の真生自らが師範を務める合気道道場と執務スペースとの間に造られた中庭は，彼のお気に入りだ。仕事の腕は一流だが酒には目がなく，この中庭で酒を嗜んでいる。

今日は，急遽予定がなくなったため，楽しみにとっておいたソノマのソーヴィニヨンブランを飲んで過ごすことにした。京滋会の同士で訪ねたサンフランシスコ[2]で仕入れた逸品である。すでに桜が咲き始めてはいるがまだ少し肌寒い。

世の中は30余年続いた「平成」の時代が終わり，新たな時代の幕が開けようとしている。"いったいどのような時代になるのだろうか？"，そんな真生の心配は気苦労にすぎないと言わんばかりに，女子学生たちが楽しそうにふざけあっている声が聞こえる。

その娘たちの声が妹の藍子との記憶を

MEMO
1 「京都の通り名」歌
2 日本公認会計士協会京滋会50周年記念企画

思い出させる。藍子との初対面は，彼女が中学生の時だった。会計事務所を営んでいた父が倒れ，京都第三赤十字病院に緊急搬送された時，真生は初めて年の離れた妹がいることを知った。

　真生の母はもともと身体が弱く，彼を産むとすぐに他界した。父との男二人の生活はどこかぎこちなく，物心がついた頃には京都を離れることばかりを考えていた。高校を卒業すると同時に家を出て，それ以来10年以上京都に戻ることはなく，連絡すら取っていなかった。しかし父や藍子の母に懇願され，生まれ故郷に戻ることにした時，全く抵抗を感じなかったのは不思議だった。

　公認会計士という資格を取得し，大手監査法人で充実した東京ライフを過ごしていたつもりだったが，京都の空気が恋しかったのかもしれない。まさか妹の藍子と一緒に仕事をすることになるとは考えもしなかったのだが…。父は退院後，介護が必要な身体となり，今は染色の仕事をしている藍子の母と和やかに暮らしている。

　ついつい人生を振り返りながら，時計を見れば，もうその時間だった。
「そろそろ到着する頃か」
　独り言を呟いた。

　一方，藍子は真生のことなど意中になく，ほろ酔い気分で夜のハワイ，ダニエル.K.イノウエ国際空港に降り立った。APC（Automated Passport Control）と呼ばれる自動のキオスクマシーンを利用したが，入国審査の時間は変わらないような気がする。荷物を取って周りを見渡すと，友人の圭子が手を振ってくれていた。

「ごめんね。遠くまで。疲れたやろ」
「疲れてへんけど，寝不足なのは確かやね。久しぶりのジャンボが嬉しすぎて。コックピットも懐かしかったわぁ」

　飛行機好きの藍子は，懐かしのボーイング747-400の記念フライトがあるというので昼着の直行便を避け，わざわざそれに乗り継いでやってきたのである。もちろん搭乗時には，コックピットでパイロットとしっかり記念撮影をしてきた。

　圭子は一週間前にこちらに到着しており，すっかり車の運転にも慣れているようだった。いつもは渋滞のハイウェイもさすがに流れている。久々のハ

ワイの夜景を眺めているとすぐに圭子が借りているコンドミニアムに着いた。
「それで，相談ってなに？」
　一息ついたところで，藍子は圭子に尋ねた。二人は知り合って長くはないが，日本舞踊の発表会を通じてとても気さくな関係になっていた。今回藍子はバカンスにきたわけではない。圭子に相談があると言われ，わざわざハワイまでやってきたのだ。もちろん，確定申告明けの休暇を兼ねてはいる。
「草津のマンション[3]，近隣の大学の学部移転などで一時落ち込んだけど，今は知ってのとおり順調でしょ。で，この機会に節税を兼ねてこっちにコンドミニアムを購入しようと思っているの。ハワイも不動産も好きだし。ねっ，どう思う？」
　いきなり「どう思う？」と聞かれても，藍子には答えようがない。
「コンドミニアムといっても，いろいろなタイプがあるでしょ。価格も違えば，管理状態も違うし」
　藍子の言葉が途切れるのを待って，圭子が話し出した。

MEMO

3　第1巻事件file 6「WiFiの導入」参照。

事件 file **31**

海外不動産の購入

「いくつか候補は絞ったの。だから明日，一緒に見てくれない？　それに，口座開設や税金のことも詳しく教えてほしいの。藍子，海外のことよく知ってるでしょ」

「いいわよ。で，税金って，ハワイでのこと？　それとも日本でのこと？　それに，そのコンドミニアムは法人で買うの，個人で買うの？　現金，それとも借入れ？　法人なら，金利の上乗せがあるでしょ」

　藍子の質問に，圭子がすぐに答えた。

「全部教えてほしいの。法人，個人，いずれで買うべきかも。それに最近，海外取引について規制が厳しくなってるでしょ。もしコンドミニアムを購入した年に，日本での所得との相殺を認めなくなったらどうなるの？　その年の節税効果さえ期待できないの？」

「そうね。きちんと説明しておいた方がよさそうね。ちなみに，その物件は運用して貸すつもりなの？　それとも値上がり益を期待するつもり？」

「為替を含めた値上がり益狙いやけど，置いといても仕方ないから，貸そうと思っているの。最近日本でも盛んになってきてるバケーションレンタル[4]ってやつね」

「なるほどね。いい試みだと思うわぁ」

　そう言うと，藍子は少し考えて話を続けた。

「まず，バケーションレンタルをすれば，もちろんこっちでも所得の申告は必要よ。私がやってあげてもいいんだけど，こちらの公認会計士に頼んだ方がいいわね，友人を紹介するわ。何か困ったことがあった時にすぐに対応できると思うし。固定資産税は，管理会社によるだろうけど，管理費と一緒に徴収されるわ。管理会社を選ぶ時に，確認しましょうね。

　あと，日本の税金のことは，明日ゆっくりと説明するわね。さっき言ってたこと…，例えば春にコンドミニアムを買うとして，年末直前に国内所得と海外不動産に係る損失との損益通算禁止の税制改正が行われて，その適用が期首あるいは年初に遡ってしまうようなケースのことね。可能性としては法

MEMO

4　Vacation Rental。「バケレン」とも略称され，国内では「民泊」と訳されることもある。

05

人の場合，個人の場合問わず，同じようなことが起こりうるわね」

そう言うと藍子は，ノートに簡単なメモを書いて圭子に見せた。

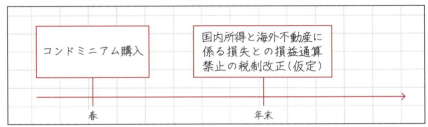

「相変わらずよく分かるわね。それとね，今のうちに購入しておけば，その適用が除外になる，なんてことはないわよね？ 何か他にいい方法はないのかしら…」

圭子の半ば独り言のような質問に，藍子は答えず，簡単な図を描きながら，タブレットを取り出して，損益通算の廃止を巡る判例を探し始めた。

関連事件を学ぶ

(1) 事案の概要

納税者Xは，平成16年1月30日に不動産譲渡の売買契約（取得価額4,300万円，譲渡価額1,750万円）を締結し，同年3月1日に買主に引き渡した。本件譲渡に伴い，譲渡所得の金額の計算上損失の金額（約2,500万円）が生じた。平成16年分の所得税の確定申告については他の所得との損益通算は行わずに申告したが，その後，損益通算が認められるべきものとして更正の請求を行った。

これに対し，更正をすべき理由がない旨の通知処分がなされ，異議申立ておよび審査請求が棄却された。納税者Xは，本件改正附則は憲法84条に違反し無効であるので，本件通知処分は取り消されるべきである，として取消訴訟を提起したという事件である。

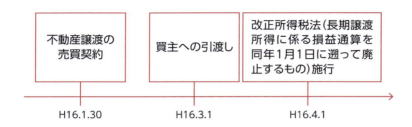

(2) 当事者の主張
①納税者Xの主張
　所得税の遡及立法については，年度開始前に納税者が一般的に十分予測できる場合に限って許される。本件は，年度開始前にほとんど一般に周知されておらず，納税者に予測可能性があったとはいえないから，本件遡及立法は納税者の信頼を裏切るものであって，憲法84条に違反する。

②課税庁Yの主張
　本件改正附則は，「所得税の期間税としての性質上むしろ当然のことであり，遡及立法禁止の原則に違反しない」。また本件改正附則の立法目的は，市場中立的な税体系を構築することにあり，早急な実施が必要であった。さらに，損益通算の廃止は前年よりある程度国民に対して周知していた。
　したがって，本件改正附則の立法目的は正当であり，その内容はその立法目的との関連で合理的だから，本件改正附則は憲法84条に違反しない。

(3) 最高裁（平成23年9月22日判決・民集65巻6号2756頁）の判示事項
①納税者の租税法規上の地位について
　「所得税の納税義務は暦年の終了時に成立するものであり（国税通則法15条②一号），…改正法が施行された平成16年4月1日の時点においては同年分の所得税の納税義務はいまだ成立していないから，本件…長期譲渡に適用しても，所得税の納税義務自体が事後的に変更されることにはならない。」
　「しかしながら，長期譲渡は既存の租税法規の内容を前提としてされるのが通常と考えられ，また，所得税が1暦年に累積する個々の所得を基礎として課税されるものであることに鑑みると，改正法施行前にされた上記長期譲渡

について暦年途中の改正法施行により変更された上記規定を適用することは，これにより，所得税の課税関係における納税者の租税法規上の地位が変更され，課税関係における法的安定に影響が及び得る」ことになる。

②憲法84条違反について

「憲法84条は，課税要件及び租税の賦課徴収の手続が法律で明確に定められるべきことを規定するものであるが，これにより課税関係における法的安定が保たれるべき趣旨を含むもの」である。

「そして，法律で一旦定められた財産権の内容が事後の法律により変更されることによって法的安定に影響が及び得る場合における当該変更の憲法適合性については，当該財産権の性質，その内容を変更する程度及びこれを変更することによって保護される公益の性質などの諸事情を総合的に勘案し，その変更が当該財産権に対する合理的な制約として容認されるべきものであるかどうかによって判断すべきものである」。

本件「暦年途中の租税法規の変更及びその暦年当初からの適用によって納税者の租税法規上の地位が変更され，課税関係における法的安定に影響が及び得る場合においても，これと同様」である。「なぜなら，このような暦年途中の租税法規の変更にあっても，その暦年当初からの適用がこれを通じて経済活動等に与える影響は，当該変更の具体的な対象，内容，程度等によって様々に異なり得るものであるところ，上記のような租税法規の変更及び適用も，最終的には国民の財産上の利害に帰着するものであって，その合理性は上記の諸事情を総合的に勘案して判断されるべきものであるという点において，財産権の内容の事後の法律による変更の場合と同様」だからである。

「したがって，暦年途中で施行された改正法による本件損益通算廃止に係る改正後措置法の規定の暦年当初からの適用を定めた本件改正附則が憲法84条の趣旨に反するか否かについては，上記の諸事情を総合的に勘案した上で，このような暦年途中の租税法規の変更及びその暦年当初からの適用による課税関係における法的安定への影響が納税者の租税法規上の地位に対する合理的な制約として容認されるべきものであるかどうかという観点から判断する」。

③あてはめ

「長期間にわたる不動産価格の下落により既に我が国の経済に深刻な影響が生じていた状況の下において，本件改正附則が本件損益通算廃止に係る改正

後措置法の規定を暦年当初から適用することとしたことは，具体的な公益上の要請に基づくものであったということができる」。

「そして，このような要請に基づく法改正により事後的に変更されるのは…納税者の納税義務それ自体ではなく，特定の譲渡に係る損失により暦年終了時に損益通算をして租税負担の軽減を図ることを納税者が期待し得る地位にとどまるものである。納税者にこの地位に基づく上記期待に沿った結果が実際に生ずるか否かは，当該譲渡後の暦年終了時までの所得等のいかんによるものであって，当該譲渡が暦年当初に近い時期のものであるほどその地位は不確定な性格を帯びるもの」である。

「本件損益通算廃止に係る改正後措置法の規定の暦年当初からの適用が具体的な公益上の要請に基づくものである一方で，これによる変更の対象となるのは上記のような性格等を有する地位にとどまる」。

また「改正法の施行日の前日までの期間をその適用対象に含めることにより暦年の全体を通じた公平が図られる面があり，また，その期間も暦年当初の3か月間に限られている。」

「納税者においては，これによって損益通算による租税負担の軽減に係る期待に沿った結果を得ることができなくなるものの，それ以上に一旦成立した納税義務を加重されるなどの不利益を受けるものではない」と判示し，納税者Xによる上告を棄却した。

関係条文を読む

⑴憲法84条（租税法律主義）

あらたに租税を課し，又は現行の租税を変更するには，法律又は法律の定める条件によることを必要とする。

⑵国税通則法15条②《納税義務の成立及びその納付すべき税額の確定》

納税義務は，次の各号に掲げる国税…については，当該各号に定める時…に成立する。

一　所得税…　暦年の終了の時

三　法人税…　事業年度…の終了の時

⑶租税特別措置法31条①《長期譲渡所得の課税の特例》（現行）

個人が，…土地等…又は…建物等で，…所有期間が5年を超えるものの譲渡…をした場合には，当該譲渡による譲渡所得については，…他の所得と区分し，その年中の当該譲渡

に係る譲渡所得の金額（…以下…「長期譲渡所得の金額」という。）に対し，長期譲渡所得の金額…の100分の15に相当する金額に相当する所得税を課する。この場合において，長期譲渡所得の金額の計算上生じた損失の金額があるときは，同法その他所得税に関する法令の規定の適用については，当該損失の金額は生じなかつたものとみなす。

(4) **改正措置法附則27条①**

新租税特別措置法31条の規定は，個人が平成16年1月1日以後に行う同条①に規定する土地建物等の譲渡について適用し，個人が同日前に行った旧租税特別措置法31条①に規定する土地建物等の譲渡については，なお従前の例による。

(5) **所得税法69条①《損益通算》**

総所得金額…を計算する場合において，不動産所得の金額…又は譲渡所得の金額の計算上生じた損失の金額があるときは，…これを他の各種所得の金額から控除する。

主要論点について考える

(1) **下級審判例を読む**

――第一審（千葉地判平成20年5月16日・民集65巻6号2869頁）および控訴審（東京高判平成20年12月4日・民集65巻6号2891頁）――

千葉地裁は，損益通算の廃止理由について，「分離課税の対象となる土地建物等の譲渡所得に対する課税については，利益が生じた場合には比例税率の分離課税とされている一方で，損失が生じた場合には総合課税の対象となる他の所得の金額から控除することができるという主要外国に例のない不均衡な制度である」としている。

また，「関係改正規定の適用を1年間遅らせるとした場合，節税のための損益通算を目的とした安売りによる土地の売却を招いて，土地市場に不測の影響を及ぼすおそれがあ」った，と指摘する。

本件遡及立法に関わって，「損益通算については…個々の譲渡の段階において適用されるものではなく，対象となる譲渡所得の計算も，個々の譲渡の都度されるものでもなく，1暦年を単位とした期間で把握される（所得税法33条③）ものである。そうすると，本件において，平成16年分の<u>所得税の課税期間が開始したものの，その所得税の納税義務が成立する以前に行われた本件譲渡についても改正措置法を適用する旨を定めた本件改正附則は，厳密にいえば，遡及立法には該当しない</u>」とする。

その上で，「本件のように厳密には租税法規の遡及適用であるとはいえないような場合は，…立法裁量の逸脱・濫用の有無を総合的見地から判断する中で，当該立法によって被る納税者の不利益をも斟酌する」べきとする。

本件改正附則の憲法適合性については，立法目的および，立法目的との関連における本件改正附則の措置の合理性の観点から判断された結果，立法目的は上述のとおりであって正当であり，本件措置が著しく合理性を欠くものではなく，本件改正附則は憲法84条に違反しないと判示し，納税者Xの請求を棄却した。

東京高裁は，「所得税は，いわゆる期間税であり…暦年の途中においては，納税義務は

未だ成立していない」から，「厳密な意味では，遡及立法ではない」という点について，そうであるとしても，「暦年当初への遡及適用…によって納税者に不利益を与える場合には，憲法84条の趣旨からして，その暦年当初への遡及適用について合理的な理由のあることが必要である」と判示する。

　暦年当初への遡及適用に合理的な理由があるか否かについては，最大判S60.3.27（民集39巻2号247頁）を引用し，「租税は，今日では，国家の財政需要を充足するという本来の機能に加え，所得の再配分，資源の適正配分，景気の調整等の諸機能をも有しており，国民の租税負担を定めるについて，財政・経済・社会政策等の国政全般からの総合的な政策判断を必要とするばかりでなく，課税要件等を定めるについて，極めて専門技術的な判断を必要とする…。したがって，租税法の定立については，国家財政，社会経済，国民所得，国民生活等の実態についての正確な資料を基礎とする立法府の政策的，技術的な判断にゆだねるほかはなく，裁判所は，基本的にはその裁量的判断を尊重せざるを得ない」と指摘し，当時の実情について7つの観点から検討がなされた。

　その結果，暦年当初への遡及適用には合理的な理由があり，暦年当初への遡及適用を行うものとしたことに立法府の合理的裁量の範囲を超えるところはないとして，納税者Xの控訴を棄却した。

⑵土地，建物等の長期譲渡所得の課税の特例の改正と長期譲渡所得の税額の計算方法

　当時の「平成16年分 所得税の改正のあらまし」（1-2頁）によると，「土地，建物等の長期譲渡所得の課税の特例の改正」について，次のように記載されている（国税庁ホームページ参照）。

「①長期譲渡所得の課税の特例（措法31）について，土地，建物等を譲渡した場合の税率軽減の特例が廃止され，次のように税率が引き下げられました。

（改 正 前（特例措置））　　　特別控除後の譲渡益20%

（改 正 後）　　　　　　　特別控除後の譲渡益15%

　③長期譲渡所得の100万円特別控除が廃止されました（旧措法31）。

　④土地，建物等の長期譲渡所得の金額の計算上生じた損失の金額については，土地，建物等の譲渡による所得以外の所得との通算及び翌年以降の繰越しを認めないこととされました（措法31）」。

　また，長期譲渡所得の税額の計算方法は次のとおりである。

　課税長期譲渡所得金額＝譲渡価額－（取得費＋譲渡費用）－特別控除（居住用財産を譲渡した場合の3,000万円の特別控除の特例等）

　長期譲渡所得の税額は，課税長期譲渡所得金額×15%（住民税5%）および復興特別所得税（平成49年まで。基準所得税額の2.1%）である。

⑶憲法84条の解釈について

　本判決によれば，憲法84条は課税関係における法的安定が保たれるべき趣旨を含むものとされ，租税法学説では租税法規の不利益遡及禁止の趣旨を含むものと解されている（金子宏（2014年）『租税法（第19版）』111頁，弘文堂）。

　合憲性の判断枠組みにはおよそ次のようなものがある。

①立法裁量を広く認める見解
②諸事情の比較衡量によるべきとする見解
③随時税か基幹税に着目する見解
④立法についての予測可能性が必要とする見解
　他方，民事・行政法分野における不利益遡及立法の許容性は，次のようである。
①予測可能性があり権利自由の保障と調和することが必要とする見解
②予測可能性または客観的合理性を求める見解
③合理的理由を求める見解
④3要素を考慮すべきとする見解
　以上のような学説があるなか，本判決は，最大判S53.7.12（民集32巻5号946頁，事後法による財産権内容変更の合憲性事件）と同様の枠組みを適用し，「変更の対象となる権利の性質，その内容を変更する程度，それにより保護される公益の性質などを総合考慮すべきものとした」。また，租税法規の変更および適用は，「国民の財産上の利害に帰着する」ので「財産権の内容の事後の法律による変更の場合と同様」であるとの位置付けを図ったのである（小林宏司（2014年）『最高裁判所判例解説民事篇平成23年度（下）』644-652頁，法曹会）。

⑷ **本件判例の問題点**

　本件判例における問題点は次の4点である。すなわち，①所得税が期間税であることに鑑みると，本件譲渡は当該所得税の納税義務が成立する前の取引であるから，遡及課税には該当しないといえるのか，②税制改正大綱や一部の新聞報道をもって予測可能性があるといえるのか，③駆け込み譲渡防止等の社会的要請（公益）に基づくことを理由に合理性があるといえるのか，むしろ不動産の流通を阻害する要因となるのではないか，④所得税法上の「所得」が包括的所得概念であると解されていながら，分離課税であることを理由に損益通算の必要はないといえるのか，これらである（品川芳宣（2014年）『重要租税判例の実務研究』142-143頁，大蔵財務協会）。

　また論者によれば，本件判例は「遡及立法の一般的な公益性のみを強調」し，「衡量すべきXの事情の把握に十分踏み込んでいない」，「Xの改正前の法状況への信頼の具体的把握が極めて希薄」である，という問題点があると指摘されるところである（首藤重幸（2016年）中里実他『租税判例百選（第6版）』11頁，有斐閣）。

⑸ **参考判例**

　本件関連事件とほぼ同様の事案について争われた裁判例として，最判H23.9.30（民集237号519頁），福岡高判H20.10.21（税資258号順号11056，第一審・福岡地判H20.1.29・税資258号順号10874）がある。次のとおり，前者の最判H23.9.30（民集237号519頁）は本件関連事件と概ね同様であり，他方，後者の福岡地判H20.1.29（税資258号順号10874）は納税者勝訴として注目を浴びている。

①最判平成23年9月30日（民集237号519頁）

　これは平成15年12月26日に契約を締結し，これを同16年2月26日に買主に引渡してその代金を受領した，という事件である。上掲の最判H23.9.22（民集65巻6号2756頁）

と同様の判示をして上告を棄却している。ただし，須藤正彦裁判官の補足意見に興味深い指摘があるので紹介しておきたい。

「所得税は，暦年の終了時に納税義務が成立するいわゆる期間税であって，…暦年末日との間隔で，それに近い時点であるほどに，各種所得の累積結果の見通しは確定的になるといえるから，所得税額の見通しもまた確定的になり，納税者の長期譲渡所得に係る損益通算に関しての期待的地位は，いわば納税義務が成立したときに準ずる状態として形成されて来るといえ，納税者の経済活動等も当然これに対応したものになる」。

「そうすると，暦年末日に近い時期，例えば，<u>11月か12月頃に，それまでの格別の周知が施されていない状況下で，そのような立法をなすことは，通常，納税者の経済活動等における法的安定性や予測可能性を著しく害する上，法に対する国民の信頼を失わしめ，個人の尊厳や財産権の保障の趣旨に背馳するともいえるから，憲法84条の趣旨及び憲法13条，29条の視点に照らして重大な疑義がある。損益通算廃止規定を暦年当初から適用することによって保護される公益などが厳格に明らかにされない限り，そのような立法は，裁量の範囲を逸脱するものとして，憲法84条に反し，憲法13条，29条の視点からみてもそぐわないことにな</u>」る。

「また，その変更の時期が年央（6，7月頃）であるような場合も，半年という経済活動等の期間は一つのまとまりをなし，そこで各種所得の累積結果に従って所得税額の見通しも立って来ているといえようから，損益通算廃止を暦年当初から適用することによって保護される公益などの一層の具体性が要求され，これが明らかにされないと違憲の疑いが生じる」とする。

また，千葉勝美裁判官の補足意見をみると，本件のようなケースにまで改正法を「適用させることは，<u>不測の不利益を与えることにもなり，また，必ずしも駆け込み売却を防止するという効果も期待し難</u>」く，「<u>いわば既得の利益を事後的に奪うに等しい税制改正の性格を帯びるものであるから，憲法84条の趣旨を尊重する観点からは，上記のようなケースは類型的にその適用から除外する</u>」べきと指摘する。

②福岡地判平成20年1月29日（税資258号順号10874）

この事件は，平成16年3月10日，その当時の租税法規により損益通算が可能であると信じて，本件譲渡資産の売却を行ったのに，本件改正により，これが認められなくなったというものである。

福岡地裁は，租税法規不遡及の原則についてまず，「刑罰法規とは異なり，憲法上遡及適用を禁じる旨の明文の規定がないほか（憲法39条前段参照），適時適切な景気調整等の役割も期待されていることなどにかんがみると，<u>租税法規不遡及の原則は絶対的なものではなく，租税の性質，遡及適用の必要性や合理性，国民に与える不利益の程度やこれに対する救済措置の内容，当該法改正についての国民への周知状況等を総合勘案し，遡及立法をしても国民の経済生活の法的安定性又は予見可能性を害しない場合には，例外的に，租税法規不遡及の原則に違反せず，個々の国民に不利益を及ぼす遡及適用を行うことも，憲法上許容される</u>」とする。

また，本件改正を遡及適用に該当するとし，「<u>期間税の場合であっても，納税者は，そ</u>

の当時存在する租税法規に従って課税が行われることを信頼して，各種の取引行為等を行うのであって，そのような納税者の信頼を保護し，国民生活の法的安定性や予見可能性の維持を図る要請は，期間税であるかどうかで変わりがない」と判示した。

　その上で，本件改正の遡及適用は，例外的に許される場合にあたるか否かについて，「遡及適用の必要性・合理性」，「本件改正の国民への周知状況」，および「本件改正が国民に与える不利益の程度」の視点から総合的に判断し，「本件改正の遡及適用が，国民に対してその経済生活の法的安定性又は予見可能性を害」するものである。「損益通算目的の駆け込み的不動産売却を防止する必要性も，駆け込み期間を可及的に短くする限度で許容されるのであって，それを超えて国民に予見可能性を与えないような形で行うことまでも許容するものではない」ことから，本件改正は租税法規不遡及の原則（憲法84条）に違反し，違憲無効としたのである。

　しかしながら，福岡高判H20.10.21（税資258号順号11056）は，「納税者に不利益な租税法規の遡及適用であっても，遡及適用することに合理性があるときは，憲法84条の趣旨に反し違憲となるものではない」として，原判決を取り消し，納税者Xの請求を棄却したのである。

📖 事件のゆくえ

　ダイヤモンドヘッドの麓にあるフレンチ・レストランから，美しいサンセットを眺めた後，藍子は調べた判例について一通り説明した。

「なるほどねぇ。もしも法が改正されれば，それ以前の取引にも適用されることがあるのね」

「補足意見や福岡地裁のスタンスを使って争えなくはないけれど，厳しいでしょうね。国際的租税回避行為への対抗策という『具体的な公益上の要請』を否定するのは[5]」

「期待しすぎはダメということね。ところで，おさらいしたいんだけど，税制上どういうメリットがあるのかしら？」

　きっと圭子は目前のコンドミニアムに惹かれていて，あまり深くは考えていないのだろう。

「そうね。まずハワイの不動産は中古市場がしっかりしていて，中古物件だ

MEMO

5　原省三（2007年）「国際課税のあり方と今後の課題について」『税大論叢』54号

からといって国内のように暴落しないのよね。日本円に換算すれば，築約40年ぐらいのコンドミニアムでも，10年前の約2倍になっているわ。それに最近ではテロ等の反動で比較的安全なハワイが好まれ，古くても室料が下がらないから価格も収益も安定しているの。

　それに加えて，中古物件に人気があるのは減価償却の問題ね。通達では，使用可能期間の見積もりが困難な時やけど，耐用年数が次のようになっているわ」

　そう言うと藍子はタブレットを開けて，国税庁のタックスアンサーNo.5404「中古資産の耐用年数」を見せた[6]。

> **(1)法定耐用年数の全部を経過した資産**
> 　その法定耐用年数の20％に相当する年数
> **(2)法定耐用年数の一部を経過した資産**
> 　その法定耐用年数から経過した年数を差し引いた年数に経過年数の20％に相当する年数を加えた年数

「仮に40年が経過したコンドミニアムで簡便法が利用できるなら，8～9年で減価償却できることになるわね。しかも，ハワイの不動産は国内の不動産と違って，売買価格のうち建物の占める割合が高いから，その分，減価償却できる範囲が増えるのよ。まぁ，カカアコあたりの再開発地区の新築不動産なら関係ないけど」

　圭子は真剣な様子で何度も頷いている。

「なるほどねぇ。ますますほしくなったわぁ。藍子は新築と中古どっちがいいと思う？」

「難しいところやね。当たり前やけど，新築はデザインも設備も何もかも素敵やし，カカアコ地区は空港からのモノレールもできるし，ね。アラモアナ

MEMO

6　簡便法。なお，「その中古資産を事業の用に供するために支出した資本的支出の金額がその中古資産の再取得価額（中古資産と同じ新品のものを取得する場合のその取得価額をいいます。）の50％に相当する金額を超える場合には，耐用年数の見積りをすることはできず，法定耐用年数を適用する」こととされている。

の開発も凄いし。でも，新築なら最近の為替レートや入国管理状況を見てると，違う国の方がいいかもね。バケレンもできないだろうし。そう言えば，日本の鉄道会社がベトナム・ホーチミンでも住宅開発を始めてるそうよ。次は5,000戸規模とか」

「藍子は不動産のこともほんと詳しいのね。そうそう，エスクロー[7]はどうしようかしら？ ハワイで不動産を買うのは初めてだから分からないことが多いわ」

「売買当事者の交渉で決めるけれど，大抵は買い手側の不動産業者が選んでくれるわ。あと，売買を申し込んでからのスケジュールがとてもタイトよ。平均70日で購入ってところかな。ねぇ，購入資金はどうするの？」

　藍子の質問に圭子が答える。

「半分ぐらいはローンね。具体的にはどんなスケジュールになりそうなの？」
「そうね。不動産業者から相手側に購入の打診をして，金額等々の条件で合意が整って，売主側が承諾したら，その日から契約書のスケジュールどおりに進んでいくことになるわ。契約書は英文で15ページぐらいかな。

　で，売買申込みが承諾されたらすぐに，エスクロー宛てに1,000ドルぐらいの保証金の支払が必要になるわ。その後，通常14日以内に部屋の検査ね。ホームインスペクションといって，500ドルぐらいかな。これは圭子の負担ね。それと，シロアリ検査。これは売主負担ね。問題なければ，その旨を売主側に伝えて，その日から3日以内に2回目の保証金の支払となるの。3,000ドルぐらいかなぁ。

MEMO

7　売主と買主の間に立つ中立な第三者機関。売買代金のやり取り等，名義変更までの手続を一括して行い，取引とその安全を監視するシステムと言われる。

事件file 31

海外不動産の購入

　しかも，その間に売主情報開示書や大量のコンドドキュメント[8]が届くのよ。要点は教えてあげるけど，難解な文書も多くて全部は分からないと思うわ。弁護士に依頼するという手もあるわよ。大型の新築案件の場合は，日本語訳の添付もあるけど」

「何か，めちゃくちゃ大変なのね」

「それなりの楽しみと効果があるんやから，当然よ。それにうちには語学堪能な雪ちゃんもいるし，安心して」

　藍子は圭子に説明を続ける。

「そう言えば，法人で購入するなら時前にハワイ州での外国法人登録と連邦納税者番号の取得が必要になるわ。まぁ，これはこちらの公認会計士に頼めばすぐにできるわ。

　それにね，法人での借入れはレートも高くなるし，個人で買うより少し大変よ。でも，日本の税金のことを考えると，法人の方が得策かもね。まっ，それは明日，検討しましょうね[9]」

　そう言うと二人は，ハワイの心地よい風を感じながら，当地の食材を活かしたフレンチを食べ始めた。

MEMO

8　コンドミニアム・ドキュメント。居住するために必要なルールや条項等が記載されている書類。例えばコンドミニアムの設立宣言，コンドミニアムの定款と改定履歴，住環境管理約款，付属定款・内規，定期会議の議事録（直近数回分），年度総会の議事録，ハウスルール，前年度の収支報告書，現年度の管理組合予算，財務報告書，保険・土地区画・修繕費用に関する資料。

9　国内コンドミニアムをめぐる損益通算（所得税）については，事件file46「クルーザーで日本海」参照。

17

事件file 32

異母姉妹の相続税

上告審：最高裁昭和55年7月1日判決・民集34巻4号535頁
控訴審：大阪高裁昭和53年4月12日判決・民集34巻4号563頁
第一審：大阪地裁昭和51年10月27日判決・民集34巻4号552頁

事件のいきさつ

　京都の春は花街のをどりで華やかに始まる。3月末から上七軒の北野をどりが開催され，4月に入ると祇園甲部の都をどり，宮川町の京おどり，先斗町の鴨川をどりと続く。艶やかな芸舞妓衆の舞に魅了されるひと時である。雪は学生時代のアルバイト先の店長だった康子と都をどりを観賞した後，祇園の割烹【たに源】で康子の相談を受けていた。
「店長，芸舞妓さんのをどりは華やかで雅でしたね」
　雪はアルバイトを辞めた後もずっと康子のことを店長と呼んでいる。
「最高やね。改めて都のよさを実感するわぁ。ここのお店の料理もおいしいし」
「そうでしょ。私たちのお気に入りのお店なんで，是非又気軽に訪ねてくださいね。大将らもみんな男前やし」
「うん，必ず来るわね」
　雪と康子は，京料理と伏見の日本酒【水天一碧】を堪能した。この名前のとおり，深い青色の瓶に入ったこのお酒はとてもフルーティーで，沙也加に教えてもらったなかで雪の一番のお気に入りである。
　料理が落ち着いたところで，康子が切り出した。
「それで雪先生，相談があるんやけど，聞いていただけませんか？」
　康子が改まって切り出した。もちろん雪に断る理由はない。
「実は父が1年半ほど前に亡くなって。それで預金や株，実家を含む不動産を相続したんやけど，相続の際に調べると実は父には一人，春江っていう子がいたんよ。母は10年以上前に亡くなっていて，そのことを知らなかったんやと思うねん。あんだけしっかりした母なら，私に話してくれてたはずやから。

事件file 32

異母姉妹の相続税

 で，相続人は私と春江になったんだけど，何とか連絡がついて，遺産分割協議をした結果，私が実家の不動産を主に相続して，春江が預金と株を相続することにしてん。
 遺産分割協議は正直，納得いかないことも多かったけど，そこは割り切って進めたわ。だけど，困ったことになってしもうて」
「何があったんですか？」
 まだ内容の読めない雪が合いの手を入れた。
「その春江って子がずっと相続税を払わずに，そのままにしておいたみたいで，最近税務署から連絡がきたの。これって私が納付せなあかんもんなん？そやったら，うち，納得いかへんわ。ただでさえ，預金や株を遺産分割協議で渡してるのに。その子が当然払うもんちゃうの。何とかならんもんやろか」
 雪はその話を聞きながら，所内研修で検討した事例を思い出していた。

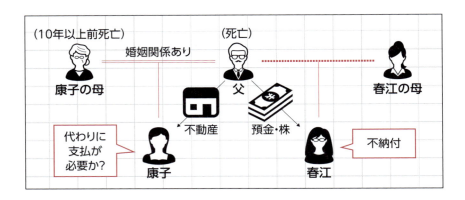

「分かりました。今日はお酒も入っていることやし，きちんと説明したいので，明日事務所にお越しいただけませんか」

「ええ，もちろん伺うわ。なら雪ちゃん，今からもう一軒，行かへん？」

「ごめんなさい。今夜は事務所で勉強会とワイン会をやってて，そろそろ戻らないと…。そうだ！ 店長も一緒にいかがですか。真生先生がド派手な新車で迎えに来てくれるはずなんやけど，遅いなぁ」

　そう言いながら二人は大将に礼を言って，花見小路まで戻った。その頃，真生は買い換えたばかりのマニュアルのスポーツカーで，雪を迎えに向かっていた。目立ちすぎると周りからの評判はことごとく悪いが，自分の人生だから，そんなことは気にしないことにしている。

　真生は木屋町御池の交差点に差しかかり，信号待ちをしていた。青に変わり愛車を発進させようとした瞬間，人が急に左手から飛び出してきたのだった。慣れない車は幸いにもエンストし，当たりはしなかった。

「殺す気か！！」

　強面の老人がすごい剣幕で怒鳴りつけた。

「すみません。大丈夫ですか。救急車呼びましょうか」

　そう言いながら，真生が連絡先として名刺を差し出すと，その老人は街灯の光を頼りにじっと見つめ，

「公認会計士か。…ふんっ。そんなもんっ，いらん」

　と，しかめっ面のまま立ち去ったのであった。

📖 関連事件を学ぶ

(1)事案の概要

　被相続人Aは昭和40年4月26日に死亡し，その長男である納税者X，長女B，養子Cが相続することになり，X，B，Cは同年10月26日に共同で相続税申告書を提出した。

　B，Cは相続税を完納しなかったため，課税庁YはXが相続税法34条①により当該相続税および延滞税を連帯して納付する義務があるとして，X保有の宅地を昭和46年10月および昭和47年2月に差し押さえた。

　その後，Xは差し押さえられた宅地の一つを昭和48年に訴外F社に売却し，F社はXの相続税の連帯納付義務の代位弁済としてBおよびCの相続税および延滞税を支払った。

　これに対してXは連帯納付義務に対して税額確定のための特別の手続が法定されていないといけないが，これが欠けているため手続上，共同相続人に連帯納付義務を追及することができないと主張して，Yに過誤納金等の返還を求めて提訴した。

　第一審では納税者Xの請求が認容され，控訴審および最高裁では納税者Xの請求が棄却された。

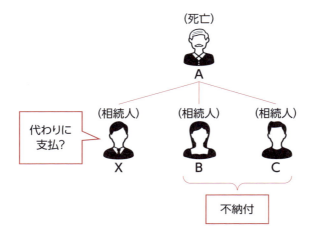

(2) 当事者の主張
① 納税者Xの主張
　相続税法34条①の連帯納付の義務は，連帯納付責任に対して税額確定のための特別の手続が法定されていなければならない。
　課税庁Yは相続税の連帯納付義務について一度は納税通知書を発送したが，その後連帯納付義務税額の納付前に納税告知を取り消し，同義務について賦課決定通知書が送付されていないため，手続上，共同相続人に連帯納付義務を追及することはできないと主張した。
② 課税庁Yの主張
　相続税法34条①の連帯納付の義務は，相続税徴収の確保を図るため，相互に各相続人等に課した特別の責任である。
　そのため，連帯納付義務の確定は，各相続人等の固有の相続税の確定という事実に照応して法律上当然に生じ，連帯納付義務について格別の手続は必要ないため，相続人等の固有の相続税の納付義務が確定すれば，連帯納付義務に対して当然に徴収手続を行うことができると主張した。

(3) 最高裁（昭和55年7月1日判決・民集34巻4号535頁）の判示事項
　相続税法34条①に基づく連帯納付義務は，「同法が相続税徴収の確保を図るため，相互に各相続人等に課した特別の責任」であり，「その義務履行の前提条件をなす連帯納付義務の確定は，各相続人等の固有の相続税の納税義務の確定という事実に照応して，法律上当然に生ずるものであるから，連帯納付義務につき格別の確定手続を要するものではない」。
　それゆえに，「相続人等の固有の相続税の納税義務が確定すれば」，課税庁Yは「連帯納付義務者に対して徴収手続を行うことが許される」と判示し，Xの請求を退けた。

関係条文を読む

⑴相続税法11条《相続税の課税》

　相続税は，…相続又は遺贈により財産を取得した者の被相続人からこれらの事由により財産を取得したすべての者に係る相続税の総額…を計算し，当該相続税の総額を基礎としてそれぞれこれらの事由により財産を取得した者に係る相続税額として計算した金額により，課する。

⑵相続税法15条①《遺産に係る基礎控除》

　相続税の総額を計算する場合においては，同一の被相続人から相続又は遺贈により財産を取得した全ての者に係る相続税の課税価格…の合計額…から，3,000万円と600万円に当該被相続人の相続人の数を乗じて算出した金額との合計額を控除する。

⑶相続税法16条《相続税の総額》

　相続税の総額は，同一の被相続人から相続又は遺贈により財産を取得した全ての者に係る相続税の課税価格に相当する金額の合計額からその遺産に係る基礎控除額を控除した残額を…合計した金額とする。

⑷相続税法34条①《連帯納付義務》

　同一の被相続人から相続又は遺贈…により財産を取得した全ての者は，その相続又は遺贈により取得した財産に係る相続税について，当該相続又は遺贈により受けた利益の価額に相当する金額を限度として，互いに連帯納付の責めに任ずる。

⑸国税通則法15条①《納税義務の成立及びその納付すべき税額の確定》

　国税を納付する義務（源泉徴収による国税については，これを徴収して国に納付する義務。以下「納税義務」という。）が成立する場合には，その成立と同時に特別の手続を要しないで納付すべき税額が確定する国税を除き，国税に関する法律の定める手続により，その国税についての納付すべき税額が確定されるものとする。

主要論点について考える

⑴下級審判例を読む

――第一審（大阪地判昭和51年10月27日・民集34巻4号552頁）および控訴審（大阪高判昭和53年4月12日・民集34巻4号563頁）――

　第一審は相続人の連帯納付義務について，「特別の手続を要しないで納付すべき税額が確定するものではなく，また同義務は申告納税方式によって確定するものではないから，賦課決定がなければこれを徴収することができない。

　本件では，共同で相続税申告書を提出し，税務署長は相続税の連帯納付義務について，一度は納税通知書を送付したが，その後，連帯納付義務税額の納付前に納税告知を取消し，賦課決定通知書が送付されていないため，連帯納付義務の税額を徴収できなかった」として，納税者Xの請求を一部認容した。

　控訴審は「連帯納付の義務は法が相続税徴収の確保を図るため，共同相続人中無資力の者があることに備え，他の共同相続人に課した特別の履行責任であって，その義務履行の前提条件をなす租税債権債務関係の確定は，各相続人の本来の納税義務の確定という事実に照応して，その都度法律上当然に生ずるものである。
　よって，本来の納税義務につき申告納税の方式により租税債務が確定するときは，その他に何らの確定手続を要するものではない」とされ，本来の納税義務者との間で確定した租税債権に基づいて，直ちに連帯納付義務者に対し徴収手続を取ることができると判示して，第一審の課税庁Yの敗訴の部分を取り消し，納税者Xの請求を棄却した。

(2) **相続税法34条①の連帯納付義務について**

　相続税法34条①は，「相続人等が2人以上ある場合に，自ら負担すべき固有の相続税の納税義務のほかに，他の相続人等の固有の相続税の納税義務について，自ら相続により受けた利益の価額に相当する金額を限度として，互いに連帯納付の責めに任ず」と規定することで，各相続人は連帯納付義務を負うとしている。
　また，相続税法11条は，「財産を取得したすべての者に係る相続税の総額を計算し，当該相続税の総額を基礎としてそれぞれこれらの事由により財産を取得した者に係る相続税額として計算した金額により，課す」としている。
　そして，遺産に係る基礎控除についての規定である相続税法15条および相続税の総額について規定する相続税法16条も「同一の被相続人から相続により財産を取得した全ての者に係る相続税の課税価格」を基礎として計算することとしている。
　よって，相続人の行う申告が単独申告であろうが，共同申告であろうが，相続税については，その総額の認識を前提として有していなければならず，申告においては，固有の納税義務も連帯納付義務もその内容が確認されていることになるため，相続人固有の納税義務だけでなく，連帯納付義務も確定することとなる。

(3) **確定手続の要否について**

　一般的に「国税を納税する義務」（国税通則法15条①）は法律の定める課税要件の充足により成立し，その確定によって具体化する。納税義務の成立と確定の時期は区別されており，課税要件の充足により成立した納税義務が請求できる債権となるためには，その内容が確定することが必要である。確定の方式としては次の3つがある。
　申告納税方式（納税者の申告により確定，例えば所得税）
　賦課課税方式（課税庁の処分により確定，例えば加算税）
　自動確定方式（成立と同時に特別の手続をせずに確定，例えば源泉徴収）
　相続税法34条①の連帯納付義務が「国税を納付する義務」に含まれ，次のように，確定手続を要するか否かが問題となる。

① 確定手続必要説

　一審判決および一部の学説は，相続税法は「連帯納付の義務」としており，当然に「国税を納付する義務」にあたる。
　連帯納付義務は申告納税方式および自動確定方式でもないことから，賦課課税方式により確定するしかないとし，課税庁が賦課課税決定通知書により納付責任を確定させなけれ

ばならないとする考え方である。

②確定手続不要説

　控訴審判決および多数の学説は，この立場による。申告納税方式および賦課課税方式の対象は，他の納税義務の存在とは無関係にそれ自身として成立する，固有の納税義務といわれるものであり，第二次納税義務のように，他の納税義務の存在を前提として成り立つ納税義務とは性質が異なる。よって，相続税法34条①の連帯納付義務は何らの手続をしなくても，当然に成立するという考え方である。

③まとめ

　最高裁判決は，第一審判決の立場によらず，控訴審の立場をとる。すなわち，②確定手続不要説である。最高裁は連帯納付義務について，「相続税徴収の確保を図るため，相互に各相続人等に課した特別の責任」であり，そ「の確定は，各相続人等の固有の相続税の納税義務の確定という事実に照応して，法律上当然に生ずる」と判示した。それゆえに最高裁は，連帯納税義務はとくに何らの手続をしなくても当然に成立するものという，確定手続不要説を採用したものと解される（時岡泰（1980年）『最高裁判所判例解説民事篇』225-229頁，法曹会）。

📖 事件のゆくえ

「昨夜はありがとう。雪先生，今日はよろしくお願いします」

　ケーキを片手に，康子が事務所を訪ねてきた。昨晩は結局，真生から迎えに行けないとの連絡があり，雪だけがタクシーで事務所に戻ったのだった。

「それにしても，素敵な事務所ね」

「ありがとうございます」

　そう言うと雪は，相続税法34条①の連帯納付義務と，ある相続人が相続税を支払うことができない場合，他の相続人が相続した資産の範囲内で，相続税を支払う必要がある旨の判例があることも説明した。

「でも，そんなのおかしくないかしら!?」

　康子の表情に怒りが込み上げている。

「だって，向こうは換金性の高い預金や株を相続したのよ。それなのに相続税が払えず，こっちに負担がくるって納得できないわ」

　雪はなだめるように言った。

「気持ちは分かります。私だって店長の立場なら絶対払いたくありません」

　康子が祈るように雪に訴える。

「雪ちゃん，何とかならないの。私は相続した実家に住んでいるし，お金もないし。当然やけど，実家も手放したくないし」

　世話になった康子のことを考えると，雪は何とかしてあげたいと思った。

「店長，春江さんと連絡取れますか」

「遺産分割協議の後は知らんわ」

「心情的に関わりたくないのは分かりますが，まずは電話してみましょうよ」

　一度ため息をつくと，仕方がないといった様子で口を開いた。

「…そうよね。そうしてみる」

「それと，このまま税務署に相談に行きませんか。それに納税資金の手当も必要です。資金のことは所長の真生に相談しましょう。不動産の価額も上がっていることですし，きっといいアイデアを出せると思います。

　で，もし店長が春江さんに代わって払えば，彼女から回収することになります。その時は，知り合いの信頼できる素敵な弁護士を紹介しますね」

「ありがとう。とても心強いわぁ」

事件file 32

異母姉妹の相続税

　二人はさっそく所轄の税務署を訪ねることにした。

MEMO

　連帯納付義務と類似の制度である第二次納税義務については，第1巻事件file20「どうして他人の税金を払わなくてはならないの？」参照。

事件file 33

むかしのコスト

第一審：東京地裁平成27年9月25日判決・税資265号順号12725

📖 事件のいきさつ

　事務所には，弁護士の陽子が康子の相続税の件で，真生と雪に呼ばれてきていた。雪がおおよその事情を説明し，真生がその対策を提案する。
「いいわね。では，その方向で行きましょう。準備しておくわ」
　陽子はそう言うと，一呼吸置いて切り出した。
「ところで，今日は私からもお願いがあるんだけど…。クライアントの紹介で，ある資産家の相続を手伝うことになったの。いろいろとややこしくてね。で真生先生，助けてほしいの」
「えっ」
　陽子が真生に「先生」と付ける時は，要注意である。大抵，悩ましい仕事に巻き込まれるのだ。とはいえ，断ることもできない。そんな真生の気持ちを見透かしたように，陽子が話を続けた。
「その資産家，六角っていう方なんやけど，生き別れになった孫娘のまなを探し出してほしい，と頼まれてるの」
「分かってると思うけど，うちはただの公認会計士事務所だからねぇ。探偵業ではなくて」
「ただの公認会計士ねぇ…」
　陽子が，真生の言葉をにんまりしながら繰り返して，そのまま話を続けた。真生はこれまでも多くの難問を解決してきた，真生に頼めば何とかなると確信している。
「六角氏は，まなの父親である一人息子の竹雄さんという方を少し前に交通事故で亡くされているの。その方は有名なプログラマーで，仮想通貨である『KYOコイン』を開発したという噂もあるみたいなのよね。それで六角さんから是非と頼まれたのよ。

六角さんも重い病を抱えられているようで…。

真生先生，時間あるでしょ。仕事はここの三人娘がきっちりとしてくれてるんだから」

「分かった分かった。ほな，もう少しゆっくりと話を聞こうか。南川と大西も呼ぶわ。担当と違うと言うやろけど，何か教えてくれるわ」

そう言いながら，京都府警組織犯罪対策第2課の南川にメールして，真生はワインセラーからお気に入りのブルネッロ・ディ・モンタルチーノを取り出すと中庭に陽子を誘った。

数日後，陽子に連れられ，真生は六角家を訪ねた。

「大きな屋敷やなぁ」

京都の街中にこんな豪邸があったとは。真生は大きな古家で孤独に暮らす哀れな老人の姿を想像した。

「六角さん」

陽子の視線の先を見ると，なんと真生の車の前に飛び出してきた爺さんが，鯉に餌をやっているではないか。真生に気づいていきなり彼を睨む六角を横目に，いきさつを陽子に話した。

「まあお二人，縁があるのね」

「ふんっ。先生，何でこんな奴連れてきたんやぁ」

「まぁまぁ」

そう言うと，陽子は六角の耳元で何かを囁いた。こういう時，陽子は場を収めるのが本当にうまい。すると六角は，素直に屋敷に向かって歩き出した。

夕方，藍子は六角邸から戻ってきた真生に呼ばれて会議室に入った。そこには見慣れぬ女性が真生と話をしていた。

「こちら，佐藤さん。神戸商事の北村君の紹介だ。数年前，京都市内でタクシー事業を始めたらしい。ということで，ぼくは出かけなあかんし。後は頼むわ」

それだけ言うと，真生はそそくさと出ていった。今宵は宮川町の舞妓，と

し純の襟替えの会[1]らしい。藍子は佐藤女史の左手に座った。真生の事務所では，相談事の時は，できる限り依頼者の正面に座ることを避けている。そのため，丸テーブルが設置されている。
「今日はいかがなされましたか」
　自己紹介を互いに済ませ，藍子が切り出した。
「実は…」
　そう言うと，佐藤女史が話し始めた。
「タクシー・ドライバーの有志が集まって，8年前に設立いたしました。紆余曲折あったのですが，外国人旅行者の利用が増えて，おかげさまで，ようやく軌道に乗ってきました。口コミっていうのは凄いもんですね。

MEMO

1　舞妓として修行し，「襟替え」の儀式を通じて芸妓となり，その後，置屋を離れ自前として独立する習わしである。

「それで相談なのですが，当初はコストを抑えるため，車用のLPガスを大陸系のある事業者から仕入れていたんです。今はもう取引がないのですが。それで，業績がよくなったことをどこで聞き付けたのか，その時の売値が間違っていたので1,000万円を追加で支払え，と言ってきたんです。請求書も送られてきてて…」
「なるほど」
藍子は軽く相槌を打つと，スケルトンのボードに簡単な図を描いた。

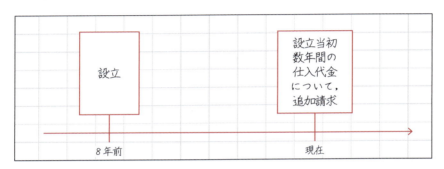

「で，どうしたものかと。払いたくはないのですが，悪い評判やら嫌がらせやら受けるのが心配で…。ある程度は払うしかないかなぁ，とは思ってはいるんですけど，仮に支払った場合，税金はどうなるんでしょう？ 仕入れで処理できるものなんですか？
昨年まで顧問をしてくださっていた先生が高齢のため引退されて，それから相談する方がいなくて困っていましたら，異業種交流会でたまたま北村さんと出会いまして。事情をお話ししましたところ，藍子先生に相談してみては，とすすめていただいたのです」
佐藤女史の言葉が途切れるのを待って，藍子が話し出した。
「過去の決算書と申告書，その請求書はお持ちですか？」
「昨年の分と請求書だけは」
藍子は，バッグから取り出された請求書を手に取った。確かに「5年以前の販売分」と明記されている。具体的な商品名や数量等の記載はない。
「分かりました。では一度，過去のすべての決算書と申告書をご持参ください。それを確認してからご説明いたします。法人税と消費税，どちらにも影

響しますね」

　佐藤女史を見送りながら，藍子は最近の地裁判例を回想していた。

関連事件を学ぶ

(1)事案の概要

　一般小型貨物自動車運送事業を営む納税者X社が，過年度分の外注費1,000万円（以下「本件外注費」という）を損金の額に算入して当期（平成21年3月期）の確定申告を行ったところ，本件外注費は当期の損金の額に算入することはできないとして法人税の更正処分が，またこれを仕入税額控除することはできないとして消費税の更正処分が行われ，当該処分等の取消しを求めた事件である。

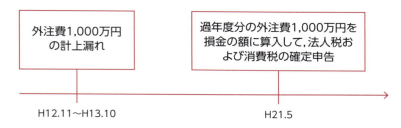

(2)当事者の主張

①納税者X社の主張

　過年度の計上漏れを修正するための前期損益修正は，会計慣行として確立し，公正処理基準に該当しているから，本件外注費は，当期の事業年度の損金の額に算入されるべきである。会計慣行として確立した会計処理の基準を法人税法上違法というためには，同法の別段の定めに「前期損益修正」を認めないことが明確に定められていなければならないが，そのような定めもない。

　本件外注費は，過年度の費用計上漏れとして前期損益修正損として帳簿上処理しているので，帳簿方式を採用する我が国の消費税法上は，当然に帳簿に費用計上されることにより反射的に仕入税額控除要件を充足していること

になる。

②課税庁Ｙの主張

　法人税の課税所得は，企業会計上の当期純利益と同じように，継続企業の原則にのっとり，当期の益金（収益）の額と当期の損金（費用・損失）の額との対応計算の結果算定されるものである。「売上原価」等については，個別的対応によりその収益が計上された事業年度に，「販売費，一般管理費」等については，期間的対応により発生した事業年度に，「損失」については，損失の発生した事業年度に，それぞれ損金の額として算入されることになる。

　仮に当初申告に係る益金又は損金の額に関し，事実と異なる経理を行った場合，すなわちその全部又は一部が事実に反しており，あるいはその計算が合理的でないと認められる場合には，常に当初に遡って正当な金額に修正し，課税所得を修正すべきである。本件のように，単なる計上漏れに係る前期損益修正は公正処理基準と認められない。

　また，本件外注費に係る消費税相当額について，平成21年３月課税期間において仕入税額控除をするためには，本件外注先から役務の提供を受けた日が当該課税期間に属することが必要である。

(3)東京地裁（平成27年９月25日判決・税資265号順号12725）の判示事項
①法人税（「本件外注費は，平成21年３月期の損金の額に算入されるか否か」）について

　「現に法人のした収益等の額の計算が，法人税の適正な課税及び納税義務の履行の確保を目的…とする同法の公平な所得計算という要請に反するものでない限りにおいては，法人税の課税標準である所得の金額の計算上もこれを是認する」。「法人が収益等の額の計算に当たって採った会計処理の基準が…公正処理基準…に該当するといえるか否かについては，上記に述べたところを目的とする同法の独自の観点から判断される」。

　「このような見地から法人税法の課税所得における損金の計算についてみると，一般に，同法22条③一号に規定する，特定の収益との対応関係を明らかにできる売上原価等については，その収益が計上された事業年度に，同③二号に規定する販売費，一般管理費等については，発生した事業年度に，同③三号の損失については，損失の発生した事業年度に，それぞれ損金の額と

して算入されるべきもの」となる。

「本件外注費は，本件外注先からトラック乗務員の派遣を受けたことに対する対価であるから，これは，原告の営む運送事業の収益を得るために直接要する費用であって，当該運送事業の収益に係る売上原価等の原価に該当するものと認められる」。しかも本件外注費は，平成12年11月から平成13年10月までの間のものである。

「したがって，本件外注費は，平成21年3月期において，当該事業年度の収益に係る売上原価，完成工事原価その他これらに準ずる原価の額（法人税法22条③一号）に」は該当しない。

②前期損益修正の処理について

「ある事業年度に損金として算入すべきであったのにそれを失念し，それを後の事業年度に発見したという単なる計上漏れのような場合において，企業会計上行われている前期損益修正の処理を法人税法上も是認し，後の事業年度で計上することを認めると，本来計上すべきであった事業年度で計上することができるほか，計上漏れを発見した事業年度においても計上することが可能となり，同一の費用や損失を複数の事業年度において計上することができることになる。こうした事態は，恣意の介在する余地が生じることとなり，事実に即して合理的に計算されているともいえず，公平な所得計算を行うべきであるという法人税法上の要請に反するものといわざるを得ないのであって，法人税法がそのような事態を容認しているとは解されない」。

しかも，「法人税法上，修正申告や更正の制度があり，後に修正すべきことが発覚した場合，過去の事業年度に遡って修正することが予定されているのであって，企業会計上固有の問題に基づき行われているにすぎない前期損益修正の処理を，それが企業会計上広く行われているという理由だけで採用することはできない」。

③消費税（「本件外注費に係る消費税相当額について，平成21年3月課税期間において仕入税額控除をすることができるか否か」）について

「消費税法30条①は，事業者が，国内において行う課税仕入れについては，当該課税仕入れを行った日の属する課税期間の課税標準額に対する消費税額から，当該課税期間中に国内において行った課税仕入れに係る消費税額を控除する旨を定め，消費税法2条①十二号は，課税仕入れとは，事業者が事業

として他の者から資産を譲り受け，若しくは借り受け，又は役務の提供を受けることをいう旨を定めている」。「これらの規定によれば，原告が平成21年3月課税期間において本件外注費に係る消費税額を控除するためには，本件外注費に係る課税仕入れを行った日が同期間に属することが必要である」。

ところが，「原告が本件外注費に係る役務の提供等を受けたのは，平成12年11月から平成13年10月までの間であると認められるから，本件外注費について，平成21年3月課税期間において仕入税額控除をすることはできない」。

関係条文を読む

(1)法人税法22条③・④《各事業年度の所得の金額の計算》

③　内国法人の各事業年度の所得の金額の計算上当該事業年度の損金の額に算入すべき金額は…次に掲げる額とする。
　一　当該事業年度の収益に係る売上原価，完成工事原価その他これらに準ずる原価の額
　二　前号に掲げるもののほか，当該事業年度の販売費，一般管理費その他の費用…の額
　三　当該事業年度の損失の額で資本等取引以外の取引に係るもの
④　②に規定する当該事業年度の収益の額及び前項各号に掲げる額は，一般に公正妥当と認められる会計処理の基準に従つて計算されるものとする。

(2)消費税法30条①《仕入れに係る消費税額の控除》

事業者…が，国内において行う課税仕入れ…については，…課税標準額に対する消費税額…から，当該課税期間中に国内において行つた課税仕入れに係る消費税額…を控除する。
　一　国内において課税仕入れを行つた場合　当該課税仕入れを行つた日

(3)国税通則法23条《更正の請求》（現在の規定）

①　納税申告書を提出した者は，次の各号のいずれかに該当する場合には，当該申告書に係る国税の法定申告期限から5年…以内に限り，税務署長に対し，その申告に係る課税標準等又は税額等…につき更正をすべき旨の請求をすることができる。
　一　当該申告書に記載した課税標準等若しくは税額等の計算が国税に関する法律の規定に従つていなかつたこと又は当該計算に誤りがあつたことにより，当該申告書の提出により納付すべき税額…が過大であるとき。
②　…次の各号のいずれかに該当する場合…には，…当該各号に定める期間において，その該当することを理由として同項の規定による更正の請求（以下「更正の請求」という。）をすることができる。
　一　その申告，更正又は決定に係る課税標準等又は税額等の計算の基礎となつた事実に関する訴えについての判決（判決と同一の効力を有する和解その他の行為を含む。）により，その事実が当該計算の基礎としたところと異なることが確定したとき　その確定した日の翌日から起算して2月以内

⑷ **民法167条①《債権等の消滅時効》**
　債権は，10年間行使しないときは，消滅する。
⑸ **商法522条《商事消滅時効》**
　商行為によって生じた債権は，この法律に別段の定めがある場合を除き，5年間行使しないときは，時効によって消滅する。
⑹ **会社法5条《商行為》**
　会社…がその事業としてする行為及びその事業のためにする行為は，商行為とする。

主要論点について考える

⑴ **参考判例**
　過年度損益修正を巡る参考判例は複数あるが，ここでは主要な2つを紹介しておこう。
①東京高判平成26年4月23日・税資264号順号12460
　この事件は，総額約1.4兆円のいわゆる過払金返還請求権に係る債権が更生債権として確定したことから，更生会社（管財人）が2,400億円の還付を求めて更正の請求をしたところ，更正をすべき理由がない旨を通知する処分を受けた。そこで当該通知処分の取消し，および2,400億円の還付請求をしたものである。
　この判決では，「前期損益修正の処理は，法人税法22条4項に定める公正処理基準に該当する」と判示されている。原審（東京地判H25.10.30・税資263号順号12324）においても同様である。
②東京高判平成23年3月24日・税資261号順号11648
　粉飾に係る棚卸商品過大計上分である20億円を特別損失（棚卸商品過大計上損）として計上し，平成14年12月期の確定申告をした事件について，東京高裁は「本件損失は平成14年12月期の損失に該当せず，これを当該事業年度の損金に算入されるべきものでない」と判示している。
　本判決を含めて，このように結論を異にする契機について，課税庁主張の「単なる計上漏れに係る前期損益修正は公正処理基準と認められないこと」という指摘に求める論者もいる。その上で裁判例について，何らの法的根拠もないままに，「『ただの』計上漏れであるか否かを基準として判断」していると批判されるところである（佐藤孝一（2017年）「係争事業年度前の外注費を前期損益修正として係争事業年度の損金の額に算入することはできないとした事例」『税務事例』Vol49No5，30頁，財経詳報社）。

⑵ **本判決の射程について**
　この裁判例からするとすべての前期損益修正の処理が否定されているようにも読める。しかしながら論者によれば，上述の指摘と同様に，課税庁側による「単なる計上漏れに係る前期損益修正は公正処理基準と認められないこと」等の主張を契機として，「あくまで否定したのは，計上漏れ等経理ミスにより損金に算入しそびれたものに限って」おり，これが当判決の射程であると指摘されるところである（長島弘（2017年）「前期損益修正損

を巡る裁判例」『税務事例』Vol49No10，57頁，財経詳報社）。

⑶過年度遡及会計基準について

　周知のように会計上，前期の損益を修正すべき場合，「会計上の変更及び誤謬の訂正に関する会計基準」（企業会計基準委員会，平成21年12月4日，企業会計基準第24号，以下，「過年度遡及会計基準」という）によることになっている。「過去の誤謬に関する取扱い」について規定する21項は次のとおりである。

　「過去の財務諸表における誤謬が発見された場合には，次の方法により修正再表示する。

　⑴表示期間より前の期間に関する修正再表示による累積的影響額は，表示する財務諸表のうち，最も古い期間の期首の資産，負債及び純資産の額に反映する。

　⑵表示する過去の各期間の財務諸表には，当該各期間の影響額を反映する。」

　過年度遡及会計基準と税務との関わり合いについては，第1巻事件file21「株主総会の決議が無効になったら，確定申告はどうなるの？」を参照されたい。

📖 事件のゆくえ

　後日，藍子は佐藤女史に最近の判例等を簡単に解説した。

　「最近では，企業会計上も，該当する会計年度に遡って修正することになっています。税法上も，この地裁判例の考え方が主流となってくると思います」

　「どうしたらいいんですか？」

　「この裁判例の射程を広く捉えれば，更正の請求をしなくてはならないことになります。しかしながら，更正の請求は5年に限定されており，それ以前の分については対象外です。裁判で『事実が当該計算の基礎としたところと異なることが確定したとき』に該当すればできるのですが…」

　佐藤女史が難しい顔をしながらも，藍子の話に聞き入っている。

　「それで今回のケースは，この請求が『単なる計上漏れ』に該当するような追加請求なのか，あるいは新たな請求とみるべきなのか，さらに検討する必要があります。前者の追加請求とみる場合には，どの期間に帰属するのかという問題が生じます。後者の新たな請求と考えれば，企業会計上は当期の費用または損失に該当しますが，それに見合う仕入れの実態はないのですから，税務上は贈与として，寄附金とみなされる可能性も生じます。いずれにしても法人税だけではなく，消費税の仕入税額控除に対する影響も少なくありません」

　「何とも悩ましいものなのですね。もう少しその業者と協議して，その時にはお願いしていいですか？」

「もちろんです。お任せください」
　そう答えたものの藍子には腑に落ちないことがあった。
「佐藤さん。でも，その1,000万円，本当に支払うべきものなのでしょうか？」
　佐藤女史が不可解な顔をした。まだ意味が把握できていないようだ。
「ご案内のとおり，商行為の時効は，民法上の時効と違って，５年とされています」
　そう言うと，藍子は商法の522条を示しながら読み上げた。
「このような規定です。『商行為によって生じた債権は，この法律に別段の定めがある場合を除き，５年間行使しないときは，時効によって消滅する。』というものです。今回の対象となるLPガスの仕入取引は『商行為』ですから，時効は５年です。
　なので，まずはどの分の仕入れについての増額あるいは見直し要請なのか，きっちりと示してもらいませんか。請求書に具体的な取引日を記載せず，『５年以前』というような曖昧な表記がなされているのは，時効を意識しているからかもしれません」
「時効にかかるのであれば，払わなくてよくなるんですか!?」
　佐藤女史の顔がとても明るくなっている。
「時効の援用等の手続が必要になります。金額が大きいので，弁護士にも相談しましょう。仮に支払うとしてもその内容を明らかにして支払うべきですし，場合によっては，追加請求の可能性もあるので，ここは厳格に対応しましょう」
　藍子の提案に，佐藤女史は深く頷いた。
「ではさっそくですが，今夜はご多用ですか？　ちょうどその弁護士と食事をすることになっているので，お越しになられませんか」
「ありがとうございます。いいのですか。何から何まですみません。助かります。北村さんに紹介いただいて，本当によかったです。では，のちほどお伺いします」
　そう言うと佐藤女史は深々と頭を下げ，立ち上がった。
「ところで，藍子先生」

事件file 33

むかしのコスト

「何でしょう？」
「藍子先生は，お花見はどこがお好みなんですか？ 観光にこられる方により魅力的な京都の春を楽しんでもらおうと思いまして，アンケートをとっているんです」
「私は醍醐寺の桜ですかね」
「太閤秀吉ゆかりの醍醐の花見があったところですね」
「さすがよくご存じですね。私はあの五重塔を背景にした，しだれ桜が好きで」
　醍醐寺は平安時代に建てられた五重塔が残っており，京都で最も古い木造建築物だ。そのしだれ桜とのコントラストの絶妙さは，まさに世界遺産である。
「そう言えば，御室桜で有名な仁和寺などを貸し切りできるようになりました。世界遺産に泊まって，国宝の仏像や重要文化財を心ゆくまで堪能するプランもご用意させていただきますよ」
　そう藍子に言うと，佐藤女史は事務所を後にした。

事件file 34

愛より戸籍

上告審：最高裁平成9年9月9日判決・税資228号501頁
控訴審：名古屋高裁平成7年12月26日判決・税資214号1048頁
第一審：名古屋地裁平成7年9月27日判決・税資213号694頁

📖 事件のいきさつ

　沙也加が出かける準備をしていると，中庭で真生が誰かに電話していた。
「ちょっと頼みたいことがあってね。人を探してほしいんや」
　また何か厄介なことを引き受けてきたに違いない。そう確信し，聞き耳を立てていた。
「六角善五郎という資産家の孫で名前は六角…」
　と真生が言いかけたところで，タクシーが来てしまった。今宵は高校の同級生の堀川と食事をすることになっている。再婚相手を紹介したいのと，相談があるというのだ。
　指定されたピザレストラン【ラモーレ】に着き，店のドアを開けると，
「沙也加ちゃん，こっちやで」
　すぐに堀川の低い声が聞こえてきた。彼は高校の時と変わらない包容力に満ちた笑顔で迎えてくれた。隣には，大きな瞳の愛くるしい女性が座っている。一回り以上年が離れているようだ。
「こちらは，沙也加さん。高校の同級生で，今は公認会計士をしてはるんや」
　沙也加は，ピンクカラーのスーツを身に纏う彼女に，
「はじめまして。この度はおめでとうございます」
　と祝いの言葉を掛け，優しく微笑んだ。
「ありがとうございます」
　恥ずかしそうに堀川に甘えた視線を向けた。
　沙也加は"堀川君，女性の好み，変わったのね"，とそういう複雑な思いが顔に表れるのを必死でこらえた。
「らぶりん，沙也加ちゃんは，ぼくらの高校のマドンナやってんで。ぼくも何回もアタックしたけど，いつも振られてたんや」

「奥さまのこと，らぶりんって，呼んでるの？」

沙也加が半ば冷めた目をしながら，堀川に質問した。

「へへ，昔からの愛称らしくて。なあ，らぶりん」

そう言うと目尻を下げた。沙也加は，"今目の前に座っている堀川はもはや自分の知っている彼ではない"と心を落ち着かせる。そこに，マルゲリータとクアトロフォルマッジの2種類のピザが運ばれてきた。二人は見つめ合いながら，熱々のチーズたっぷりのピザを頬張っている。

「堀川君，チーズ嫌いやなかったん？」

「うん，彼女がチーズには目がなくて。毎日のようにピザやらグラタンやらで，チーズも食べられるようになったんや」

沙也加は高校時代，彼から何度も告白されていた。身体も大きかったが気持ちもおおらかで，包み込んでくれそうな優しさが好きだった。その告白を受け入れたかったのだが，目指していた大学に合格してからと心に決めていた。彼も同じ分野を目指していたことが勉強の励みともなっていた。その甲斐もあって志望校に合格できたが，残念ながら彼は叶わなかった。

「沙也加ちゃん，ぼくは東京の大学に行くわ。時々帰ってくるし，また会ってな」

そう言い残して彼は東京へ旅立った。沙也加は学生時代もよくモテて，告白してくる同級生は大勢いた。しかし，いつも彼を待っていたのだった。彼は最初の頃こそ京都によく帰ってきたが，次第に回数が減り，そのうち，東京に彼女ができたらしいと風の噂で聞いた。その時心にぽっかり穴が開いたように感じた。"私は，いったい何を求めて大学に来たんだろう"，この悩みを隠すべく集中できるものを探した。そして見つけたのは公認会計士という職業だった。大学と専門学校とのWスクールで勉強に励み，3回生の時に公認会計士試験（当時の第二次試験）に合格した。

他方堀川は，司法書士の資格を取ってそのまま東京で働き，結婚した。約10年前に司法書士法人を営む父が急死したため，それを継ぐべく京都へ帰ってきた。大都会で生まれ育った妻は京都への移住を頑なに拒んだため，長い別居生活となった。その距離と時間とが二人の心を冷えた関係へと変えた。それでも法律上は夫婦のままになっていた。

そのような時に，らぶりんこと愛が堀川司法書士法人に入所した。彼女は，

　小学生まで父が生まれ育った京都で暮らしていた。母と父の折合いが悪く，母親は娘を連れ松山にある実家へ戻った。そこは風光明媚で，人情味に溢れ，海の幸も山の幸も豊かな地であった。それでも愛ははんなりとした思い出のある京都を忘れられず，京都にある大学に進学し，そのまま就職した。所長の堀川と初めて出会った時，父のような温かさを感じた。その感情がいつからか異性への愛情に変わっていったが，それは堀川も同じようだった。二人は，所長と職員という立場を超えて愛し合うようになった。そして彼女は事務所を辞め，それから５年の同居生活が過ぎた。

　長い協議の末に，堀川の離婚が成立した。いよいよ堀川と彼女が法律上の夫婦になれる日がやってきたのである。

「待たせたね，らぶりん。ここにサインして」

　堀川は婚姻届を彼女の目の前に差し出した。

「ううん，婚姻届なんて出さなくてもいいわ。これまでは法律上の奥さんがいて，私は恋人だったけど，これからは恋人ではなく，パートナーになるのよ。あなたの戸籍に入らなくても，堂々とあなたと暮らせるから，それだけでいいの。でも，一つだけ，お願いがあるの。年末になると『扶養控除申告書』ってやつを出すでしょ。あれの配偶者の欄に，私の名前を書いてほしいの。一度，あの用紙の配偶者の欄に自分の名前が書かれてみたかったのよね」

「えっ，戸籍はバラバラがいいの？」

「苗字を変えたくないのよ。日本では，夫婦別姓は認められていないでしょ」

「確かに，民法750条は『夫又は妻の氏を称する』って書いたままやしね。それに最近では，『教育勅語』なんかが亡霊のように取り沙汰されてて，ますますその傾向が強いわな」

　そうは言ったものの，何とも堀川は困り果てた。"愛にはパートナーであると同時に，戸籍上も妻であってほしい。二人の関係はそれでいいとしても，今の日本では，親族との関係，将来の相続や墓のことなど，いろいろ気に掛かる。それに，戸籍上の妻でないのに扶養控除申告書に配偶者として記入してもいいものなのだろうか。配偶者控除を受けていいものなのだろうか"

　あれやこれや相談できるのは沙也加しか思いつかず，堀川は彼女を夕食に誘ったのだった。

「沙也加ちゃん，どうしたらいいもんなんやろう」

　沙也加は，配偶者控除の判例を頭に描きながら二人に問いかけた。

「堀川君，愛さん。この機会に，その可能性を説明させていただきます。来週金曜日の夕方あたりはどうですか？」

📖 関連事件を学ぶ

(1)事案の概要

　納税者Xは，平成2年分から平成4年分までの所得税確定申告に際し，内縁関係にある訴外Aについて，配偶者控除および配偶者特別控除（以下「配偶者控除」という）を適用して申告を行った。

　これに対し課税庁Yは，配偶者控除の対象となる「配偶者」は民法上の「配偶者」であり，内縁の妻はこれにあたらないとして，配偶者控除の適用を否認し更正等の処分を行った。

(2) 当事者の主張
①納税者Xの主張
　配偶者控除の制度が，配偶者の所得に対する貢献や夫婦共稼ぎ世帯と夫婦の一方が所得を得ている世帯との税負担のバランスを考慮して設けられたという趣旨に照らすと，婚姻の届出をしていない事実上の配偶者を有するものについても配偶者控除をすべきであると主張し，処分の取消しを求めて出訴した。

　配偶者控除を認めないことは，憲法24条や14条に違反すると主張した。

②課税庁Yの主張
　所得税法は，「配偶者」について定義規定を置いていないが，身分関係の基本法たる民法の739条①で，婚姻の届出をすることによって婚姻の効力が生ずる旨を規定している。また，そのような法律上の婚姻をした者を配偶者としている（725条，751条）。

　所得税法上の「配偶者」は婚姻の届出をした者を意味するとして，事実上の配偶者については，配偶者控除は適用されないと主張した。

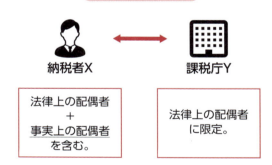

(3) 最高裁（平成9年9月9日判決・税資228号501頁）の判示事項
　「所得税法83条及び83条の2にいう『配偶者』は，納税義務者と法律上の婚姻関係にある者に限られる」とのみ判示して原審を支持し，納税者Xの上告を棄却した。

関係条文を読む

(1)所得税法83条《配偶者控除》

① 居住者が控除対象配偶者を有する場合には，その居住者のその年分の総所得金額…から次の各号に掲げる場合の区分に応じ当該各号に定める金額を控除する。

一 その居住者の…合計所得金額…が900万円以下である場合38万円…

② 前項の規定による控除は，配偶者控除という。

(2)所得税法83条の2《配偶者特別控除》

居住者が生計を一にする配偶者（…合計所得金額…が123万円未満であるものに限る。）で控除対象配偶者に該当しないもの（合計所得金額が1,000万円以下の配偶者に限る。）を有する場合には，…所得金額から次の各号に掲げる場合の区分に応じ当該各号に定める金額を控除する。

(3)民法739条①《婚姻の届出》

婚姻は，戸籍法…の定めるところにより届け出ることによって，その効力を生ずる。

(4)憲法14条①(法の下の平等)

すべて国民は，法の下に平等であって…差別されない。

(5)憲法24条(両性の平等)

① 婚姻は，両性の合意のみに基いて成立し…維持されなければならない。

② 配偶者の選択，財産権，相続，住居の選定，離婚並びに婚姻及び家族に関するその他の事項に関しては，法律は，個人の尊厳と両性の本質的平等に立脚して，制定されなければならない。

主要論点について考える

(1)下級審判例を読む

―――第一審（名古屋地判平成7年9月27日・税資213号694頁）および控訴審（名古屋高判平成7年12月26日・税資214号1048頁）―――

所得税法上，「配偶者」についての定義規定が置かれていないため，これをどのように解するかが問題となる。名古屋地裁は，「身分関係の基本法たる民法は，婚姻の届出をすることによって婚姻の効力が生ずる旨を規定し（739条1項），そのような法律上の婚姻をした者を配偶者としている（725条，751条等）から，所得税法上の『配偶者』についても，婚姻の届出をした者を意味する」と判示した。

本件の場合，Xと訴外Aは，平成5年12月31日に婚姻届を提出している。Xが配偶者控除を認めるべく請求している平成2年から平成4年の時期に，民法における婚姻の効力が生じているかどうかについて，「配偶者に該当するかどうかの判定は，基準日（各年の12月31日）の現況による（所得税法85条③）ところ，…平成2年ないし平成4年の各年の右基準日に配偶者ではないから，原告の平成2年ないし平成4年の各年分の課税所得金額の算

出に当たって，配偶者控除及び配偶者特別控除をすることはできない」として，請求を退けた。

また，「事実上の配偶者を有する者について配偶者控除…を認めないことが憲法…に反する」かどうかについて，「憲法24条①は，婚姻は両性の合意のみに基づいて成立すると規定するが，婚姻の方式として届出を要するとすることは，要件の欠けた婚姻の発生を防止するとともに婚姻の成立を公示するための制度として，十分に合理性を有している」とした。

「憲法24条②は，家族に関する事項に関しては，法律は，個人の尊厳に立脚して，制定されなければならない旨を規定しているが，婚姻の方式として届出を要するものとすることには，右のとおり十分な合理性があるから原告の信条に反するとしても，個人の尊厳を侵すものではない」とした。

次に「憲法14条は，不合理な差別を禁止する旨の規定であるところ，法律が婚姻の方式として届出を要するとすることには，右のとおり十分な合理性があり，婚姻の届出をした配偶者やその者との間の子を有する者について配偶者や子に関する所得控除が認められ，婚姻の届出をしていない事実上の配偶者やその者との間の子を有する者に右所得控除が認められないとしても，そのことは，右のような婚姻の方式に届出を要する制度をとった以上やむを得ないことであるということができるから，それをもって不合理な差別ということはできない」とした。

控訴審は，「民法が婚姻の方式として届出を要するとすることは，要件の欠けた婚姻の発生を防止するとともに婚姻の成立を公示するための制度として，十分に合理性を有する」ので，憲法14条が規定する不合理な差別に該当しない。しかも，「所得税法がこれを前提として，婚姻の届出をした配偶者やその者との間の子を有する者について配偶者や子に関する所得控除を認め，婚姻の届出をしていない事実上の配偶者やその者との間の子を有する者に右所得控除を認めないとしても，そのことは右のような婚姻の方式に届出を要する制度をとった以上やむを得」ず合理的であるので憲法14条違反はないと判示し，控訴を棄却した。

(2) 本判決の意義

民法は739条①に「婚姻は，戸籍法の定めるところにより届け出ることによって，その効力を生ずる」と定め，そのような届出により法律上の婚姻をした者を「配偶者」としている。所得税法には「配偶者」の定義規定はないため，民法の「配偶者」の概念を「借用」して，民法の定めるとおり，法律上の婚姻をした者に限ると解すべきであるとしたものといえる[1]。またこのような考え方は，内縁パートナーの間の未認知の子（「事実上の子」）は

MEMO

1 民法は，「配偶者」についての規定を用意しているわけではなく，民法が示すのは婚姻の成立要件であるとする考え方もある（酒井克彦（2016年）『裁判例からみる所得税法』544-545頁，大蔵財務協会）。

所得税の扶養控除の対象とならないとした判例（最判H3.10.17・訟月38巻5号911頁）とも整合的であると指摘される（早川眞一郎（2016年）『租税判例百選（第6版）』92頁，有斐閣）。

なお，本件では，「扶養控除」「医療費控除」「社会保険料控除」についても事実婚の状態で適用ができるかについて争われたが，いずれも法律上の婚姻関係にある限り適用されるとして，棄却されている。

(3)社会保障と配偶者について

社会保障法の分野で規定される「配偶者」は，法律婚配偶者だけでなく，内縁パートナーも含むとされている。法律婚配偶者と内縁パートナーが同時に存在する「重婚的内縁配偶者」の場合に「配偶者」として社会保障給付を誰が受けるかという争いで，判例は法律婚の婚姻関係の実態が失われ形骸化している（事実上の離婚状態にある）時には，内縁パートナーに受給権を認めている（最判S58.4.14・判夕534号108頁，最判H17.4.21・判夕1180号171頁）。

これは，社会保障法の趣旨に鑑みて，内縁パートナーに配偶者としての保護を与えるべきという配慮と考えられるが，同様に，所得税法の配偶者控除の趣旨の捉え方によっては，恩恵を受ける「配偶者」の範囲を法律婚から内縁パートナーまで広げるという考え方もあり得る。

配偶者控除は，扶養控除とともに人的控除と呼ばれ，これらが，「所得のうち本人およびその家族の最低限度の生活…を維持するのに必要な部分は担税力をもたない，という理由」（金子宏（2016年）『租税法（第21版）』196頁，弘文堂）に基づき導入されているとすると，納税者が内縁パートナーを家族の一員として扶養しているときには，配偶者控除を認めることに一定の合理性があるといえる（早川眞一郎，前掲論文，92頁参照）。

(4)配偶者控除のこれからについて

平成29年度税制改正で配偶者控除，配偶者特別控除の見直しが行われた。改正は二つの柱からなっており，一つ目は配偶者特別控除において控除額38万円となる配偶者の所得上限額が38万円から85万円に引き上げられた。これにより，給与収入での上限額は，103万円から150万円に引き上げられることとなった。配偶者が控除を受けるために就業調整をする年収の壁が150万円となり，パート労働者にとっては働きやすくなったといえよう。

二つ目は，控除対象となる配偶者を増やすことによる減収を補うため，納税者の所得に制限が設けられ，所得金額1,000万円を超える納税者には適用されないこととなった。

女性の社会進出が著しく，また少子化により働き手の減少している今日，配偶者控除の見直しは，働き方の選択と中立的な税制への大きな一歩である。しかしながら，社会保険料の負担については，大規模事業所で1年以上，週20時間以上働く場合は，年収106万円以上で発生するようになっており，就業調整の第二の壁が存在する。税と社会保険を一体的に捉える改革が今後は必要になってくるであろう（田近栄治・横田崇（2017年）『税研（No196）』42-49頁，公益財団法人日本税務研究センター）。

📖 事件のゆくえ

　金曜日の夕方，事務所を訪れた堀川と愛は，葵祭を見に行った話を沙也加にしていた。
「賀茂の流れに沿って，大文字山を背にした斎王代と牛車は雅でよかったです」
　京都御所を出発した行列は下鴨神社に到着した後，賀茂川堤を北上し，上賀茂神社に向かう。賀茂川堤から見る葵祭は格別である。
「平安時代は賀茂祭って呼んでいたようだけど，江戸時代，祭が再興された時に葵の葉で飾るようになってから葵祭と呼ぶようになったそうで。ところで，平安京の頃，夫婦の姓や呼び方はどのようになってたんでしょうね。地位によっても異なるのでしょうけれど」
「今よりかはもっとおおらかで，自由だったかもですね。それはそうと」
　葵祭の話を遮ると，沙也加は事実婚の配偶者控除を巡る判例についての紹介を始めた。
「つまり，婚姻届を出して法律上の夫婦になっていないと，配偶者欄に自分の名前は書いてもらえないんですね」
「そういうことになります。あるいは，もう一度最高裁まで争うという手もありますけど，かなり厳しいと思います。もちろん，お手伝いさせていただきますよ」
　愛の質問に，沙也加は柔らかく答えた。
「らぶりん，どうしたい？　やっぱり，戸籍を一緒にするのは嫌なん？　法律上の夫婦になっても，ぼくの苗字を名乗らんでもええし。それでも，ぼくのらぶりんへの愛情は変わらへんよ」
「ありがとう。でもそんなこと言っても，免許証やパスポート，保険証や航空券も苗字が変わるんよねぇ。例えば，あなたは六角姓に変えるってこと，平気なの？」
「そやねぇ」
　さすがの堀川も生返事をするのがやっとのようである。
「私，もう一度よく考えてみるわ」
　愛は，甘えた表情で堀川を見つめた。
「ところで堀川君，チーズが食べられるようになったのよね。今日は，私の

おすすめの美味しいチーズケーキを用意しているのよ。御所の北側にある【ママメアリー】さんのよ。お茶の用意ができたから，中庭に移りませんか」

　そこへ，ケーキと紅茶とブランデーを持った藍子が現れた。

「うちの公認会計士の藍子です。彼女の淹れる紅茶は，お店顔負けなのよ」

「えー!!　ら，らぶりんじゃないの。久しぶり〜，元気にしてたの？」

「知り合いなの？」

「ええ，大学の同級生です。5年くらい前から急に連絡取れなくなって，心配してたの」

「藍子，ごめんね。いろいろとあって，連絡しにくかったの」

　愛は，堀川との経緯を説明した。

「らぶりん，おめでとう！　私も嬉しいわ。籍を入れるかどうかで悩んでるのね。そんなに扶養控除申請書に名前が書かれたいものなのかなぁ。まっ，問題なく配偶者控除の適用は受けられるけどね。ところで，らぶりんは『六角愛（まな）』と『堀川愛（まな）』のどっちの響きが好きなの？」

　それを聞いて，中庭で秘蔵の【井筒屋伊兵衛】を飲んでいた真生と南川，大西の手が止まった。酔いが瞬間に覚めたのが分かるほどだった。

「えっ」

　あまりの偶然に，三人とも言葉が続かなかった。ちょうど南川の部下である大西が，竹雄の仕事のことや1年前の事故について，同僚らから聞いてきてくれていたのである。同姓同名の可能性があるにしても，恐らく自分らが探そうとしていた娘だろう。

49

事件file 35

家修理して保険契約

控訴審：東京高裁平成15年9月9日判決・税資253号順号9426
第一審：東京地裁平成14年9月13日判決・税資252号順号9189

📖 事件のいきさつ

　高雄は屈指の紅葉の名所であるが，大自然の澄んだ空気に満ちた新緑もまたすばらしい。沙也加と藍子，雪の三人は日曜日に高雄を訪ねていた。清滝川を散策しながら楽しげに談笑していた。
「新緑は気持ちいいね」
「そうね。運動不足の解消に新緑のなかを歩くのは最高やね」
「せっかくここまできたんだから神護寺にも行こっ！」
　高雄の神護寺は高雄山寺と呼ばれていたが，空海が14年間住持した名刹で，新緑とお寺の屋根，石段が見事に調和しているのである。
　そこに雪の携帯電話が鳴り響いた。
「もしもし。もしもし」
　山奥だけあって電波の調子が悪いようだ。
「誰から？」
　雪が藍子に答えようとした矢先，また掛かってきた。
「はい。あっ，昭夫君!?　電話なんて，突然どうしたの」
　小学校時代の同級生の昭夫からの電話であった。初めてのことである。
「携帯の番号，よく分かったわね」
「お母さんに教えてもらったんや」
「そう。元気にしてたん。この前の同窓会以来やね。で，どうしたん？」
「突然電話してごめんな。同窓会で会計士してるって言うてたやろ。今，親が経営している保険の代理店会社で働いているんやけど，税金のことで相談したいんやわ。近いうちに時間が取れそうな日ないかなあ」
「今週の金曜日は？」
「ほな，その日の夕方に迎えにいくわ。鵜飼を見ながらの食事はどうや」

事件 file 35

家修理して保険契約

「それ，嬉しい。私，鵜飼って見たことないのよね。じゃあ，楽しみにしてるわ」

　そして約束の金曜日の夜。大雨の降るなか，雪と昭夫は渡月橋の傍らにある料亭にいた。
「せっかく楽しみにしていたのに鵜飼は中止やって。残念やわぁ」
「ごめん。昔から雨男やから。でも，じっくり相談できるしええわ」
「で，相談て何やの？」
「俺なぁ，高校を卒業して親と仲が悪かったから，大学行かんと大工やってん」
「そうやったなあ」
「でも親が体を壊してしもうてなあ。口だけは達者やけどやっぱり心配なんや。それで親の会社で働くことにしてん。けど，ずっと大工してたから，いきなり保険の営業してこいっ！て言われても何していいか分からんくて。手当たり次第に飛び込みとかしてたけど，全然相手にされなくて悩んでてん」

51

　それがある日，テレアポで婆さんに繋がったんやけど，運よく訪問の約束が取り付けられて。それで訪ねて話を聞くと，家が傷んで困ってるって言うから，腕を活かして修理したら，えらい喜んでくれて。で，保険を契約してくれた上に，知り合いも紹介してくれてん。

　これは営業で使えるなあ，と思ってそれから何件か家の修理を手伝って，掛かった材料代の領収書を父親に見せたら，『こんな経費，寄附金になってしまうんちゃうか？　その人らへのプレゼントということになるやろ。寄附金やったら損金で落ちひんで。ちゃんと税金のことも調べてから行動してや！』ってきつう怒られてしもうてなあ。

　自分では交際費になると思ってたし。ネットで調べたら，中小企業なら年間800万円までなら，交際費を損金で処理できるって書いてあったから大丈夫と思ってんけど，実際のところどうなん？」

　昭夫の話を聞きながら，雪はとある事件を思い出していた。その事件は，本件相談内容とは逆にある支出が交際費には該当せず，寄附金であると主張された判例である。

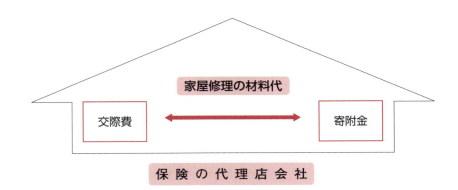

関連事件を学ぶ

(1) 事案の概要

　医薬品の製造販売を業とする納税者X社は，販売先である大学病院の医師等から医学論文の英文添削の依頼を受け，米国の添削業者2社に外注していた。納税者X社は公正競争規約に違反することを懸念して，事前に公正取引協議会に確認し，その指導のもと，1ページあたり1,500円の料金を徴収していた。一方で納税者X社は，各添削業者にその3倍以上の料金を支払い，差額を寄附金として自社で負担していた。

　法人が支出した一般の寄附金については，その法人の資本金等の額，所得の金額に応じた一定の限度額までが損金に算入できるからである。

　これに対して，課税庁Yは当該負担額について租税特別措置法に規定する「交際費等」に該当し，その全額が損金に算入されないとして，納税者X社の法人税について更正処分等をした。

　そこで，納税者X社が当該更正処分等の取消しを求めて争った事件である（第1巻事件file16「いくらまでなら認められるの？」参照）。

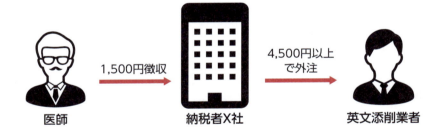

(2)当事者の主張

①納税者X社の主張

　租税特別措置法61条の4の「交際費等」に該当するか否かは，同条④の規定により，(ⅰ) 支出の相手方が事業に関係にある者といえるか否か，(ⅱ) 相手方と親睦を密にして取引関係の円滑な進行を図ることができるか否か，(ⅲ) 支出の目的が接待，供応，慰安，贈答その他これらに類する行為を意図するものであるか否かによって判断される。

　そこでこれに当てはめると，(ⅰ) 英文添削費用の差額を負担した者の中には医薬品の処方に携わらない基礎医学の研究者等が多く含まれており事業関係者と言うことはできないこと，(ⅱ) 差額の負担を支出の相手方が認識しておらず親睦の度合いが密になることはないこと，(ⅲ) 本件英文添削を学術の発展による社会公共の利益の増進を目的として行ってきたものであって，接待，供応，慰安，贈答その他これらに類する行為のためではないこととなる。

　したがって，本件の差額の負担が収入を得るのに必要な支出である「費用」であるとは考えられず，「交際費等」には該当しない。

②課税庁Yの主張

　租税特別措置法61条の4④は，同条①に規定する「交際費等」について，一般的にその支出の相手方および支出の目的からみて，得意先との親睦を密にして取引関係の円滑な進行を図るために支出するものである。

　そこで，(ⅰ) 支出の相手方が事業に関係のある者であること，および (ⅱ) 支出の目的がかかる相手方に対する接待，供応，慰安，贈答その他これらに類する行為のためであれば，当該支出は交際費等に該当する。

　まず (ⅰ) について，納税者X社に本件英文添削の依頼を受けた医師等が原告の「事業に関係ある者」に該当する。

　次に (ⅱ) について，同条項に規定する接待等には，その名目にかかわらず，取引関係の円滑な進行を図るためにする利益や便宜の供与が広く含まれる。

　以上より，本件は (ⅰ) および (ⅱ) の要件を充足するので，本件負担額は交際費等に該当する。

(3) 東京高裁（平成15年９月９日判決・税資253号順号9426）の判示事項

　東京高裁は、「当該支出が『交際費等』に該当するというためには、①『支出の相手方』が事業に関係ある者等であり、②『支出の目的』が事業関係者等との間の親睦の度を密にして取引関係の円滑な進行を図ることであるとともに、③『行為の形態』が接待、供応、慰安、贈答その他これらに類する行為であること、の３要件を満たすことが必要である」として、次の検討を行った。

①支出の相手方

「本件英文添削の依頼者の中には、研修医や大学院生などのほか、医療に携わらない基礎医学の講師や海外からの留学生も含まれていたこと」は事実であるが、医学部やその付属病院の教授等、納税者X社の「直接の取引先である医療機関の中枢的地位にあり、医薬品の購入や処方権限を有する者も含まれていたことからすれば、全体としてみて、その依頼者である研究者らが、上記『事業に関係のある者』に該当する」。

②支出の目的

「本件英文添削は、若手の研究者らの研究発表を支援する目的で始まったものであり、その差額負担が発生してからも、そのような目的に基本的な変容はなかったこと、その金額は、それ自体をみれば相当に多額なものではある」。

　しかし、「その一件当たりの金額」や、納税者X社の「事業収入全体の中で占める割合は決して高いものとはいえないこと、本件英文添削の依頼者は、主として若手の講師や助手であり」、納税者X社の「取引との結びつきは決して強いものではないこと、その態様も学術論文の英文添削の費用の一部の補助であるし、それが効を奏して雑誌掲載という成果を得られるものはその中のごく一部であることなどからすれば、本件英文添削の差額負担は、その支出の動機、金額、態様、効果等からして、事業関係者との親睦の度を密にし、

取引関係の円滑な進行を図るという接待等の目的でなされたと認め」られない。
③行為の形態
「本件英文添削の差額負担は，通常の接待，供応，慰安，贈答などとは異なり，それ自体が直接相手方の歓心を買えるというような性質の行為ではなく，むしろ学術奨励という意味合いが強いこと，その具体的態様等からしても，金銭の贈答と同視できるような性質のものではなく，また，研究者らの名誉欲等の充足に結びつく面も希薄なものである」。
④結論
　以上のことから，「交際費等に該当する要件である『接待，供応，慰安，贈答その他これらに類する行為』を…幅を広げて解釈」しても，「本件英文添削の差額負担は，その支出の目的およびその行為の形態からみて…『交際費等』には該当しない」と判示し，納税者X社の請求を認容した。

関係条文を読む

(1)法人税法22条③《各事業年度の所得の金額の計算》
　内国法人の各事業年度の所得の金額の計算上当該事業年度の損金の額に算入すべき金額は，別段の定めがあるものを除き，次に掲げる額とする。
　　二　…当該事業年度の販売費，一般管理費その他の費用…の額
(2)法人税法37条⑦《寄附金の損金不算入》
　前各項に規定する寄附金の額は，寄附金，拠出金，見舞金その他いずれの名義をもつてするかを問わず，内国法人が金銭その他の資産または経済的な利益の贈与または無償の供与（広告宣伝および見本品の費用その他これらに類する費用並びに交際費，接待費および福利厚生費とされるべきものを除く。次項において同じ。）をした場合における当該金銭の額若しくは金銭以外の資産のその贈与の時における価額または当該経済的な利益のその供与の時における価額によるものとする。
(3)租税特別措置法61条の4《交際費等の損金不算入》
①　法人が…各事業年度において支出する交際費等の額のうち接待飲食費の額の100分の50に相当する金額を超える部分の金額は，当該事業年度の所得の金額の計算上，損金の額に算入しない。
④　①に規定する交際費等とは，交際費，接待費，機密費その他の費用で，法人が，その得意先，仕入先その他事業に関係のある者等に対する接待，供応，慰安，贈答その他これらに類する行為（以下この項において「接待等」という。）のために支出するもの（次に掲げる費用のいずれかに該当するものを除く。）をいい，①に規定する接待飲食費とは，

事件file **35**

家修理して保険契約

同項の交際費等のうち飲食その他これに類する行為のために要する費用（…二において「飲食費」という。）であつて，その旨につき財務省令で定めるところにより明らかにされているものをいう。

一　専ら従業員の慰安のために行われる運動会，演芸会，旅行等のために通常要する費用

二　飲食費であつて，その支出する金額を基礎として政令で定めるところにより計算した金額が政令で定める金額以下の費用

三　前二号に掲げる費用のほか政令で定める費用

主要論点について考える

⑴下級審判例を読む

──第一審（東京地裁平成14年9月13日判決・税資252号順号9189）──

措置法61条の4④は，同法61条の4①に規定する交際費等に該当するか否かを判断するには，「支出が『事業に関係ある者』のためにするものであるか否か，および，支出の目的が接待等を意図するものであるか否かが検討されるべき」としている。そして，支出の目的が接待等のためであるか否かについては，「当該支出の動機，金額，態様，効果等の具体的事情を総合的に判断すべきであって，当該支出の目的は，支出者の主観的事情だけではなく，外部から認識し得る客観的事情も総合して認定すべき」としている。

上記を本件に当てはめていくと，まず，本件英文添削の依頼者が，原告の「事業に関係ある者」に該当するか否かについては，本件英文添削の依頼者は，納税者X社の「取引先である大学の付属病院，これらの病院を有する医科系大学および総合大学の医学部またはその他の医療機関に所属する，医師等やその他の研究者に限られていた」から，本件英文添削の依頼者は，いずれも納税者X社の「『事業に関係ある者』に該当する」。

次に，本件負担額の支出の目的が接待等を意図するものであるか否かについては，本件英文添削は，これを利用できる者の範囲は，事実上，納税者X社の「取引先である…研究者のみに限られていた」こと，「本件英文添削の依頼をMRを通して受けることにより，MRが取引先である医療機関に所属する者との間に親密な関係を築くこと」で，納税者X社の医薬品の販売に係る「取引関係を円滑にする効果を有する」としている。

また，本件英文添削は，「国内の添削業者と同等またはそれ以上の内容の英文添削を，国内の添削業者と同水準の料金で提供するものであって，このような事業を提供することにより，取引先の医師等の歓心を買うことができることからも，本件英文添削は，医薬品の販売に係る取引関係を円滑にする効果を有する」から，納税者X社は，「本件英文添削を，添削の依頼者である研究者の所属する取引先との間において，医薬品の販売に係る取引関係を円滑に進行することを目的として行っていた」としている。

以上より，本件更正処分は適法として，納税者X社の請求を退けた。

⑵参考判例

交際費等の該当性の判定要件としては，本件関連事件前の裁判では，①「支出の相手方」

が事業に関係ある者であること，②「支出の目的」がかかる相手方に対する接待，供応，慰安，贈答その他これらに類する行為であることの2要件で判断されていた（以下「2要件説」という）。例えばオートオークション事件（東京高判H5.6.28・税資195号700頁）がある。当該参考判例では，販売促進のために支出する費用であっても，2要件説を充足する限り交際費等に該当すると判断されている。

　一方で，本件関連事件以降の裁判例では，①「支出の相手方」が事業に関係のある者等であること，②「支出の目的」が事業関係者等との間の親睦の度を密にして取引関係の円滑な進行を図ること，③「行為の形態」が接待，供応，慰安，贈答その他これらに類する行為であること，の3要件で判断されている（以下「3要件説」という）。

　特に，②「支出の目的」は「当該支出の動機，金額，態様，効果等の具体的な事情を総合的に判断して決すべきである」とし，③「行為の形態」は「接待，供応，慰安，贈答その他これらに類する行為であれば，それ以上に支出が不必要（冗費）あるいは過大（濫費）なものであることまでが必要とされるものではない」との判断が示されている。

　その一例としてオリエンタルランド事件（東京高判H22.3.24・訟月58巻2号346頁）がある。当該参考事件では，事業関係者等に交付され実際に使用された自社遊園施設への無償入場券について，3要件説により，その役務の提供に係る原価を交際費等に該当するとした。

(3) 2要件説と3要件説の比較

　「交際費等の費用は，基本的には法人税法22条③二号により損金算入が認められるべき」ところ，租税特別措置法61条の4に該当するか否かが課税所得に影響を及ぼすことになるため，法人にとって交際費等の該当性が重要となるが，上記(2)記載のとおり，交際費等の該当性は過去では2要件説が採られていたが，本関連事件以降は3要件説を採る傾向にある。

　論者によれば，2要件説の各要件は，交際費等が得意先との「親睦の度を密にして取引関係の円滑な進行を図る」ために支出されるもの，という一般的な理解を前提としており，結果として3要件説と大差がないように見える。本関連事件の第一審は2要件説に立ち，「『交際費等』該当性は2要件を満たせば足りるというべきであって『接待等が，その相手方において，当該支出によって利益を受けていると認識できるような客観的状況の下に行われることが必要であるということはできない』」とした。

　一方，控訴審では3要件説の要件の一つである接待等の交際行為は，「一般的に見て，相手方の快楽追求欲，金銭や物品の所有欲などを満足させる行為」で，「直接相手方の歓心を買う性質のものであるとし，交際行為に対する相手方の認識が必要とされる。この点が，第一審の判断と控訴審の判断の分水嶺であり，2要件説と3要件説の違いである」としている（辻美枝（2016年）『租税判例百選（第6版）』116-117頁，有斐閣）。

事件のゆくえ

「ちなみに，修理に掛けた材料代とかは，お客さんからもらってるの？」

「いやあ，そりゃ結構な高額になれば多少もらうかもしれへんけど，今のところは数千円で済んでるし，タダで修理してあげてるかなあ」

「でも材料代は寄附金になる余地があるかなあ。ただそのお客さんが大工さんに頼んだら掛かる手間賃相当額の問題もあるんやけどね」

雪は出てきた前菜を食べながら説明する。

「いったいどういうことなん？　寄附金って国とか神社とかに寄贈するものと違うん？」

昭夫が不思議そうに聞いてきた。

「寄附金っていうのは，金銭，物品その他経済的利益の贈与又は無償の供与のことをいうのよ。名目の物だけではなく，拠出金や見舞金て呼ばれる物も該当するわ。これらの支出でも交際費等，広告宣伝費，福利厚生費とされるものは除かれるけどね」

「そうなんや。何か分かるようで分からへんなあ」

頭にハテナが付いたままの昭夫を気にかけながら，雪は話を続けた。

「これに対して交際費っていうのは，取引先とかに対する接待，供応，慰安，贈答その他これらに類する行為のために支出する費用のことをいうのよ。

そのうち，従業員の慰安のための費用や，社外の人も含めた接待等のための飲食等で一人あたり5,000円以下の物などは除かれるけどね。昭夫君の言うとおり，中小企業なら800万円までの交際費は損金算入されるわ。過去の判例でいうと，交際費等の該当性の判定要件はこの３つなの。

ちなみに大企業の場合，交際費は損金にならないけれど，寄附金の場合は寄附金控除ってのがあるのよ。寄附金控除は中小企業にもあるけどね」

そう言うと，交際費該当性の３要件がまとめられた表をタブレットで昭夫に見せた。

支出の相手方	事業に関係のある者等
支出の目的	事業関係者等との間の親睦の度を密にして取引関係の円滑な進行を図ること ―動機，金額，態様，効果等の具体的な事情を総合的に判断する―
行為の形態	接待，供応，慰安，贈答その他これらに類する行為

「で，今回の場合，『支出の相手方』は保険の販売先であって，事業に関係のある者でしょう。『支出の目的』については，保険の販売先という事業関係者等との間の親睦の度を密にして取引関係の円滑な進行を図ることといえるわね。

『行為の形態』については，相手の困り事をその場で修理して解決するものであって，直接相手方の歓心を買える性質の行為でしょ。このように家の修理は交際費の3要件を満たすから，交際費に該当する可能性が高いわ。だから寄附金にはならないわね」

雪は一通り昭夫に丁寧に説明した。

「そうなんや，とりあえずよかったわぁ。でも，どうせ修理をやるんやったらお客さんへの営業としてだけではなくて，将来は企業の社会的貢献という観点で事業として大きく取り組んでいくわ。これからは企業の社会的貢献が大切って雑誌で読んだところやしね」

「さすが後継者。じゃあ，将来の展望も見えてきたことだし，ワインで乾杯しましょう。これ頼んでいい？」

そう言って雪がワインを促すと，

「一人5,000円を超えると交際費になっちゃうんだよね。でも，今日は俺の個人的なおごりやから大丈夫だよ」

昭夫がにやりとしながら答えた。

二人が嵐山に降る夏先の雨音を聴きながら，スペインのシャルドネで乾杯すると，何とも京都らしい盛り付けの料理が運ばれてきた。

"人は変わるものなのね。沙也加先輩が言うとおりだわ"

雪はそう心のなかで呟いた。

事件file 36

サブリースと賃料

上告審：最高裁平成6年6月21日判決・訟月41巻6号1539頁
控訴審：福岡高裁平成5年2月10日判決・税資194号314頁
第一審：福岡地裁平成4年5月14日判決・税資189号513頁

📖 事件のいきさつ

　真生と藍子は，真生の高校の同級生である前田と御池通沿いにあるいつもの居酒屋で待ち合わせをしていた。居酒屋といっても，京都のいろいろな地ビールが楽しめる稀少店である。先週水曜日，前田から相談があるから会えないかと連絡があったのだが，出張が続いてようやく今宵会えることになった。真生と藍子が顔を合わせるのも久しぶりである。
「遅くなったな。すまんすまん。おっ，藍子ちゃんもきてくれたんや」
「おじゃましています」
　前田がカウンターにいる真生の隣に座ったのは，真生に2杯目のビールが運ばれてきたところだった。
「俺も同じものを，しかしせっかちなところは高校時代と変わっていないな」
　真生は笑いながら自分に運ばれたビールを前田に渡した。
「おう，おおきに」
　前田は一気に飲み干してから話を切り出した。
「実はなぁ，親父の会社のことなんや」
　前田の父は地元で家具店を経営している。一時期は手広く店舗を増やしていて，地元では知らない者はいないほどだった。真生も高校の夏休みに前田と一緒に家具の棚卸しのアルバイトをして，仕事の後に店の近くの焼肉屋に連れて行ってもらったこともある。
「親父が引退する決意を固めよってな」
　前田の父が倒れて一時期入院していたことは，共通の友人から聞いていた。
「それで居抜きで店舗を賃貸しようとしているんや。それも不動産管理会社を作るから俺にも役員になれって言いよるんや」
「なるほど」

　真生は短く答えた。
「その管理会社にタダ同然で不動産を賃貸するから俺も役員報酬を取れってな。その会社の資本金も全額出すし，仕事もとくにしなくてもええからって」
「至れり尽くせりやな」
　真生は冗談ぽく前田の肩をポンポンとたたいた。
「…。俺って不安定な仕事やろ。心配してるんかな」
　そうは言うものの，前田は業界ではそれなりに名の知られた水中カメラマンである。
「俺って写真と海のこと以外何も知らんやろ」
　前田は何杯目かのビールを口にした。
　藍子は，"サブリース方式ね。確か，同族会社の行為計算が論点となった判例があったわね"と，そう思いながら，簡単な絵を描いて前田に見せた。

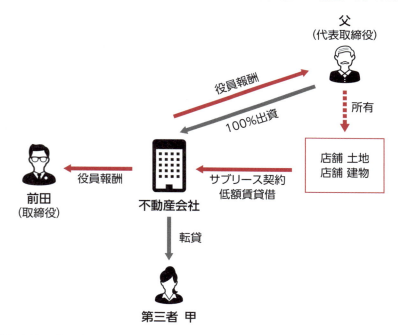

「さすが，藍子先生。そのとおりやぁ，よく俺の話でそこまで分かるなぁ」
　藍子がさらに説明を加えようとした時，真生のスマホが鳴った。
「…そうか，分かった。すぐ行くわ」

電話を切った真生は前田に申し訳なさそうに告げる。

「前田。悪い。どうしても行かなあかんねん。後のことは，藍子に任すから，よく相談してくれ」

　そう言うと真生は店を飛び出した。東京の監査法人で同期だった高倉から木屋町のバーに呼び出されたのだった。高倉は昨年監査法人を退職し，企業内会計士として大阪の会社に勤務している。近年目覚ましい成長を遂げているソフトウェア会社【株式会社民自興業】の内部監査室室長という肩書きだ。

　再会の挨拶がてら近況を聞くと，彼は退職金の一部を仮想通貨で運用していたが，取引していた仮想通貨交換業者から多額の仮想通貨が流出し，未だに預けた金が戻ってこないという。

「ひどい目に遭ったよ。大儲けできたと思ったら一瞬でパー。ほんまに洒落にならんわぁ」

「怪しげな業者で取引するからだろ」

「まあ仕方ないさ。ところで，さっきも言ったがどうしてもお前に頼みたいことがあってな」

「お前が俺に相談と言うんやから，会計や税務のことじゃないわなぁ…。何でも手伝うけど，厄介ごとには巻き込まんでくれよ」

　高倉は，頼まれると断れない真生の性格を知っているので，一方的に話し出した。

「ええやろ。お前厄介ごと得意だろう，昔から。というか，お前しか頼れなくて，なぁ」

関連事件を学ぶ

(1)事案の概要

不動産を所有している納税者Xが、昭和58年9月、税法上の同族会社に該当する有限会社Xビル（以下「Xビル社」という）に、次の条件で土地、建物、駐車場（以下「本件物件」という）を賃貸する契約を締結した。

> ア 賃料は月額200万円とする。
> イ Xは、Xビル社が第三者に対し使用目的（倉庫、事務所、工場、住居および駐車場）の範囲内で転貸することを認める。
> ウ Xビル社の責任で管理その他一切を行う。

Xビル社は、本件賃貸借契約に基づいて本件物件を第三者に転貸することで転貸料収入を得ており、本件転貸料と本件賃貸料の差額は下記のとおりである。

年度	Xの賃貸料	Xビル社の転貸料	差額	差額割合
昭和59年	24百万円	35百万円	11百万円	31%
昭和60年	24百万円	35百万円	11百万円	31%
昭和61年	24百万円	36百万円	12百万円	34%

課税庁Yは、Xと同様に不動産貸付業を営み、その管理を同族関係にない不動産管理会社に委託している者を選定し、その管理料割合の平均値から、土地および建物は6%、駐車場は9%をXビル社の適正管理料として算定した。その適正管理料に基づいて適正賃貸料（Xの不動産所得）を算出し、Xの所得税の更正処分等を行った事案である。

Xビル社からの賃貸料収入が、所得税法157条にいうXの「所得税の負担を不当に減少させる結果となる」かどうかが争点となった事案である。

(2)当事者の主張

①納税者Xの主張

Xビル社は本件物件の賃借人および転貸人という立場から本件物件を管理しているのである。よって、Xに支払っている月額200万円の賃借料が具体

的・個別的に相当かどうかを検討すべきであり，管理料相当額という見地から，管理料を基準に同業者を選定し，その受託管理料を基に本件の適正賃貸料額を算定することはできないと主張した。

また，非同族会社だけを同業者として抽出し，管理料割合を算出すべきではなく，同族会社の特性を認めた上で，同族会社に管理委託した場合の管理料割合をいくらにするのが相当かを考慮すべきであるとも主張した。

②課税庁Yの主張

適正賃貸料の額は，転貸料収入からXビル社が得るべき適正管理料の額を差し引いたものであり，適正管理料の額が定まることによって，適正賃貸料の額はおのずから定まる。したがって，XがXビル社から得る賃貸料が不当に低額かどうかは，その管理料が不当に高額かどうかの問題となり，適正管理料の算定が必要となる。

本件における「通常あるべき行為又は計算」は，Xと同種の事業を営む者が，その者と同族関係にない不動産管理会社に貸付不動産の管理を委託した場合に支払うべき管理料の金額の賃貸料収入金額に対する割合（管理料割合）に基づいて，本件物件にかかる通常であれば支払うべき管理料の額ということになる。

そして，両者に著しいかい離があることが明白である場合は，本件賃貸料が低額であることにより，原告の「所得税の負担を不当に減少させる結果」となっているから，所得税法157条の適用は適法である。

⑶最高裁（平成6年6月21日判決・訟月41巻6号1539頁）の判示事項

「同族会社からの不動産所得は所得税法157条①に規定する同族会社の行為計算に当たる」とのみ判示し，納税者Xの上告を棄却した。

関係条文を読む

(1)所得税法157条①《同族会社の行為計算の否認等》

　税務署長は，次に掲げる法人の行為又は計算で，これを容認した場合にはその株主等である居住者又はこれと政令で定める特殊の関係のある居住者…の所得税の負担を不当に減少させる結果となると認められるものがあるときは，その居住者の所得税に係る更正又は決定に際し，その行為又は計算にかかわらず，税務署長の認めるところにより，その居住者の各年分の…所得…金額を計算することができる。

(2)法人税法2条《定義》

　十　同族会社　会社…の株主等（…）の3人以下並びにこれらと政令で定める特殊の関係のある個人及び法人がその会社の発行済株式（…）の総数又は総額の100分の50を超える数又は金額の株式又は出資を有する…におけるその会社をいう。

(3)法人税法34条②《役員給与の損金不算入》

　内国法人がその役員に対して支給する給与…の額のうち不相当に高額な部分の金額として政令で定める金額は，…損金の額に算入しない。

(4)法人税法132条《同族会社等の行為又は計算の否認》

①　税務署長は，次に掲げる法人に係る法人税につき更正又は決定をする場合において，その法人の…法人税の負担を不当に減少させる結果となると認められるものがあるときは，…その法人に係る法人税の課税標準若しくは欠損金額又は法人税の額を計算することができる。

③　①の規定は，同項に規定する更正又は決定をする場合において，同項各号に掲げる法人の行為又は計算につき，所得税法157条①（同族会社等の行為又は計算の否認等）…の規定の適用があつたときについて準用する。

(5)法人税施行令4条①《同族関係者の範囲》

　法2条十号…に規定する政令で定める特殊の関係のある個人は，次に掲げる者とする。

　一　株主等の親族

　二　株主等と婚姻の届出をしていないが事実上婚姻関係と同様の事情にある者

　三　株主等（個人である株主等に限る。次号において同じ。）の使用人

　四　前三号に掲げる者以外の者で株主等から受ける金銭その他の資産によつて生計を維持しているもの

　五　前三号に掲げる者と生計を一にするこれらの者の親族

(6)法人税法施行令70条①《過大な役員給与の額》

　法34条②に規定する政令で定める金額は，次に掲げる金額の合計額とする。

　一　次に掲げる金額のうちいずれか多い金額

　　イ　…その役員に対して支給した給与…が，当該役員の職務の内容，その…収益及びその使用人に対する給与の支給の状況，…同種の事業を営む法人でその事業規模が類似するものの役員に対する給与の支給の状況等に照らし，当該役員の職務に対す

る対価として相当であると認められる金額を超える場合におけるその超える部分の
金額…

主要論点について考える

(1)下級審判例を読む
──第一審（福岡地判平成4年5月14日・税資189号513頁）および控訴審（福岡高判平成5年2月10日・税資194号314頁）──

　福岡地裁は，同族会社の行為又は計算が「所得税の負担を不当に減少させる結果となると認められる」かどうかの判断基準を経済的合理性基準すなわち，「経済的，実質的見地において当該行為又は計算が通常の経済人の行為として不合理，不自然なものと認められるかどうかを基準」として判断すべきと明示した。

　納税者Xの「受託管理料を基に本件の適正賃貸料額を算定することはできない」との主張に対しては，「本件賃貸料が不当に低額であるのかどうかは，管理委託料が適正額かどうかの問題に置き換える」として，同族会社が転貸方式を用いた場合の適正賃貸料の算定方法として適正管理料を基礎に算定することを妥当とした。

　また，Xの「同族会社の特性を認めた上で，管理料割合をいくらにするのが相当であるのかを考慮すべき」という主張に対しては，「所得税法157条の適用にあたっては，…通常人の経済行為として不合理・不自然な行為・計算でないかどうかの観点から考えるべきであり，…非同族会社だけを同業者として抽出すること」も妥当と判示した。

　さらに福岡高裁は，本件推計値の算出方法について，同業他社の「選定過程に恣意が介在したとの合理的な疑いがなく，かつ，得られた適正管理料割合が信頼できる，正確なもの」として，Xによる控訴を退けた。

(2)一括転貸（サブリース）方式と管理委託方式

　個人で不動産を所有しているオーナーが，不動産管理会社を活用する場合，代表的な方法として「サブリース方式」と「管理委託方式」の2つがある。

　「サブリース方式」とは，物件を不動産管理会社が一括して借り上げ，これを賃借人に「転貸」する方式であり，不動産の賃貸経営自体はその会社が行うことになる。そのため，賃借人から受け取った家賃と不動産オーナーに支払った家賃の差額が不動産管理会社の利益となる。

　他方，「管理委託方式」は，不動産オーナーが家賃の集金や清掃などの管理業務を不動産管理会社に委託する方式であり，不動産管理会社は，毎月，管理料を不動産オーナーから受け取る方式である。

　不動産オーナーからすると，サブリース方式のメリットは，空室リスクを回避して，毎月一定額の家賃収入を得ることができる点である。

　2つの方式の違いを図にすると以下のとおりである。

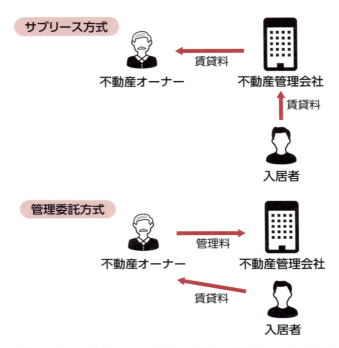

　本件のように，サブリース方式を採った場合，不動産オーナーと不動産管理会社とで所得が分散されることになるので，不動産オーナーから同族会社への賃貸料（サブリース料）を幾らに設定するかがポイントになる。
　このようなサブリース方式を通じて，同族会社である不動産管理会社に残った所得（利益）が，不動産オーナーから不当に所得（利益）が付け替えられているとして，その不相当に高額な部分につき同族会社の行為計算の否認規定を適用して，その経済取引自体を否認するということになる。

(3) **参考判例**

　同族会社の行為計算の否認規定の趣旨は，「同族会社が少数の株主ないし社員によって支配されているため，当該会社またはその関係者の税負担を不当に減少させるような行為や計算が行われやすいことにかんがみ，税負担の公平を維持するため，そのような行為や計算が行われた場合に，それを正常な行為や計算に引き直して更正または決定を行う権限を税務署長に認めるもの」と解されている（金子宏（2017年）『租税法（第22版）』497頁，弘文堂）。
　このような趣旨から，東京高裁（東京高判H27.3.25・税資265号順号12639）は，同族会社の行為計算否認規定の適用を巡る税務訴訟の判決理由として，「法人税法132条①にいう同項の『法人税の負担を不当に減少させる結果となると認められる』か否かは，同

族会社の行為又は計算が，経済的，実質的見地において純粋経済人の行為又は計算として不合理，不自然なもの（経済的合理性を欠くもの）と認められるかどうかにより判断すべきである。そして，同族会社の行為又は計算が，独立かつ対等で相互に特殊な関係にない当事者間で通常行われる取引…とは異なり，当該行為又は計算によって当該同族会社の益金が減少し，又は損金が増加する結果となる場合には，特段の事情がない限り，経済的合理性を欠くものというべきである」と判示した。

(4)関連条文（法人税法132条③）について

平成18年度の法人税法改正において，法人税法132条に第3項が追加された。この改正により，同族会社の代表者たる個人について，所得税法157条の同族会社等の行為計算否認規定の適用により所得税の増額更正があった場合，これに対応する法人税の減額更正を行うことができる旨が明文化された。

なお，第3項が追加される前は，本件事案のように管理委託料の増額更正が所得税法の行為計算否認規定の適用により行われたときには，不動産管理会社の法人税の計算上は，管理委託料を個人に返還した日の属する事業年度の損金算入を認めるにとどまり，当該個人の所得税の更正年分に対応する事業年度の法人税には影響がないものと取り扱われていた。

📖 事件のゆくえ

「不動産管理会社の資本金は、お父さまが出されて、その会社にお父さまが賃貸されるってことですね」

藍子は一通りサブリース方式の仕組みと同族会社の概要について説明した。

「なるほどな。藍子先生、よく分かったよ」

「それと、お父さまはタダ同然で、お持ちの不動産をその法人に貸されるってことですね」

藍子の問いかけに前田は頷いて返した。

「藍子先生、この仕組み、どう思う？　何だか、俺でも何とかなりそうで、よさげな感じがするんだけど」

「そうですね。その低額な賃料が、お父さまの所得と所得税の負担を不当に減少させているとして、約定賃貸料と適正賃貸料との差額が不動産所得に加算されるリスクがあります」

藍子は、過去の判例のポイントを前田に説明する。

「そうか、それなら俺が資本金を全額払って会社を作ったらどうなんやろ？」

「親子なので特殊な関係とされ、同じリスクが生じますね」

「そうすると適正賃貸料がポイントということか。でも、どうやって家賃が高いか低いか決めるんや？」

前田は藍子に聞き返した。

「判例では、同業者が管理会社に払っている管理料をベースに、適正賃貸料が算出されたケースがあるんです。その判例では、適正管理料率は6％と認定されています。

またサブリース方式の場合は、空室率を低くすれば多くの利益が残るし、空室率が上がれば利益が減ります。私の経験からすると、物件の種類や立地条件によっても異なりますが、一般的に不動産管理会社は、コスト負担をしない場合、満室の場合の家賃収入の85％〜90％で賃料を設定している場合が多いです。なので、清掃費や水道光熱費、修繕費の負担など、どの程度のコストを不動産管理会社が負担するかによっても異なってくると思います。

ポイントは、通常の第三者間であればいくらで取引をするのかということです。私どもの顧問先でもある不動産管理会社を紹介いたしますので、一度

相見積もりを依頼される，というのはいかがでしょうか。事情はお伝えしておきますから」

「それと，不動産管理会社の仕事をきちんとなさることも大切です。何もしないで役員報酬だけもらわれると，法人で損金にならない可能性もあります。

なので，例えばその管理会社でしばらく研修されてみるっていうのも大切な経験になると思います。また賃貸不動産経営管理士などの資格を取得されることもおすすめします。賃貸住宅の管理に関する知識・技能・倫理観を持っていることの一つの証となりますので」

藍子の説明に納得した前田は満足そうな様子である。

「おおきに。よう分かったわぁ。是非その不動産管理会社を紹介してや。でも，親父，今日みたいな話を知っているんかいな。そうや。藍子先生。悪いんやけど，一度親父に会ってそのことを説明してくれへんやろか。明日はどやろ？ 今日の飲み代は俺がおごるし，明日10時に事務所まで迎えに行くから」

「え，いいんですか!? ではお言葉に甘えて…」

藍子は年代物のモルトウイスキーが棚に並んでいるのを指差して，さっそくストレートで注文した。

事件file 37

海外子会社戦略

控訴審：東京高裁平成25年2月28日判決・税資263号順号12157
第一審：東京地裁平成24年3月2日判決・税資262号順号11902

事件のいきさつ

　株式会社サカタ（以下「サカタ」という）は製造機械メーカーであり，その主力製品である食品加工機サカタアルファはニッチではあるものの国内シェアは1位で，ヨーロッパ，アメリカにおいてもトップシェアを誇っている。また，製造子会社を中国に持ち，その他，販売子会社も中国，ヨーロッパ，アメリカ，東南アジア，メキシコに5社保有している。

　そのサカタの直前の決算は，売上高103億円，総資産85億円，従業員230人であった。また，会長の酒田龍二は79歳という年齢でありながら実質的な経営を一人で取り仕切っている。

	役職	年齢	保有株式数（株）
酒田龍二	会長	79歳	80,000
酒田伸一	社長	52歳	120,000
酒田信夫	副社長	27歳	20,000
計			220,000

　沙也加は酒田龍二のことを経営者として尊敬しており，そこから学んだ経営哲学については他の会社を指導する時に大いに役立っている。その沙也加も会長の年齢は少し気になっていた。折を見ては相続の話をしてきたが，その度に縁起でもないとしかられたものだった。

　しかし，株式を少しずつ孫の酒田信夫に贈与をしたいとの申し出があり，沙也加が贈与のための株式の評価を行っている。

　そんなサカタの経理部の安藤が真生の事務所を訪ねてきた。安藤は，57歳になるが入社35年になるベテランで会長からの信任が厚い。今日は，沙也加に依頼していたサカタ株の評価について結果を聞きにきている。

　「沙也加先生いつもすみません。それで，株価の方はどうなりましたか？」

「安藤さん。今年の株の評価額は財産評価基本通達に基づくと一株20,300円ですね」

「えっ？　随分高くないですか？　昨年は9,000円でしたよね」

「御社の子会社であるサカタCHINA，サカタUSAの業績が急伸しまして，サカタCHINA，サカタUSAの株式の時価が上昇し，サカタの総資産に占める海外子会社株式等の価値が50％を超えたんです」

「はい…，確かに業績はいいですね」

サカタ資産構成

| 60% | その他の資産 | | その他の資産 | 48% |
| 40% | 海外子会社株式 | | 海外子会社株式 | 52% |

「御社の株式は昨年まで大会社として類似業種比準方式で評価してきたのですが，総資産に占める株式および出資金の割合が50％を超えた場合には，純資産価額又はＳ１＋Ｓ２方式という方法で株式を計算することになってます」

「…」

安藤は沈黙したままである。

「これは，持株会社を作ってそこに利益の大きな会社の株式を売却して，節税もしくは租税回避ができないように，持株会社の株の評価をした場合にも，その持株会社が保有する会社の株の価値を持株会社の株の評価額に反映させるための評価方法なんです。

今回は，サカタの株式評価に子会社の会社の価値が反映されるので株価が高くなります」

おもむろに安藤は沙也加に確認した。

「当社は持株会社ではなく事業会社ですよね？」
「そうです。でも持株会社であるか判定するために，一律に総資産に占める株式および出資金の割合が50％を超えた場合という基準を設けているのです」
「何か釈然としないですね。その財産評価基本通達というものは必ず従わないといけないのでしょうか？」
「そうですね。ではまず，その点についてご説明させていただきます」
　沙也加はそう言葉を返しながら，かつて財産評価基本通達を形式的に運用し，株式保有特定会社該当性を争った事件を考えていた。

事件 file 37

海外子会社戦略

関連事件を学ぶ

⑴事案の概要

　納税者Xは，Cの死亡により開始した相続の申告にあたり，相続財産の非上場のA社株式を財産評価基本通達179が定める類似業種比準方式により評価した。これに対して課税庁Yは，財産評価基本通達が定めるS1＋S2方式で評価すべきとして相続税に係る更正処分等を行った。そこで，Xはこれを不服として処分の取消しを請求したものである。

　A社は5,000人以上の従業員を擁し，化粧品，シャンプー・リンス，薬品，洗剤，食品等のペットボトル，容器等の製造販売により売上高1,900億円を有する合成樹脂容器の製造販売では我が国トップシェアを誇る一流企業である。A社がその株式を保有するB社は，従業員5名，不動産の取得・管理等を目的とし，総資産価額98億円，1年間の取引金額3億円の法人である。またA社はB社株の84%を保有し，B社はA社株の75%を保有する。

A社概要（平成15年5月31日時点）

設立	昭和23年
業種	合成樹脂及び金属等による容器・キャップ・医療用具・医薬部外品等の製造及び販売
資本金	4億3,200万円
総資産額	2,120億円
従業員	5,291名
売上高	1,882億円

B社概要（平成15年5月31日時点）

設立	昭和41年
業種	不動産の取得及び管理等
資本金	9億9,000万円
総資産額	98億円
従業員	5名
売上高	3億円

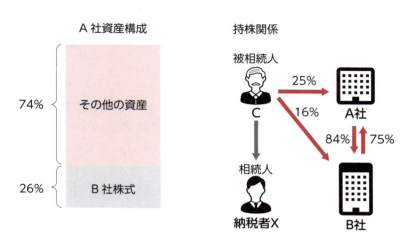

　本件のA社株式を，類似業種比準方式で評価した場合には一株あたり4,653円であるのに対し，S1＋S2方式で評価した場合には同19,002円となる。

A社株式評価額

	財産評価基本通達179	財産評価基本通達189-3
	類似業種比準価額（大会社）	S1＋S2方式
一株あたり評価額	4,653円	19,002円
納税者X保有株式数	646,400株	646,400株
納税者X保有株式評価額	30億円	122億円

　本件は，財産評価基本通達に基づき株式保有特定会社として評価すべきとする課税庁Yに対して，同通達を形式的に適用すべきではないとして納税者Xが争った事案である。

(2)当事者の主張
①納税者Xの主張
　A社のような事業を行うことを主目的とする非上場の会社を評価する方式として，上場株式の取引価格を基に評価する類似業種比準方式が優れた評価方式であるといえる。類似業種比準方式の例外として，評価通達の平成2年

改正により，保有資産中に株式が占める割合が高い会社（株式保有特定会社）の株式について，純資産価額方式等により評価することとされたが，これは，持株会社に保有する株式を譲渡して，その時価が持株会社の株式の評価額に反映されなくする節税ないし租税回避行為を防止する趣旨であり，そのような行為のないA社の評価には適用されるものではない。

　株式保有特定会社に係る評価方式を適用すべき評価会社か否かの判断は，その会社が事業を営むことよりも株式を保有することを主たる目的とする会社であるかという基準で行うべきであるが，A社の株式保有比率は25.9%にすぎず，株式保有特定会社である蓋然性が高くなる「非常に異常な数値」とは考えられない。

　A社は株式保有特定会社にあたらず，株式の評価について類似業種比準価額によるべきであるとした。

②課税庁Yの主張

　評価通達189の（2）（「株式等保有特定会社の株式」）では，大会社につき株式保有割合が25%以上（当時）である評価会社を一律に株式保有特定会社としている。

　A社は株式保有割合が25.9%であり株式保有特定会社にあたるため，その株式評価は，財産評価基本通達が定める純資産価額方式またはS1＋S2方式で評価すべきである。

(3)東京高裁（平成25年2月28日判決・税資263号順号12157）の判示事項

　控訴審では，相続税法22条の時価評価において，「租税負担の実質的な公平を確保し，安定した課税手続を実現させる観点から，評価通達」が定められていることから，「それが評価方式として合理的なものである限り，全ての納税者に当該評価方式を適用すべき」とし評価通達が合理的であるか否か検討すべきであるとした。

　まず，大会社に対して類似業種比準方式により評価することは，「評価の対象となる株式が上場されておらず取引相場のない株式であることを前提として，上場会社の株式との比較により現時点での株式の時価を評価する方式であるから，実際に将来上場するか否かにかかわらず，相応の合理性を有する」とした。

　また，標本となる上場会社等と比較して「資産構成が著しく株式等に偏っている会社を株式保有特定会社等として定義し，その株式の評価方式を純資産価額方式又はＳ１＋Ｓ２方式によるべきこととしたこと」，「大会社につき株式保有割合が25％以上である評価会社を一律に株式保有特定会社とし」た平成２年改正の評価通達も合理性が認められるとした。

　そのうえで，「大会社につき株式保有割合が25％以上である評価会社を一律に株式保有特定会社と定める本件判定基準」は，本件相続開始時においてもはや合理性がないとした。

　その理由は，「評価通達の平成２年改正における…当時の法人企業統計等に示された資本金10億円以上の会社の株式保有割合の平均値が7.8％であり…，当時においては，一般に，株式保有割合25％以上であることは，資産構成が著しく株式に偏っているものと認識されていたといえる。

　しかし，…本件相続開始時を調査期間に含む平成15年度の法人企業統計を基に算定された資本金10億円以上の全ての業種の営利法人…の株式保有割合の数値は，16.31％であり，本件判定基準とされている25％と比して格段に低いとまではいえない」からとした。

　上記より株式保有割合25.9％のＡ社が株式保有特定会社に該当するか否かの判定において，「本件判定基準をそのまま適用して株式保有特定会社に該当するものとすることはでき」ず，「その株式保有割合に加えて，その企業としての規模や事業の実態等を総合考慮して判定するのが相当である」とした。

　そして，「Ａ社の企業としての規模や事業の実態等は上場企業に匹敵するものであり，Ａ社株式の価額の評価に関しては，租税回避行為の弊害を危惧しなければならないというような事情はうかがわれないことからすれば，本件相続開始時におけるＡ社が，その株式の価額の評価において原則的評価方式である類似業種比準方式を用いるべき前提を欠く株式保有特定会社に該当するとは認められない」，として課税庁Ｙによる控訴を棄却した。

事件 file 37

海外子会社戦略

関係条文を読む

(1)相続税法22条《評価の原則》

　…相続，遺贈又は贈与により取得した財産の価額は，当該財産の取得の時における時価により，当該財産の価額から控除すべき債務の金額は，その時の現況による。

主要論点について考える

(1)下級審判例を読む

──第一審　（東京地裁平成24年3月2日・税資262号順号11902）の判示事項──

　第一審は，財産評価通達について「同通達の定める評価方式が形式的に全ての納税者に係る相続財産の価額の評価において用いられることによって，基本的には租税負担の実質的な公平を実現することができる」。

　「同条の規定もいわゆる租税法の基本原則の1つである租税平等主義を当然の前提としているものと考えられることに照らせば，特段の事情があるときを除き，特定の納税者あるいは特定の相続財産についてのみ同通達の定める評価方式以外の評価方式によってその価額を評価することは，たとえその評価方式によって算定された金額がそれ自体では同条の定める時価として許容範囲内にあるといい得るものであったとしても，租税平等主義に反するものとして許されない」として従うべき性質のものと判示する。

　その上で，「評価通達に定められた評価方式が当該資産の取得の時における時価を算定するための手法として合理的なものであることについては，被告側においてこれを立証すべき」として，大会社につき株式保有割合が25％以上である会社を一律に株式保有特定会社とする基準は本件相続時には合理性はないと判断した上で課税庁Yの各処分を取り消した。

(2)財産評価基本通達の拘束性

　課税実務上は，財産評価通達の定めるところで財産の評価が行われている。この財産評価基本通達について控訴審では，「租税負担の実質的な公平を確保し，安定した課税手続を実現させる観点から，評価通達を定め，それが評価方式として合理的なものである限り，全ての納税者に当該評価方式を適用すべき」とし合理性がある限り財産評価基本通達に拘束性がある，とする。

　また，各個別事情もあるところ租税負担の実質的な公平の確保から，評価通達189のように大会社につき株式保有割合が25％以上である評価会社を一律に株式保有特定会社とすることも合理性があるとした。

(3)財産評価基本通達の合理性

　評価通達189の大会社につき株式保有割合が25％以上である評価会社を一律に株式保有特定会社と定める判定基準が，本件相続開始時においても合理性を有しているかが検討された。本評価通達の平成2年改正の後，平成9年の独占禁止法の改正により従前に全面的に禁止されていた持株会社が一部容認されたことなどから，平成2年当時法人企業統計

79

に示された会社の株式保有割合が7.8％であったものが平成15年度には16.3％となっており25％が標本会社と著しく乖離しているとはいえず本評価通達の合理性は認められないとした。

その上で、本件のA社の事業規模等から判断して株式保有特定会社でないと判示した。

なお、平成25年5月に当高裁判決を受け、評価通達189（2）における大会社の株式保有割合による株式保有特定会社の判定基準が25％から50％に改正された。

(4)財産評価基本通達について

ここで、取引相場のない株式の評価に関する財産評価基本通達（現行）を紹介しておこう。

①財産評価基本通達179《取引相場のない株式の評価の原則》

…大会社…の株式の価額は…次による。

(1)大会社の株式の価額は、類似業種比準価額によって評価する。ただし、納税義務者の選択により、1株あたりの純資産価額（相続税評価額によって計算した金額）によって評価することができる。

②財産評価基本通達189《特定の評価会社の株式》

(2)株式保有特定会社の株式

課税時期において評価会社の有する各資産をこの通達に定めるところにより評価した価額の合計額のうちに占める株式…の価額の合計額…において「株式等の価額の合計額（相続税評価額によって計算した金額）」という。）の割合が50％以上である評価会社…の株式の価額は、189-3《株式等保有特定会社の株式の評価》の定めによる。

③財産評価基本通達189-3《株式等保有特定会社の株式の評価》

189《特定の評価会社の株式》の(2)の「株式等保有特定会社の株式」の価額は、185《純資産価額》の本文の定めにより計算した1株あたりの純資産価額（相続税評価額によって計算した金額）によって評価する。この場合における当該1株あたりの純資産価額（相続税評価額によって計算した金額）は、当該株式の取得者とその同族関係者の有する当該株式に係る議決権の合計数が株式等保有特定会社の185《純資産価額》のただし書に定める議決権総数の50％以下であるときには、上記により計算した1株あたりの純資産価額（相続税評価額によって計算した金額）を基に同項のただし書の定めにより計算した金額とする。ただし、上記の株式等保有特定会社の株式の価額は、納税義務者の選択により、次の(1)の「S1の金額」と(2)の「S2の金額」との合計額によって評価することができる。

(5)S1＋S2方式について

財産評価基本通達189は、平成2年8月3日付け直評12・直資2-203により改正された。同通達は、評価会社の資産の保有状況、営業の状態等が一般の会社と異なる「株式保有特定会社」等の株式について、「特定の評価会社の株式」として特別な評価方式、すなわち、純資産価額方式又はS1＋S2方式により評価させるものである。これは類似業種比準方式で評価すると、評価が高くなる利益が大きな会社の株式を利益の少ない持株会社への売却等を通じて、この持株会社を類似業種比準方式で評価することにより、同社の評価額を引き下げるなどの租税回避行為を是正するためのものであるとされる。

当時，同通達は大会社について，株式保有割合が25％以上である評価会社を一律に株式保有特定会社と定められていた。

　S1＋S2方式とは，株式を取り除いて原則的評価により評価した（S1）と株式だけを純資産価額方式で評価した評価額（S2）を足し合わせる評価方法であり，類似業種比準方式では反映されない評価会社が保有する株式の評価額を評価会社の株式評価額に反映させる評価方法である。

	該当部分	評価方法
S1	S2以外の部分	会社規模に応じた原則的評価方式
S2	株式等に相当する部分	純資産価額方式
評価額	S1＋S2となる。	

📖 事件のゆくえ

「財産評価基本通達は,法律ではありませんが,租税負担の公平を確保するという観点から,ある程度従わなければなりません」

「そうか。皆平等ということですね」

「そうです。でも,実質評価ではなく形式的にラインを決めている基準ですから,ラインをクリアすればもとの評価に戻ります。経営戦略のなかで少し意識を置いてもよいと思いますよ」

「これは,副社長から出している案ですが…。国内の生産性を向上する目的で新工場の建設および自動化ラインの整備を考えています」

　副社長,酒田信夫は27歳と若いながらも一流の経営者の背中を見て育ったせいか非常にしっかりしている。沙也加は,サカタがより発展していくであろうことを確信するとともに,率直に感想を伝えた。

「すばらしいですね」

「資金に関して,サカタCHINA,サカタUSAから配当金を受けて設備投資に回せばいいですね」

「そのとおりですよ。また,投資育成会社からの出資の受入れも検討の余地がありますね。出資により海外子会社の価値が総資産に占める割合が減少しますからね」

「会長は昔から節税になるとか税金の話は一切嫌いでしたけど,私たちはもう少し,意識しないといけませんね。これからもよろしくお願いします」

事件 file 37

海外子会社戦略

　安藤を見送った沙也加は，急ぎ着物に着替えて，お茶会に参加するため，真生らが待つ龍安寺に向かった。
　すべてをそぎ落とし，石と砂だけで表現された石庭。その石庭に絶妙に配置されている15の石はどこから見ても全部の石は見えない。自分の見方だけが正しいのではなく，見えていないものがあるのだとの教えを感じながら，お茶会の華やかさとは裏腹に，真生は高倉に頼まれた事件のことを考え込んでいた。

事件file 38

往復ビンタは殺生やわ！

第一審：東京地裁平成26年8月26日判決・LEX/DB25520864

📖 事件のいきさつ

　京都の夏は祇園祭で始まる。7月1日の吉符入から31日の夏越祭まで1か月間行われるが，16日の前祭宵山，17日の前祭山鉾巡行と神幸祭，23日の後祭宵山，24日の後祭山鉾巡行と還幸祭は大勢の人で賑わう。京都に興味を抱く外国人が増え，最近ではホテル，民泊等の宿泊施設や，海外からの旅行者をターゲットにした飲食店舗が急増している。

　藍子はデスクに広げた決算書に目を落としながら，昨日，ホテルであった懇親会のことを考えていた。正確に言うと，考えていたのは懇親会のなかで話題となった「セカンドハウス」のことである。藍子がイメージするセカンドハウスは，別荘のような心身をリフレッシュできる機能も備えながら，一方ではもっと自由に大人の隠れ家よろしく自分だけの世界に入り込め，またビジネスの拠点としての使い方も可能な柔軟性のある空間である。

　東京の富裕層が，京都の嵐山や東山といった有名観光地近辺や，京都の風情が残る鴨川沿いの高級マンションをセカンドハウスとして購入するという話をよく耳にするし，実際，それを売りにして販売されているマンションも見かける。近年このようなマンションを購入するのは，日本人だけでなく外国人も結構多いということも傾向としてあるらしい。

　そんなことを考えていると，事務所の玄関付近で，
「先生，助けてくださいな」
　切羽詰まったような声が聞こえてきた。声の主は，事務所近くに最近開業した泉原不動産株式会社社長の泉原であった。
「まあまあ落ち着いて」
　藍子が事務所の会議室に通したところ，泉原社長は，堰を切ったように話し始めた。

事件file 38

往復ビンタは殺生やわ！

「東京のお客さんに，マンションの一室を売る契約をして不動産の移転登記も済ました後に，ある理由から，その売買契約を最終的に解除したんですが，うちに不動産取得税の納税通知書がきたんですわ」

　藍子は，その不動産取得税の納税通知書を見せられたが，これだけの説明では話の筋がよく見えてこなかったので，いきさつを伺いながら，スケルトンのボードに経緯を書き出した。

85

```
＜泉原不動産㈱＞
マンションの一室を東京の客に販売
         ↓
売却・登記後に，このマンションの隣に同じ高さほどのマンションが
建設されることが判明した（マンション販売時は，その隣は民家であり，
社長も客もマンションが建設されることを知り得なかった）
         ↓
客は「京都の送り火が好きで，それが見えなくなるのを知っていたら
買わなかったから買い戻せ」と言ってきた
         ↓
しかし社長は一切応じなかったため，客は「裁判を起こす」と言って
きた
         ↓
社長は裁判で争う気もなかったため，契約を解除して，最初からマン
ションの売買契約がなかったものとした
         ↓
「合意解除」を原因とする所有権移転の抹消登記を行い，泉原不動産㈱
へ所有権が戻った
         ↓
不動産取得税の納税通知書が府税事務所から届く（東京の客のところ
にも届いている）
```

「なるほど…」
　社長がなぜ切羽詰まって事務所にやってきたのかが見えてきた。
「要するに泉原社長は，売買契約を解除したのに，なぜ不動産取得税の納税通知書が社長と東京の客のところに来るのかが気になられるのですね」
「そうですねん。こんなん払わなあかんのでっしゃろか？　仕事柄，不動産取得税は知ってるつもりやし，そもそもの売買契約をなかったことにしようというもんやのに，何でこんな通知が来るんやろ？　契約解除して利益を上げ損なった挙げ句，不動産取得税も掛かってくるやなんて，まるで往復ビンタやないですか。先生，何とかなりませんか」
　藍子は，不動産取得税というあまり馴染みのない地方税ではあるが，不動産の取得関係で以前調べた際に，意外と訴訟になっているケースが多いことに驚いたことを思い出した。

事件file 38

往復ビンタは殺生やわ！

📖 関連事件を学ぶ

⑴事案の概要

　納税者Xは，その所有するマンション（以下「本件マンション」という）の一室を買主Aに売り渡す売買契約（以下「本件売買契約」という）を平成24年8月30日に締結し，Aを所有者とする移転登記が平成24年9月6日に行われた。

　しかし，この移転登記の前日，東京地裁強制競売決定を登記原因とし，本件マンションの住民を債権者とする差押登記がなされていた。この競売開始決定は，納税者Xが，本件マンションに設置された温水器の配水管が破損し漏水が発生したとして階下の住民らから損害賠償請求訴訟を提起され，平成24年8月8日の仮執行宣言付き判決に基づきされたものである。なお，平成25年5月10日に東京高裁で和解が成立している。

　納税者XおよびAは，錯誤を原因として本件マンションに係る移転登記の抹消登記を平成24年11月15日に行った。東京都知事Yは納税者Xから本件売買契約書等の書面の提出を受け，本件マンションの取得について，抹消登記により所有名義が納税者Xに復帰したとして，納税者Xに不動産取得税を課税した。

　そこで納税者Xは，不動産取得税の賦課決定処分の取消しを求めて提訴し，所有権移転の抹消登記による所有権の復帰が不動産の取得にあたるかが争点となった事件である。

87

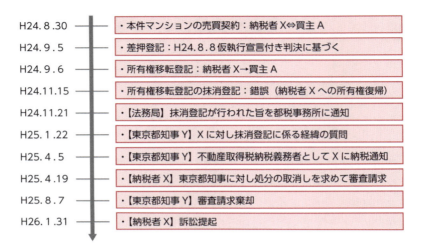

H24.8.30	・本件マンションの売買契約：納税者X⇔買主A
H24.9.5	・差押登記：H24.8.8仮執行宣言付き判決に基づく
H24.9.6	・所有権移転登記：納税者X→買主A
H24.11.15	・所有権移転登記の抹消登記：錯誤（納税者Xへの所有権復帰）
H24.11.21	・【法務局】抹消登記が行われた旨を都税事務所に通知
H25.1.22	・【東京都知事Y】Xに対し抹消登記に係る経緯の質問
H25.4.5	・【東京都知事Y】不動産取得税納税義務者としてXに納税通知
H25.4.19	・【納税者X】東京都知事に対し処分の取消しを求めて審査請求
H25.8.7	・【東京都知事Y】審査請求棄却
H26.1.31	・【納税者X】訴訟提起

(2)当事者の主張

①納税者Xの主張

　納税者Xは，民事執行法では差押登記後における処分行為は無効とされることや，所有権移転登記に先行する差押登記がされることが分かっていれば，売買契約を締結することはなかったことから，Aへの所有権移転登記は民法95条の錯誤により無効であり，不動産の所有権はAには移転していない。そのため，抹消登記によって納税者Xが新たに不動産の所有権を取得したということはできない。

②東京都知事Yの主張

　売買契約に基づき，売買代金全額が支払われ，移転登記がなされることにより，納税者XからAに本件不動産の所有権が移転しているため，Aから納税者Xへ所有権が復帰したことは，新たな合意に基づくものである。また，本件売買契約書に従って契約手続がなされ，移転登記もされているため，そこに表示と真意の食い違いはなく，錯誤の問題は生じないことから，不動産の取得にあたる。

(3) 東京地裁（平成26年8月26日判決・LEX/DB25520864）の判示事項

「不動産取得税は、いわゆる流通税に属し、不動産の所有権の移転の事実自体に着目して課せられるものであって、不動産の取得者が取得する経済的利益に着目して課されるものではないから、地方税法73条の2①にいう『不動産の取得』とは、不動産の取得者が実質的に完全な内容の所有権を取得するか否かには関係なく、所有権移転の形式による不動産の取得の全ての場合を含む」とし、あくまでも形式的判断によることを判示した。

また、「不動産の売買契約の合意解除は、遡及的に売買契約を無効にする効果を有しているものの、売買契約によって当該不動産の所有権が買主に移転した事実自体を否定することはできない。…売買契約の合意解除に伴う所有権の復帰は、課税上、売買契約の相手方（買主）から元の所有者（売主）への新たな所有権の移転があったもの」とした。

その上で、納税者Xが本件差押登記がされることが分かっていれば、本件売買契約を締結することはなく、本件売買契約は錯誤（民法95条）により無効である旨主張していることに対しては、「全証拠を精査しても、…意思表示の内容と真意との間に食い違いがあったことをうかがわせる事実ないし証拠はな」く、「本件売買契約が無効であったということはできない」とした。

したがって、「本件不動産の所有権は、本件売買契約により、原告から買主に移転し、その後、本件売買契約の合意解除によって、買主から原告に新たに移転したものと認められ、これにより原告が本件不動産の所有権を取得したことは、地方税法73条の2①にいう『不動産の取得』に該当する」と判示し、納税者Xは敗訴した。

関係条文を読む

(1) 地方税法73条の2①《不動産取得税の納税義務者等》
　不動産取得税は、不動産の取得に対し、当該不動産所在の道府県において、当該不動産の取得者に課する。

(2) 民法95条《錯誤》
　意思表示は、法律行為の要素に錯誤があったときは、無効とする。ただし、表意者に重大な過失があったときは、表意者は、自らその無効を主張することができない。

(3) 民事執行法46条①《差押えの効力》
　差押えの効力は、強制競売の開始決定が債務者に送達された時に生ずる。ただし、差押えの登記がその開始決定の送達前にされたときは、登記がされた時に生ずる。

主要論点について考える

(1)「不動産の取得」について
　本件で引用された最高裁（最判S48.11.16・民集27巻10号1336頁）において、「地方税法73条の2①にいう『不動産の取得』とは、不動産の取得者が実質的に完全な内容の所有権を取得するか否かには関係なく、所有権移転の形式による不動産の取得のすべての場合を含む」とされている。
　なお、引用された当該最高裁の判例は、譲渡担保による不動産取得がここでいう「不動産の取得」にあたるかが争われたものであり、「不動産の取得にあたる」とされたが、その後の地方税法改正により同法73条の27の4①において、「譲渡担保財産により担保される債権の消滅により当該譲渡担保財産の設定の日から2年以内に譲渡担保権者から譲渡担保財産の設定者に当該譲渡担保財産を移転したときは、…不動産取得税…を免除する」とされた。

(2) 不動産の所有権復帰への適用について
　「不動産の売買契約において当事者に留保された約定解除権の行使により、民法上は当該売買契約は契約時に遡って無効となるが、…当該不動産の所有権がいったん買主に移転したという事実自体が遡及的に消滅するわけではない。…契約の解除が、当事者間の合意によるものであるか、債務不履行に基づく法定解除権の行使によるものであるか、契約上の特約に基づく約定解除権の行使によるものであるかを問うものではない」（和歌山地判H17.10.11・LEX/DB28111763）とし、その対応にかかわらず不動産の所有権の復帰は不動産の取得にあたるとしている。

(3) 錯誤について
　錯誤による無効を主張するためには、その法律行為の要素に関して錯誤があり、かつ、表意者に重大な過失がないことが必要である。つまり、「売買契約を無効とすべき原始的な瑕疵があったことをうかがわせる事実ないし証拠」があり、「当初から所有権の移転の

効果が生じていないというような特別な事情がある場合においては，当該契約の当事者が合意解除の形式を採ったとしても，所有権移転（復帰）を観念することはでき」ず，要素の錯誤が認められると示した（東京地判H26.8.26・LEX/DB25520864）。

しかし，本件では，売買契約締結後に差押登記がされたことにより事後的に売買契約の効力が制約されるにすぎず，「本件不動産の属性その他契約締結時に存した事情について，事実と異なる認識（錯誤）をしていたと解することはできないから，事後的に本件差押登記がされたことを理由として，本件売買契約について錯誤（民法95条）を観念する余地はない」と判示している（東京地判H26.8.26・LEX/DB25520864）。

なお，平成29（2017）年に民法95条は以下のように改正された（2020年4月1日施行）。

【改正後】民法95条《錯誤》
① 意思表示は，次に掲げる錯誤に基づくものであって，その錯誤が法律行為の目的及び取引上の社会通念に照らして重要なものであるときは，取り消すことができる。
　一 意思表示に対応する意思を欠く錯誤
　二 表意者が法律行為の基礎とした事情についてのその認識が真実に反する錯誤
② 前項二号の規定による意思表示の取消しは，その事情が法律行為の基礎とされていることが表示されていたときに限り，することができる。
③ 錯誤が表意者の重大な過失によるものであった場合には，次に掲げる場合を除き，①の規定による意思表示の取消しをすることができない。
　一 相手方が表意者に錯誤があることを知り，又は重大な過失によって知らなかったとき。
　二 相手方が表意者と同一の錯誤に陥っていたとき。
④ ①の規定による意思表示の取消しは，善意でかつ過失がない第三者に対抗することができない。

改正のポイントは，以下のとおりである。
①表意者以外が無効を主張することは許されておらず，効果が取消しに近かったため，効果を「無効」から「取消し」に変更した。
②動機の錯誤を明記した。
③取り消すことができるのは，要素の錯誤のうち重要なものであることを明記した。
④取消しは，善意でかつ過失がない第三者に対抗することはできないとされ，第三者保護を図った。

⑷参考判例とその判決要旨

①大判大正5年7月5日・民録22輯1325頁

要素の錯誤の意味として，「法律行為の要素とは意思表示の内容を成し，表意者がその内容に従って法律行為上の効果を発生させようとした事実であって，客観的に観察し，当該事実につき錯誤がなかったならば意思表示はしなかったであろうと認めることが合理的であるものを指す」としている。

②最判昭和29年11月26日・民集8巻11号2087頁
　「意思表示の内容としてこれを相手方に表示した場合でない限り」，要素の錯誤は認められないとした。
③最判平成元年9月14日・判時1336号93頁
　　財産分与契約に係る不動産分与の課税について，動機の錯誤が黙示的にしか表示されていないときでも要素の錯誤を認めた（第1巻事件file13「別れても税金の面倒までみなきゃいけないのですか？」参照）。
④最判昭和48年11月2日・裁判集民110号399頁
　　売買契約の合意解除に基づく売主の所有権の回復は，「それが合意によるものであると解除権の行使によるものであるとにかかわらず」，地方税法73条の2①にいう「不動産の取得」にあたる。
⑤最判昭和45年10月23日・裁判集民101号163頁
　　不動産を等価交換によって取得した場合も，「取得原因のいかんを問わ」ず，地方税法73条の2①にいう「不動産の取得」にあたる。

📔 事件のゆくえ

　藍子はまず，不動産取得税という税金がどういうものか，流通税という税の性質上，不動産が移転するたびに課税される仕組みになっていることを説明した。その上で，気になっていることを泉原社長に尋ねた。

「府税事務所は，登記に至るまでの権利変動の様子や過程までを判断せず[1]に，登記に記載されているとおりの権利関係が存在するという推定で，不動産取得税を課税してきたと思うのですが，でも，いきなり納税通知じゃなく，府税事務所から何かお尋ねの文書とかありませんでしたか？」

　泉原社長は腕組みしながら口を開いた。

「お尋ねの文書はきてたかもしれへんけど…。合意解除として登記して，契約はなかったことにしたんやし…。もっとちゃんと中身を見た上で判断してもらわんと困りますわぁ！　そうでっしゃろ。先生！」

「だから，お尋ねの文書などにはちゃんと回答しなければならないんですよ」

　そう藍子にたしなめられながらも，何とも納得いかない顔をしている。

「先生，もう一つ，教えてもらえへんやろか」

「構いませんよ」

「東京のお客さんなぁ，このマンションを買う時，『大文字の送り火が見えるから買う』と言ってはってん。聞くところ，何やら京都にセカンドハウスとしてマンションを所有するのが夢やったそうで，しかも大文字の送り火が見える部屋というのが強いリクエストでしてん。

　で，その夢が消え失せたっちゅうことでっしゃろ。何で，勘違いとか，思い違いとか何とかで，元に戻せへんもんなんやろか」

　藍子は今回の取引のキーワードとなる「錯誤」について，さっそく，泉原社長へ図を描きながら説明した。

「錯誤は，平たく言えば思い違いのことですが，その思い違いをどのように考えるかということなんです。２つの要件があって，まず，不動産の売買契約という法律行為の要素に錯誤がないといけません。『法律行為の要素』と

MEMO

1　東京高判S38.2.28日・高民集16巻１号42頁を参照されたい。

いうのは，思い違い，つまり錯誤がなければ売買契約という意思表示はしなかったと考えられるほど重要な内容のこと。そして次に，その不動産を購入すると意思表示した本人に重大な過失がないこと，です」

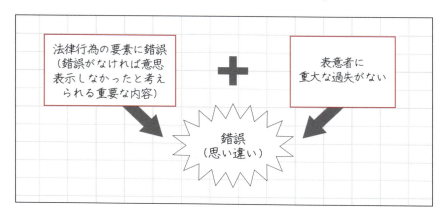

　せっかちな泉原社長は，藍子の言葉にかぶせて聞いてきた。
「難しい話やなぁ…。具体的には，どういうことなんですか？」
「今回，そのお客さんはマンションを買いたいと思って『買う』とおっしゃっていますし，隣には民家があるのでマンションが建設される予定であることはそのお客さんも社長も知り得なかったわけなので，そのお客さんには重大な過失はないことになります」
　何か言いたげな泉原社長を手のひらで制して，藍子は続けた。
「そのお客さんがそのマンションを買おうと決めたのは，送り火がよく見えるからという『動機』があったからですよね。つまり，そのお客さんは，隣に同じ高さほどのマンションが建設されることによって，送り火がそのマンションの部屋から見られなくなることを知っていたら買おうと思わなかったわけなので，この動機の部分で思い違いをしていたことになります。これを『動機の錯誤』といいます。この『動機の錯誤』が売買契約の要素，つまり法律行為の要素となっていれば『買う』という意思表示は無効なものとして扱われることになります」
「先ほどご紹介したように，東京地裁は『不動産の売買契約について，当該契約を無効とすべき原始的な瑕疵があり，当初から所有権の移転の効果が生

じていないというような特別な事情がある場合においては，当該契約の当事者が合意解除の形式を採ったとしても，所有権移転（復帰）を観念することはできない』とされています（東京地判H26.8.26・LEX/DB25520864）。

つまりこの判決では，原始的な瑕疵や特別な事情がなかったから所有権の移転があったとされ，不動産取得税が課税されましたが，逆に言えば，原始的な瑕疵や特別な事情が実証できれば，合意解除の形を採っていたとしても，そこに所有権の移転はないことになり，不動産取得税が課税されなくなります」

この話を聞いた泉原社長の頭のなかで，不動産取得税を掛からなくなるようにするためのロジックを組み立てるスイッチが入る。

「なるほどな。じゃあ，その民法95条の錯誤とかで訴えると，契約に要素の錯誤が認められるってことになって，不動産取得税も掛からなくなるわけやな。それで主張してみたらどうやろか」

「ちょっと待ってください。民法95条は表意者，つまり『買う』と意思表示した人を保護するための法律なので，表意者である東京のお客さんのみが主張できると解されています。この点は先ほど説明した民法改正でも明確にされました。社長が錯誤に陥ったわけではないので，社長が民法95条を使って錯誤を主張することはできませんよ」

「えっ，ほな，うちが主張できないとしても，東京のお客さんが主張して不動産取得税が掛からなくなるんやったら，当然，うちも不動産取得税は掛からないよな？」

藍子は少し険しい表情をしながら答える。

「『当然掛からなくなる』というのは厳しいと思います。ただ，不動産取得税の質疑応答集でも，『事情聴取等によりその登記の原因を調査し，取得の有無を確認したうえで課税対象か否かを判断する必要がある』とされていますので，今後どうしたらよいかについて，うちの提携弁護士に一度相談してみましょう。きっとお気に召されますわ」

藍子は弁護士の陽子にさっそく電話をして日程を決め，泉原社長に伝えた。

「ええ勉強になりました。ありがとうございます。引き続きよろしくお願いします。先生，頼むわ！」

藍子は事務所の玄関で泉原社長を見送った後，陽子に相談するためのミーティングメモの作成に取りかかった。

事件file 39

相続財産の取得費

上告審：最高裁平成17年2月1日判決・訟月52巻3号1034頁
控訴審：東京高裁平成13年6月27日判決・税資250号順号8931
第一審：東京地裁平成12年12月21日判決・税資249号1238

📖 事件のいきさつ

　雪の大学時代の友人である明香里は，六道まいりで六道珍皇寺を訪れ，ご先祖の霊を迎え鐘で迎えていた。その帰り，雪の事務所の近くを通るからカフェで一緒にランチをしようと誘われたのだった。
「去年，父が亡くなったんで，六道まいりに行ってきたの。地獄，餓鬼，畜生，修羅，人間，天上のことを六道っていうのよ。閻魔大王の使いとして，毎夜冥土と行き来していた小野篁の井戸も見てきたわ。
　子供の頃に連れていってもらった記憶があるんだけど，あの頃は閻魔さんのいる地獄絵が怖かったなあ」
「今度私も，先輩を誘って行ってみるわ」
「でね，今日ランチに誘ったのは相談に乗ってほしいことがあるんだけど……」
「もちろんいいよ！　どうしたん？」
「実家の土地と建物を私が相続することになって，司法書士に頼んで名義は私に変更したとこなの。私が生まれ育った土地なのだけれど，今は誰も住んでいなくて空き家となって安全上の問題も抱えているのよね。私も京都にきて長いし，結婚もしたから帰る理由があまりないんだよね」
　と，明香里が切り出した。
「で，生まれ育った土地と建物を手放すのは大変惜しいんだけど，今回売っちゃおうと思っているの。土地と建物は売った時に税金が掛かるんだよね。親からもらった土地建物だけど，売る時，どれぐらいの税金が掛かるものなの？　支払った相続税とか，差し引けるものなの？」
「タダでもらったとはいえ，お父さんが昔買ったものだよね。その時の金額って分かる？　古すぎて分からないかなぁ。取得代金や，相続の時に払った土地と建物の登記費用，登録免許税や司法書士への報酬とかは，取得費か譲渡

費用として，利益から差し引けるかな」

　雪は，明香里に答えた。

「要するに，聞きたいことはこういうことね」

　そう言うと雪は藍子を見習って，簡単な図を描いて示した。

譲渡所得　＝収入金額－（取得費＋譲渡費用）－特別控除
どこまでが認められる？

「そうそう。そうなの」

　明香里が頷いている。簡単に答えが出せそうだが，雪にとって少し気がかりな判例があったのでタブレットで調べることにした。

「ちょっと待ってね。判例があるから，今調べるね」

「短い昼の時間にごめんね。だけど，こんなこと雪ぐらいしか相談できる相手がいなくて」

　さすがに昼休みだけでは短く，通達や判例を説明する時間はなかった。

「今度事務所でゆっくり説明するね。また連絡するわぁ。明後日の夕方はどう？　それと事務所に来る時，不動産の登記簿謄本や相続税の申告書を持ってきてね」

「了解。では雪先生。よろしくお願いします」

　明香里は丁寧に礼を言うと，

「今日は私持ちね」

　と言って，レジに向かった。

　その同じ頃，真生は高倉が勤務する民自興業の一室で経理書類の山に囲まれていた。経理部長の横領が発覚し，会社として調査委員会を設置し内部調査を実施することとなったのだ。真生はアドバイザーとして参加している。

　横領は除却した固定資産を利用して行われていた。新しい研究施設の建設に伴い，不要となった大型IT機器を除却処分したが，廃棄したはずの機械が海外の中古市場で売却されていたのだ。売却した代金は，仮想通貨であるKYOコインに両替され，経理部長である三条氏名義のKYOコイン口座に送金されていた。本来なら，仮想通貨の匿名性により取引した個人を特定するのは難しいはずだが，会社宛てに告発のメールがあり発覚した。

　真生は，横領よりも他のことが気になるようで決算書をパラパラと眺めながら，高倉に尋ねた。
「海外の関連会社に対する売上が最近急激に増えてるなぁ。ここってタックスヘイブンやろっ？」
　高倉によれば，この関連会社は海外顧客の要請に基づき，取引を経由させるためだけに設立された会社ということで，数社による共同出資会社である。ただ当該取引に関しては社長の専任事項とされ，一部の社員しか関与していない。売掛金は期日に入金され，証憑書類等はすべて揃っているとのことである。

関連事件を学ぶ

(1) 事案の概要

　納税者Xは，平成5年7月1日に父Aからゴルフ会員権の贈与を受け，名義変更手数料を支払った。本件ゴルフ会員権はAが昭和63年11月18日に1,200万円で購入したもので，これをXは平成9年4月3日に100万円で第三者に譲渡した。Xは平成9年分の所得税の確定申告において，購入金額と名義変更手数料の合計額を，所得税法33条③の長期譲渡所得の取得費とした。課税庁Yはこの手数料を取得費に算入することを認めず，増額更正処分等を行った。
　そこでXは異議申立および審査請求を経て，本件処分の取消しを求めた。第一審および控訴審では，納税者Xは敗訴となったが，最高裁（H17.2.1判決）にて逆転勝訴した事案である。

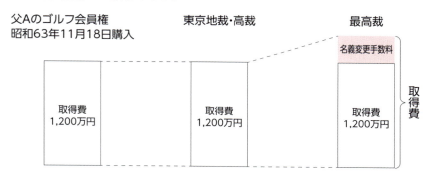

⑵当事者の主張

①納税者Xの主張

　Xが父Aから贈与を受けたゴルフ会員権の名義変更手数料は，会員権を取得するために支払った必要不可欠なものである。所得税法上の資産の取得に要した費用は，その資産の取得対価に限らず，資産の取得のために実質的に欠かせない費用も含まれる。

　また，所得税法60条①の趣旨は，資産の増加益を清算せず，最終的な増加益が顕在化した時点で課税しようとするものである。贈与等により資産を取得する者が，資産取得の上で必要不可欠な支出は，後の資産の増加益が顕在化した時に，総収入金額からこれを控除するのが所得税法33条③，38条②および60条①の正しい解釈とし，贈与により取得した資産の名義変更手数料は「譲渡所得の資産の金額計算上控除する資産の取得費」に該当すると主張している。

　また，仮に名義変更手数料が「譲渡所得の資産の金額計算上控除する資産の取得費」に該当しないとしても，第三者に譲渡するために必要不可欠な名義変更手数料は資産の譲渡に直接要した費用であると主張した。

②課税庁Yの主張

　譲渡収入金額から控除すべき取得費は，資産の客観的価値である取得の対価および取得に直接要した費用，保有中における資産価値を増やす投下資本と捉える改良費が相当である。そして，贈与等により取得した資産を譲渡した場合，譲渡所得金額の計算について，その者が引き続き所有していたものとみなす特例（所得税法60条①一号）が設けられている。贈与により取得した資産を譲渡した場合，所得税法38条①に規定する「資産の取得に要した費用」は，受贈者でなく贈与者が資産を取得するのに要した金額と解すべきである。

　したがって，当該名義変更手数料は，贈与者が会員権の取得に要したものでなく，Xの保有中における保有資産価値を増やす投下資本でもないため，設備費又は改良費にあたらないと主張した。

　また，当該名義変更手数料は非会員に課される承諾料であり，会員権取得に支出される費用で，第三者に譲渡するために直接要する費用ではないと主張した。

(3)最高裁(平成17年2月1日判決・訟月52巻3号1034頁)の判示事項

最高裁は次のとおり判示した。

①譲渡所得税の性格について

最高裁はまず,譲渡所得税の性格について,過去の最高裁判例を引用し次のように判示した。

「譲渡所得に対する課税は,資産の値上がりによりその資産の所有者に帰属する増加益を所得として,その資産が所有者の支配を離れて他に移転するのを機会にこれを清算して課税する趣旨のものである」。

②「資産の取得に要した金額」について

また,「資産の取得に要した金額」には,「当該資産の客観的価格を構成すべき取得代金の額のほか,当該資産を取得するための付随費用の額も含まれる」。

「譲渡所得課税の趣旨からすれば,贈与,相続又は遺贈であっても,当該資産についてその時における価額に相当する金額により譲渡があったものとみなして譲渡所得課税がされるべきところ…その時点では資産の増加益が具体的に顕在化しないため,その時点における譲渡所得課税について納税者の納得を得難いことから,これを留保し,その後受贈者等が資産を譲渡することによってその増加益が具体的に顕在化した時点において,これを清算して課税することとしたものである」。

③取得費と保有期間の引継ぎについて

「同項の規定により,受贈者の譲渡所得の金額の計算においては,贈与者が当該資産を取得するのに要した費用が引き継がれ,課税を繰り延べられた贈与者の資産の保有期間に係る増加益も含めて受贈者に課税されるとともに,贈与者の資産の取得の時期も引き継がれる結果,資産の保有期間…については,贈与者と受贈者の保有期間が通算される」。

④所得税法60条①の規定の本旨と付随費用の額

「このように,法60条①の規定の本旨は,増加益に対する課税の繰延べにあるから,この規定は,受贈者の譲渡所得の金額の計算において,受贈者の資産の保有期間に係る増加益に贈与者の資産の保有期間に係る増加益を合わせたものを超えて所得として把握することを予定していない」。

「そして,受贈者が贈与者から資産を取得するための付随費用の額は,受贈

者の資産の保有期間に係る増加益の計算において，『資産の取得に要した金額』（法38条①）として収入金額から控除されるべき性質のものである。そうすると，上記付随費用の額は，法60条①に基づいてされる譲渡所得の金額の計算において『資産の取得に要した金額』に当たる」。

⑤**本件手数料について**

「本件手数料は，上告人が本件会員権を取得するための付随費用に当たるものであり，…本件会員権の保有期間に係る増加益の計算において『資産の取得に要した金額』として収入金額から控除されるべき性質のもの」である。

　したがって，「本件譲渡所得金額は，本件手数料が『資産の取得に要した金額』に当たるものとして，これを計算すべきである」。

関係条文を読む

⑴所得税法33条《譲渡所得》

①　譲渡所得とは，資産の譲渡（建物又は…）による所得をいう。

③　譲渡所得の金額は，…それぞれその年中の当該所得に係る総収入金額から当該所得の基因となつた資産の取得費及びその資産の譲渡に要した費用の額の合計額を控除し，その残額の合計額…から譲渡所得の特別控除額を控除した金額とする。

⑵所得税法38条①《譲渡所得の金額の計算上控除する取得費》

　譲渡所得の金額の計算上控除する資産の取得費は…，その資産の取得に要した金額並びに設備費及び改良費の額の合計額とする。

⑶所得税法59条①《贈与等の場合の譲渡所得等の特例》

　次に掲げる事由により譲渡所得の基因となる資産の移転があつた場合には，その者の…譲渡所得の金額…の計算については，その事由が生じた時に，その時における価額に相当する金額により，これらの資産の譲渡があつたものとみなす。

一　贈与（法人に対するものに限る。）又は相続（限定承認に係るものに限る。）…。

⑷所得税法60条①《贈与等により取得した資産の取得費等》

　居住者が次に掲げる事由により取得した前条①に規定する資産を譲渡した場合における事業所得の金額…，譲渡所得の金額又は…の計算については，その者が引き続きこれを所有していたものとみなす。

一　贈与，相続（限定承認に係るものを除く。）…

主要論点について考える

(1) 下級審判例を読む
　——第一審(東京地判平成12年12月21日・税資249号1238)および控訴審(東京高判平成13年6月27日・税資250号順号8931)——
　東京地裁は、「贈与時の名義変更手数料は贈与者の資産の取得に要した費用ではなく、受贈者の取得のために要した費用であって譲渡費用にも当たらない」。
　また東京高裁は、「所得税法60条①の贈与があったときの譲渡所得金額は、贈与者が取得したときの資産価額と受贈者の譲渡時点における価額との差額であって、資産の取得に要した金額とは、贈与者の取得時の客観的価額とその時の付随費用として、受贈者の名義変更手数料は、『資産の取得に要した金額』及び『資産の譲渡に要した費用』に該当しない」と判示した。

(2) 譲渡所得税の計算概要
　個人の譲渡所得税の計算概要は下記の通りである。
　譲渡所得＝収入金額－(取得費＋譲渡費用)－特別控除
　長期譲渡所得税額＝譲渡所得×15%(譲渡年の1月1日において所有期間が5年を超える
　　　　　　　　　　　　　　　　　　土地建物等の譲渡所得)
　短期譲渡所得税額＝譲渡所得×30%(譲渡年の1月1日において所有期間が5年以下の土
　　　　　　　　　　　　　　　　　　地建物等の譲渡所得)

(3) 取得費の範囲
　上記所得税の計算にある取得費は、次の通りである。
　最判H4.7.14(民集46巻5号492頁)は、「資産の取得に要した金額」について、譲渡所得課税が清算課税であるとの趣旨解釈から、「当該資産の客観的価格を構成すべき取得代金の額のほか、登録免許税、仲介手数料等当該資産を取得するための付随費用の額も含まれるが、他方、当該資産の維持管理に要する費用等居住者の日常的な生活費ないし家事費に属するものはこれに含まれない」、と判示している。
　取得費とは、資産の取得に要した金額に設備費と改良費を加えた合計金額をいう。取得に要した金額とは、資産を取得したときの買入代金や製作原価にその資産を取得するために直接要した費用などを加えた金額をいう。設備費とは、資産を取得した後に加えた設備費用をいい、改良費とは、資産を取得した後に加えた改良のための費用で通常の修繕費以外のものをいう。
　主なものに立退料、宅地造成費用、資産取得後1年以内取壊費用、所有権を確保するために直接要した訴訟費用や和解金、資産を取得するための借入金の利子のうち借入からその資産の使用開始までに対応する部分の金額等がある。
　また、土地建物等の取得費で下記の取扱が認められている。
　①実際の取得価額を基として計算した金額
　②その資産の譲渡による収入金額の5%相当額(概算取得費控除)

なお，譲渡費用の主なものは，譲渡のための建物取壊費用，仲介手数料，契約書の印紙等である。

⑷空き家に係る譲渡所得の特別控除

最近の空き屋対策で創設された制度として次のものがある。

相続等により「被相続人居住用家屋」および「被相続人居住用家屋の敷地等」を取得した個人が平成28年4月1日から平成31年12月31日までに，その取得した被相続人居住用家屋又は被相続人居住用家屋の敷地等を譲渡した場合，その譲渡所得金額から3,000万円を控除することができる。ここでいう「被相続人居住用家屋」とは，相続開始の直前において被相続人の居住の用に供されていた家屋で，次の要件を満たすものである。

（ⅰ）昭和56年5月31日以前に建築されたこと

（ⅱ）区分所有建物ではないこと

（ⅲ）相続開始の直前において被相続人以外に居住をしていた者がいなかったこと

「被相続人居住用家屋の敷地等」とは，相続開始の直前においてその被相続人居住用家屋の敷地の用に供されていた土地等をいう。

⑸所得税法60条①の趣旨

最高裁（最判S43.10.31・税資53号799頁）は譲渡所得課税の趣旨について，一貫して，「資産の値上りによりその資産の所有者に帰属する増加益を所得として，その資産が所有者の支配を離れて他に移転するのを機会に，これを清算して課税する」ものと説明する。

そこで，「売買交換等によりその資産の移転が対価の受入を伴うときは，右増加益は対価のうちに具体化されるので…課税の対象」になるとする。

また，「対価を伴わない資産の移転においても，その資産につきすでに生じている増加益は，その移転当時の右資産の時価に照らして具体的に把握できるものであるから，同じくこの移転の時期において右増加益を課税の対象とするのを相当と認め，資産の贈与，遺贈のあった場合においても，右資産の増加益は実現されたものとみて，これを前記譲渡所得と同様に取り扱うべきもの」であると判示する。

⑹保有期間通算の意味と付随費用

所得税法60条①は，居住者が贈与，相続等により取得した資産を譲渡した場合，譲渡所得の計算について，その者が引き続き当該資産を所有していたものとみなすとしている。

これは贈与，相続等のあった時点では資産の増加益が顕在化していないため，受贈者が第三者に対する資産の譲渡を通じて，増加益が顕在化した時点で清算的に課税するということである。つまり，贈与者の資産の取得に要する費用や取得時期が受贈者の保有期間に引き継がれ，課税の繰延をすることとなる。その結果，受贈者が資産を取得するための付随費用も，「資産の取得に要した金額」を構成することになる。

📖 事件のゆくえ

　雪は事務所を訪ねてきた明香里に，さっそく関係法令，通達および判例のポイントを説明した。
「だから，お父さまから相続をした土地と建物の名義変更に掛かる費用は，資産の取得に要した金額になるわね」
　その雪の説明に，明香里は質問を繰り返す。慣れない言葉の羅列だからやむを得ないだろう。
「資産の取得に要した金額って？」
「つまり，土地と建物を売った時に相続時の名義変更料も売却収入から控除されることになるのよ」
「売買代金から控除されるっていうことは，税金が安くなるってことよね。ただ，売ろうとしている土地と建物の買い値がやっぱり分からないんだけど，どうしたらいいの？」
　と明香里は質問を続けた。
「その時は，土地建物の売却金額の５％が取得費とみなされるの。ただその場合，相続時の名義変更料は取得費にはならなくなるの。ずいぶん古そうな家だからたぶん，売却金額の５％なら，実際の購入金額より高くなるんじゃないのかなぁ」
「ということは，そっちの方がお得ってことなのね」
　まだ明香里は十分な理解には至っていないようである。
「お得というか，そういう税金の計算ができるように認められるってことなの」
　雪はさらに付け加えた。
「それに，今ね，親が一人で住んでいた家で，亡くなって空き家になった相続物件を売却したら，譲渡所得から3,000万円の特別控除を認めてるんだよ。古い家が放置される問題があってね。一定の条件はあるけれど，相続物件に対して，耐震基準を満たす頑丈な家に改修して売却したり，取り壊して更地にして売却したりしやすいように，税務上の特典を用意したってことよ」
「雪，3,000万円も控除があるんやったら，田舎のあの家を売っても税金払わなくてよくなるよ。いい話を教えてくれてありがとう。売却することになっ

104

たら雪先生に手続をお願いするわ」
　そう言うと，二人は雪らが行きつけの【SCALETTA】に向かった。
「ここなら，うちの真生先生に付け放題やからね。ワインと料理を好きなだけどうぞ。そうそう，お家の売却の件，不安ならうちのクライアントの不動産業者を紹介するわよ。所長の真生の友人で，多分2割は高く売ってくれると思うわ」
「いい事務所ね」
　そう明香里に言われて，雪は上機嫌にシチリアからのメルロを飲み干した。

事件file 40

公正証書による贈与

上告審：最高裁平成11年6月24日決定・税資243号734頁
控訴審：名古屋高裁平成10年12月25日判決・訟月46巻6号3041頁
第一審：名古屋地裁平成10年9月11日判決・訟月46巻6号3047頁

📖 事件のいきさつ

「近江商人」で有名な滋賀県には大津や彦根などの複数の文化・経済圏があると言われる。「売り手よし，買い手よし，世間よし」の「三方よし」で知られるその精神は，今も多くの企業の経営理念になっているところである。また日本天台三総本山で知られる比叡山延暦寺，長等山三井寺，戎光山西教寺など有名な寺は数多い。

そんな滋賀県から，顧客の一人，小河聡介が沙也加に相談にきていた。

「生前は父が大変お世話になりました。真生先生には，葬儀にまで参列いただき，本当に感謝しております」

滋賀県に多数の不動産を所有している聡介の父，小河一郎がつい先日，急逝したことは，真生から聞いていた。

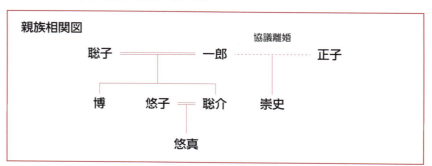

「実は，沙也加先生。私の長男である悠真，父からすると孫にあたるのですが，現在，美容師として東京の代官山で修業中なんです。滋賀に戻ってきて，美容院を開業する話を進めていまして。生前，父にも話していたところ，たいそう乗り気で，『わしの草津の土地を贈与してやるから，そこに美容院を建てなさい。手続を進めよう』という話になり，悠真も建築会社との話合い

事件file 40 公正証書による贈与

を進めていたところだったのですが…」
　実際に，一郎と悠真の間で公正証書による贈与契約を締結し，登記手続を進めている最中であった。
「公正証書による贈与契約を締結したのには，理由があるんです。父には，先妻正子さんとの間にも子供がいます。
　相続が発生した際に，このような贈与が行われていたことが分かると，後から悠真が他の相続人に責められるのではないかと，父が心配してくれたためなんです。ほらここに」
　聡介が指差した部分を見ると，確かに公正証書には一郎の想いが記載されていた。
「沙也加先生。案の定，正子さんの長男崇史からクレームがきました」
　聞けば，一郎が亡くなった時点では草津の土地は一郎名義であり，所有権は一郎にあるから相続財産に含めるべきであると主張しているとのことである。
　"なるほど，崇史さんの主張も一理あるわね"
　沙也加は内心そのように思いながら，民法上の議論とともに，贈与時期について，納税者と課税庁とが争った事件をふり返っていた。

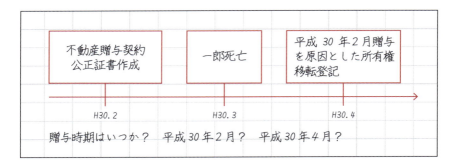

関連事件を学ぶ

(1)事案の概要

　課税庁Yが，納税者Xに対し，不動産の贈与を受けたことを理由に贈与税決定処分および無申告加算税賦課決定処分を行った。Xが，不動産の贈与時期は処分時期より約8年前であり，課税時期を誤った違法な処分であると主張して，処分の取消しを求めた事案である。

　納税者Xが不動産の贈与を受けたのは，不動産贈与契約公正証書を作成した昭和60年3月であるか，所有権移転登記が行われた平成5年12月であるか贈与の時期について争われた。

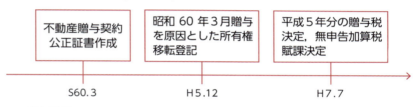

贈与時期はいつか？　昭和60年3月？　平成5年12月？

(2)当事者の主張

①納税者Xの主張

　昭和60年3月，訴外Aは，納税者Xとともに公証人役場に赴き，本件不動産を直ちに贈与する趣旨の公正証書を作成した。帰宅後，本件不動産の登記済権利証をXに手渡している。これにより，民法上，贈与は昭和60年3月時点で履行されている。

　またこのような贈与について，移転登記をすることは民法上も税法上も義務付けられていない。

②課税庁Yの主張

　本件において，公正証書を作成する必要性が認められない。また，XおよびAが，昭和60年3月から平成5年12月まで，約8年9か月間にわたって所有権移転登記をしなかった合理的理由も存在しない。

　本件公正証書は，Aおよび納税者Xが，租税の負担を免れるための方策として仮装して作成したものにすぎず，本件公正証書の内容に基づいて贈与の

時期を認定することはできない。

⑶名古屋高裁（平成10年12月25日判決・訟月46巻6号3041頁）の判示事項

　名古屋高裁は次のとおり判示し，課税庁Yの主張を認め，納税者Xの訴え
を棄却した。

①公正証書が，真に贈与の事実を明らかにするために作成されたものか否かについて

　判決では，まず，公正証書が真に贈与の事実を明らかにするために作成されたものであったかの検討を行っている。

　不動産の贈与において，「所有権移転登記を経由するのが所有権を確保するためのもっとも確実な手段」であるとした。

　その上で，公正証書を作成する意義については，「贈与が行われたにもかかわらず何らかの事情により登記を得られないときや，登記のみでは明らかにできない契約内容などが存在するときに，あえて公正証書を作成する意義がある」とした。

　本件においては，公正証書作成日に贈与がなされ，不動産の引渡義務の履行も即日終了したことになっており，贈与に係る特段の負担の記載もなく，典型的な贈与契約であり，登記のみでは明らかにできない契約内容は認められないとした。

　また，AとXとの間で贈与が行われたにもかかわらず，登記をすることができなかったことを伺わせる事情も認められないとした。

　以上より，本件公正証書記載の贈与であれば，「本来，所有権移転登記をすれば足りるのであり，あえて公正証書を作成する合理的な必要性はなかった」とし，真に贈与の事実を明らかにするために作成されたものではないとした。

②本件不動産に対する使用・管理状況等について

　納税者Xは，昭和60年12月頃から，本件不動産を単独で使用し始め，固定資産税および水道料や電気代の公共料金を負担していることが認められる。しかし，「X自身は，本件不動産に対する従前からの使用状態を継続していたに過ぎない。…単独で使用しているXに，本件不動産の固定資産税や公共料金を負担させることは不合理ではなく，これをもって直ちに贈与によりX

109

の所有になったことの表れであるということはできない」。

したがって，Xの本件不動産に対する使用，管理状況等の観点からも，直ちに本件公正証書作成時頃に贈与があったとは認められない認定とした。

③本件不動産を贈与する動機の有無について

公正証書作成当時，本件不動産には，Aの所得税の滞納処分による差押登記がなされていた。また，その後の納付状況から，公正証書作成当時，その納付の目途が立っていたとは思われない状況にあり，差押えに基づく公売がなされるおそれがあることをAは認識していたものと認められる。

Aは，昭和60年3月当時，本件不動産を贈与したとしても，公売され贈与が無意味となってしまう可能性があると認識しており，「本件不動産をXに贈与したいと思わせるほどの特段の事情があったとは認められない」とした。

④本件不動産の贈与を受ける認識の有無について

昭和60年3月に贈与を受けたと認識していたのであれば，贈与税の税額が多額であり，その納付をどのようにするかについてAと相談したはずであるのに，XとAでそのような話し合いがなされた形跡が認められず，「Xには贈与を受けたという認識がなかった」と認定した。

⑤書面による贈与が行われたか否かについて

上記の事実認定を行った上で，公正証書は，「本件不動産を納税者Xに贈与しても，贈与税の負担がかからないようにするためにのみ作成された」ものであり，Aには，「本件公正証書の記載どおりに本件不動産を贈与する意思はなかったものと認められる」と認定した。

Xにおいても，本件公正証書は，「将来，本件不動産をXに贈与することを明らかにした文書にすぎないという程度の認識しか有しておらず，本件公正証書作成時に本件不動産の贈与を受けたという認識は有していなかったものと認められる」と認定した。

以上より，「本件公正証書によって，AからXに対する書面による贈与がなされたものとは認められない」と判示した。

⑥贈与による取得時期について

まず，「Aが，Xに対し，本件不動産を贈与したのは，書面によらない贈与によるものということになるが，書面によらない贈与の場合にはその履行の時に贈与による財産取得があったと見るべきである」とした。

「不動産が贈与された場合には，不動産の引渡し又は所有権移転登記がなされたときにその履行があったと解される</u>ところ，本件においては，既に判示したように，Xは本件不動産に従前から居住しており，本件証拠上，本件登記手続よりも前に，本件不動産の贈与を受けて，これに基づき本件不動産の引渡しを受けたというような事情は認められないから，Xは，本件登記手続がされた平成5年12月ころにAから本件不動産の贈与を受け，その履行として本件登記手続がされ，これによって控訴人は本件不動産を取得したものであるから，Xの本件不動産の取得時期は平成5年12月である」とし，納税者Xの控訴を棄却した。なお最高裁（最決H11.6.24・税資243号734頁）はXの上告を棄却している。

関係条文を読む

(1)相続税法1条の4《贈与税の納税義務者》

　次の各号のいずれかに掲げる者は，この法律により，贈与税を納める義務がある。

　一　贈与により財産を取得した個人…

　二　贈与により財産を取得した次に掲げる者…

(2)国税通則法15条《納税義務の成立及びその納付すべき税額の確定》

②　納税義務は，次の各号に掲げる国税（一号から十二号までにおいて，附帯税を除く。）については，当該各号に定める時（当該国税のうち政令で定めるものについては，政令で定める時）に成立する。

　五　贈与税　贈与（贈与者の死亡により効力を生ずる贈与を除く。）による財産の取得の時

(3)相続税法36条①《贈与税についての更正，決定等の期間制限の特則》

　税務署長は，贈与税について，国税通則法70条（国税の更正，決定等の期間制限）の規定にかかわらず，次の各号に掲げる更正若しくは決定（以下この項及び③において「更正決定」という。）又は賦課決定（同法32条⑤（賦課決定）に規定する賦課決定をいう。以下この条において同じ。）を当該各号に定める期限又は日から6年を経過する日まで，することができる。…

(4)民法549条《贈与》

　贈与は，当事者の一方が自己の財産を無償で相手方に与える意思を表示し，相手方が受諾をすることによって，その効力を生ずる。

(5)民法550条《書面によらない贈与の撤回》

　書面によらない贈与は，各当事者が撤回することができる。ただし，履行の終わった部分については，この限りでない。

主要論点について考える

(1) **下級審判例を読む**
　　──第一審（名古屋地判平成10年9月11日・訟月46巻6号3047頁）──
　　第一審の名古屋地裁は，控訴審と同旨の判断を示している。

(2) **口頭による贈与について**
　　民法上贈与は，諾成・片務・不要式の契約であり，口頭による贈与も可能である（民法550条参照）。贈与契約成立により，納税義務も成立すると解すれば，贈与税の申告期限より課税権の除斥期間が進行し，第三者および課税庁に贈与事実が判明した時点で，除斥期間が経過するので，贈与税課税を回避することができる。そこで課税実務上，口頭による贈与が問題となった。
　　口頭による贈与契約の成立後，長期間経過してから登記を行った事案について，京都地判S52.12.16（判時884号44頁）は，以下のとおり示した。
　　「『取得』の概念について税法上格別に定義づけた規定も見当らないので，右国税通則法にいう『贈与による財産の取得の時』についても，民法の一般理論と別異に解すべき根拠も特に見出しがたいところ，判例通説の一般理論によれば贈与は贈与者の贈与の意思表示を受贈者が受諾することにより成立し，他に特段の行為なくして財産権移転の効力を生ずる（民法549条）ものとされているから，右『取得の時』とは贈与契約（意思表示の合致）が成立した時をいうものであつて，これは書面によらない贈与の場合においても変りはないもの」というものである。
　　これに対し控訴審（大阪高判S54.7.19・訟月25巻11号2894頁）は，書面によらない贈与について，課税庁による「単に当事者間の意思の合致のみでは足りず，贈与の履行があった」と認め，原判決を取り消している。
　　また，同時期に争われた東京高裁（東京高判S53.12.20・訟月25巻4号1177頁）においても，「書面によらない贈与は，その履行が終らないうちは，各当事者において何時でもこれを取消すことができる（民法550条）のであるから，受贈者の地位は，履行の終るまでは不確実なものといわざるを得ない。右のような書面によらない贈与の性質に鑑みれば…『贈与により財産を取得した時』とは，書面によらない贈与の場合においては『贈与の履行の終つた時』を意味する」と判示された。
　　これらの判決後，「その後の裁判例や学説も，履行の終了時を財産取得時とする課税実務を肯定する見解を支持し，口頭による贈与の問題に一応の決着がついた」（三木義一・末崎衛（2013年）『相続・贈与と税（第2版）』132頁，信山社）とされている。

(3) **公正証書による贈与契約締結後，所有権移転登記が長期間なされていなかった場合について**
　　次に，公正証書による贈与契約締結後，所有権移転登記が長期間なされていなかった場合の取扱いが問題となった。
　　公正証書による贈与契約が締結され，その後所有権移転登記が長期間なされなかったケー

スとして，神戸地判S56.11.2（税資121号218頁），名古屋地判H5.3.24（訟月40巻2号411頁）がある。

神戸地判S56.11.2（税資121号218頁）においては，公正証書を作成した時点での贈与者の意思について，「その時点で直ちに納税者X両名に対して本件土地を贈与するというようなものではなかったと推認され」と判示した。

また，名古屋地判H5.3.24（訟月40巻2号411頁）においては，「わざわざ公正証書を作成しながら，所有権移転登記をしなかった合理的な理由を見出すことができず…，本件公正証書は，いずれも租税の負担を免れるための方便として作成されたものであり，…，相続税の課税を回避するため，あたかも即時に贈与したかの如き条項にしたものと認めるのが相当」であると示した。

いずれの判決においても，贈与者の意思を勘案し，公正証書による贈与契約締結時点では贈与の意思がなかったものとするとともに，契約締結時点での贈与の有効性を否定して履行時点である登記時に贈与があったものと認定している。

⑷本件判決について

本判決についても，従来の判決と同様の判断基準にもとづき，公正証書による贈与の成立を否定し，書面によらない贈与と認定した。その上で，登記時まで履行がなかったものとし，本件不動産の取得時期を登記時と判断している。

この点，「贈与税回避を意図したものとはいえ，登記を遅らせる合理的理由の有無によって，贈与の意思までも完全に否認するのは困難ともいえる」（望月爾（2016年）『租税判例百選（第6版）』150頁，有斐閣）といった批判的な意見もある。

⑸関連する通達について

ここでは，財産取得の時期について定めた相続税法基本通達1の3・1の4共－8について紹介しておく。

「相続若しくは遺贈又は贈与による財産取得の時期は，次に掲げる場合の区分に応じ，それぞれ次によるものとする。

（1）相続又は遺贈の場合　…

（2）贈与の場合

書面によるものについてはその契約の効力の発生した時，書面によらないものについてはその履行の時」

📖 事件のゆくえ

　後日，聡介の自宅を訪れた沙也加は，上述の判例について一通り説明した。
「なるほど，悪いことを考える人もいるものですね。贈与税を免れるために，公正証書による贈与を行うなんて。ところで，沙也加先生，うちのケースはどういった判断になりそうでしょうか」
「聡介さん，今回のケースでは，次の点がポイントになるかと思います」
　沙也加は準備していた書面を聡介に見せた。

```
ポイント①
　一郎さんに贈与の意思があり，贈与の目的が公正証書に記載されている点
ポイント②
　悠真さんにも，贈与を受ける意思があり，公正証書による契約締結後，登記手続を進めていた点
ポイント③
　実際に，美容院建築のため，建築会社との話し合いも進めていた点
```

「今回のケースは，一郎さんに贈与の意思があり，また悠真さんにも贈与を受ける意思がありました。また公正証書を作成した意図は，一郎さんの推定相続人に対して，一郎さんの意思で今回の贈与が行われたことを示す目的で行われたものと言えます。
　結果として，遅くとも公正証書が作成された平成30年２月時点で，悠真さんへの贈与の効力が生じたと考えられます。ただ…」
「沙也加先生，何か気がかりなことでもあるのですか」
「今回のケースでは，贈与税か相続税かという税務的な面での検討もあります。ただそれより以前に，相続人間の問題，贈与についての民法と税法の整合性の検討もあります。是非，うちの提携弁護士と一緒に相談された方がいいですね。
　悠真さんの夢が詰まった美容院ですものね。念には念を入れておいた方がよいかと思います」
「確かにそうですね。ありがとうございます。弁護士先生にも，是非ご意見いただきたいと思います。いろいろお手数お掛けしますが，よろしくお願いします」

沙也加が小河の相談を受けている頃，真生と高倉は路地を少し入った雑居ビルの片隅で，寿司をつまんでいた。
「確かに内部監査室としては不正の抑止や発見が使命だけど，下手に発覚すれば厄介なことになるし，俺の立場も複雑なんだよな」
高倉が暗い顔でこぼす。
「最悪なのは不正が発覚しないまま手遅れになることだろ」
真生は高倉に，京都・伏見の純米大吟醸【古都千年】を注いだ。大将が気を遣って，いつも真生の愛酒を用意してくれている。
「勉強しただろう。公認会計士は，専門的知識と確かな分析力・判断力を基に経済社会の安定を守る，って」
真生がいいねポーズをしてみせる。
「柄にもないこと言うなよ」
そう言うと，いつもの高倉の笑顔に戻った。

事件file 41

過払い固定資産税を国賠で取り戻す

上告審：最高裁平成22年6月3日判決・民集64巻4号1010頁
控訴審：名古屋高裁平成21年3月13日判決・民集64巻4号1097頁
第一審：名古屋地裁平成20年7月9日判決・民集64巻4号1055頁

事件のいきさつ

　千春は京都五山送り火を見に，金沢から姉の圭子を訪ねてきていた。京都五山の送り火は大文字，妙法，船形，左大文字，そして鳥居形の順に点火される。お盆の間帰ってきた祖霊があの世へ還るのを見送る行事なので，京都人は「大文字焼き」と言われるのを嫌う。起源は諸説あり定かではないが，江戸時代初期の文献には出てくるので，その頃に始まったと考えるのが有力なようである。

　その翌日，圭子が妹の千春を連れて藍子を訪ねてきた。

「この前はハワイまでありがとう。何度行っても素敵なところよね。今売主からの回答待ち，よ。それで今日は連絡したとおり妹の相談にも乗ってほしいの。千春は金沢の中心地，片町で賃貸マンションを経営しているのよ。それほど大きくはないんやけれど，もう10年かな」

　挨拶を交わすと，千春が話し出した。

「おかげさまで，北陸新幹線の開業もあって順調に経営できています。姉から先生のことはよく伺っていますわ。実は，今日は固定資産税のことで相談があって訪ねてきましたの。どうぞよろしくお願いいたします」

　加賀友禅だろうか，着物姿がとてもしっくりと似合う女性だ。

「圭子さんから大体事情は伺っておりますが，もう一度詳しくお教えいただけますか？」

「はい，実は姉のところの固定資産税と比べて，うちは結構高い，ということになりまして，一度先生に見てもらおうということになったんです。これが通知書です」

　そう言うと千春は固定資産税・都市計画税の納税通知書をバッグから取り出した。女性から見ても，何とも華やかな仕草である。出された通知書をよ

く見ると，土地の評価地目には「宅地（非住宅用地）」と記載され，家屋の種類のところには「店舗」と記載されている。
「なるほどねぇ」
　藍子は頷いた。さっそく千春が質問をする。
「どういうことなのですか？」
「千春さんのマンション，元は飲食店舗とかホテルとかの目的で計画や設計を始められたのではないですか？」
「よくお分かりですね」
「恐らく，何らかの行き違いで，千春さんのマンションは，その飲食店舗，あるいはホテルとして金沢市の固定資産課税台帳に登録されたようですね」
「どうすればよろしいんでしょうか？」
「そうですね，もちろん10年分に利息を付けて返してもらいましょう」
　そう言うと藍子はスケルトンのボードに簡単なメモを書いた。

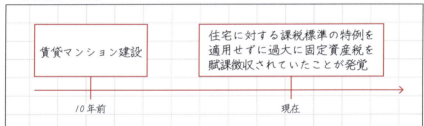

「姉から伺っているとおり，頼りになりますわ。先生，お願いしていいですか。今後のことも含めて」
　仕事を引き受ける以上まずは金沢に行く必要がある。藍子は久しぶりの金沢に心が躍った。金沢は京都と同じように，多様な伝統文化が育まれている土地だからである。それに日本海を前に海の幸が，白山を背景に山の幸がとても美味しく，しかも西，東，主計町という三つの華やかな茶屋街が控えている。恐らく真生も一緒に訪ねたがるだろう。
「畏まりました。後日詳しく説明させていただきますが，恐らく最近の5年分の過誤納金については，還付加算金もついて速やかに還付されると思います。問題はその前の5年分ですね。次回，還付の会計・税務処理と併せて検討をすることにしましょう」
　そう言うと藍子は，名古屋冷凍倉庫事件を思い出していた。

関連事件を学ぶ

　藍子が確認したのは，納税者X社が所有する冷凍倉庫を取得してから20年以上の期間にわたって，それより評価の高い一般用の倉庫として，固定資産税および都市計画税（以下「固定資産税等」という）を課税されてきた事件である。名古屋地判H20.7.9（民集64巻4号1055頁）は請求を棄却し，名古屋高判H21.3.13（民集64巻4号1097頁）も控訴を棄却した。しかしながら，納税者X社が上告したところ，最高裁（最判H22.6.3・民集64巻4号1010頁）は原判決を破棄し，高裁に差し戻している。

(1)事案の概要

　納税者X社は本件倉庫の固定資産税等について，昭和62年度以降，その賦課決定に従って名古屋市に納付してきた。本件倉庫の評価額が当初より誤って高く評価されてきたことが判明したため，名古屋市長は平成18年5月，地方税法417条①に基づき登録価格を修正，また同法420条に基づき減額更正処分をした上で，同法17条に基づき平成14年から同18年にわたる5年間分について過大であった税額を納税者X社に還付した。

　しかし，それ以前の分については，地方税法17条の5⑤（現行，当時は③）を根拠に還付をしなかったので，納税者X社は昭和62年から平成13年までの分について国家賠償法1条①に基づく国家賠償請求を行ったものである。

　なお，納税者X社は，地方税法432条①に基づく「固定資産課税台帳に登録された価格に関する審査の申出」は経ておらず，したがってまた同法434条①に基づく取消訴訟も提起していない。

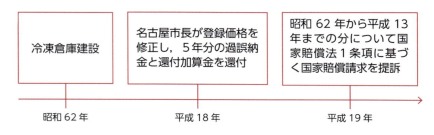

⑵当事者の主張

名古屋地判H20.7.9（民集64巻４号1055頁）をみると，争点は次の４つである。すなわち，（ⅰ）課税処分固有の不服申立手続を経ずに，課税処分の違法を理由とする国家賠償を請求することが許されるか，（ⅱ）本件各課税処分に国家賠償法上の違法性があるか，（ⅲ）本件各課税処分に国家賠償法上の過失があるか，および（ⅳ）消滅時効，これらである。①納税者X社，②課税庁Yのそれぞれの主張は次のとおりである。

①納税者Ｘ社の主張

国家賠償制度は不服申立手続とは別個独立した被害者救済のための手段であって，取消訴訟との関係は本来問題となるものではない。また，そもそも本件課税処分は無効なものであって，取消訴訟を経る必要はなく，「無効等確認の訴え」（行政事件訴訟法３条４項，36条）をなしうるものである。

国家賠償法１条１項についてみると，通常なされるべき実地調査さえ行っていれば，本件倉庫が本件基準表上の「冷凍倉庫」に該当することは，外形上・客観的な事情から容易に明らかになったのであるから，違法性ないし過失がある。

地方公共団体による不法行為が成立する場合には，国家賠償法４条により，その損害賠償請求権の時効に関しては，民法724条が適用され，地方自治法236条の規定は適用されない。したがって，20年分の損害についての請求が可能である。

②課税庁Ｙの主張

行政処分固有の救済手続がある場合，あるいは，課税処分が取り消しうべきものにとどまる場合，当該救済手続を経ずに国家賠償請求を行うことは許されない。本件課税処分には，課税要件の根幹についての内容上の過誤がなく，また，処分による不利益を甘受させることが，著しく不当と認められるような例外的な事情もなく，当然無効と言えない。

本件倉庫が「冷凍倉庫」であると容易に判断できるとは到底言えず，また，取り消すべき違法部分があるとしてもこれが取り消されない限り適法な行政処分として法的拘束力を有するのであるから，違法性も過失もない。

地方税法が，価格および賦課決定に対する争訟方法を限定し，また不服申立ての期間制限を設けるなど，固定資産の価格の迅速な決定や課税処分の早

期確定を企図した趣旨からすれば，20年前まで遡及した請求を是認するのは，法が定めた不服申立方法を履践しない納税者の権利保護のあり方としてあまりにも行きすぎた結果を招来する。

(3)最高裁（平成22年6月3日判決・民集64巻4号1010頁）の判示事項
①国家賠償請求を行いうるか否か

国家賠償法1条①によると，「地方公共団体の公権力の行使に当たる公務員が，個別の国民に対して負担する職務上の法的義務に違背して当該国民に損害を加えたときは，当該地方公共団体がこれを賠償する責任を負う。…地方税法は，固定資産評価審査委員会に審査を申し出ることができる事項について不服がある固定資産税等の納税者は，同委員会に対する審査の申出及びその決定に対する取消しの訴えによってのみ争うことができる旨を規定するが，同規定は，固定資産課税台帳に登録された価格自体の修正を求める手続に関するものであって…，当該価格の決定が公務員の職務上の法的義務に違背してされた場合における国家賠償責任を否定する根拠となるものではない」。

「行政処分が違法であることを理由として国家賠償請求をするについては，あらかじめ当該行政処分について取消し又は無効確認の判決を得なければならないものではない」（最判S36.4.21・民集15巻4号850頁）。

「このことは，当該行政処分が金銭を納付させることを直接の目的としており，その違法を理由とする国家賠償請求を認容したとすれば，結果的に当該行政処分を取消した場合と同様の経済的効果が得られるという場合であっても異ならない」。

また，「違法な固定資産の価格の決定等によって損害を受けた納税者が国家賠償請求を行うことを否定する根拠となる規定等は見いだし難い。」

「したがって，たとい固定資産の価格の決定及びこれに基づく固定資産税等の賦課決定に無効事由が認められない場合であっても，公務員が納税者に対する職務上の法的義務に違背して当該固定資産の価格ないし固定資産税等の税額を過大に決定したときは，これによって損害を被った当該納税者は，地方税法432条①本文に基づく審査の申出及び同法434条①に基づく取消訴訟等の手続を経るまでもなく，国家賠償請求を行い得る」。

②国家賠償法上の「過失」

「本件倉庫の設計図に『冷蔵室（－30℃)』との記載があることや本件倉庫の外観からもクーリングタワー等の特徴的な設備の存在が容易に確認し得ることがうかがわれ…本件倉庫を一般用の倉庫等として評価…したことについて名古屋市長に過失が認められ」る。

　以上のとおり判示し，原判決を破棄し，原審に差し戻した。

関係条文を読む

⑴**憲法17条（国・公共団体の賠償責任）**
　何人も，公務員の不法行為により，損害を受けたときは，法律の定めるところにより，国又は公共団体に，その賠償を求めることができる。

⑵**国家賠償法1条①《公権力の行使に基づく損害の賠償責任》**
　国又は公共団体の公権力の行使に当る公務員が，その職務を行うについて，故意又は過失によつて違法に他人に損害を加えたときは，国又は公共団体が，これを賠償する責に任ずる。

⑶**国家賠償法4条《民法の適用》**
　国又は公共団体の損害賠償の責任については，前三条の規定によるの外，民法の規定による。

⑷**地方税法17条《過誤納金の還付》**
　地方団体の長は，過誤納に係る地方団体の徴収金（以下…「過誤納金」という。）があるときは…遅滞なく還付しなければならない。

⑸**地方税法17条の4①《還付加算金》**
　地方団体の長は，過誤納金を17条…の規定により還付…する場合には…その金額に年7.3パーセントの割合を乗じて計算した金額（以下「還付加算金」という。）をその還付…をすべき金額に加算しなければならない。

⑹**地方税法17条の5《更正，決定等の期間制限》**
①　更正又は決定は，法定納期限…の翌日から起算して5年を経過した日以後においては，することができない…。
⑤　…固定資産税（等）に係る賦課決定は…法定納期限の翌日から起算して5年を経過した日以後においては，することができない。

⑺**地方税法18条の3《還付金の消滅時効》**
①　地方団体の徴収金の過誤納により生ずる地方団体に対する請求権及びこの法律の規定による還付金に係る地方団体に対する請求権…は，その請求をすることができる日から5年を経過したときは，時効により消滅する。
②　18条②及び③の規定は，前項の場合について準用する

⑻地方税法417条①《固定資産の価格等の全てを登録した旨の公示の日以後における価格等の決定又は修正等》
　市町村長は…登録された価格等に重大な錯誤があることを発見した場合においては，直ちに固定資産課税台帳に登録された類似の固定資産の価格と均衡を失しないように価格等を決定し，又は決定された価格等を修正して，これを固定資産課税台帳に登録しなければならない。この場合においては，市町村長は，遅滞なく，その旨を当該固定資産に対して課する固定資産税の納税義務者に通知しなければならない。

⑼地方税法420条《固定資産の価格等の修正に基く賦課額の更正》
　市町村長は，…固定資産税の賦課後であつても，修正して登録された価格等に基いて，既に決定したその賦課額を更正しなければならない。

⑽地方税法432条①《固定資産課税台帳に登録された価格に関する審査の申出》
　固定資産税の納税者は，その納付すべき当該年度の固定資産税に係る固定資産について固定資産課税台帳に登録された価格…について不服がある場合においては，…納税通知書の交付を受けた日後3月を経過する日まで…又は417条①の通知を受けた日から3月以内に，文書をもつて，固定資産評価審査委員会に審査の申出をすることができる。

⑾地方税法434条《争訟の方式》
① 　固定資産税の納税者は，固定資産評価審査委員会の決定に不服があるときは，その取消しの訴えを提起することができる。
② 　432条①の規定により固定資産評価審査委員会に審査を申し出ることができる事項について不服がある固定資産税の納税者は，同項及び前項の規定によることによつてのみ争うことができる。

⑿民法722条②《損害賠償の方法及び過失相殺》
　被害者に過失があったときは，裁判所は，これを考慮して，損害賠償の額を定めることができる。

⒀民法724条《不法行為による損害賠償請求権の期間の制限》
　不法行為による損害賠償の請求権は，被害者又はその法定代理人が損害及び加害者を知った時から3年間行使しないときは，時効によって消滅する。不法行為の時から20年を経過したときも，同様とする。

⒁行政事件訴訟法3条《抗告訴訟》
① 　…「抗告訴訟」とは，行政庁の公権力の行使に関する不服の訴訟をいう。
② 　…「処分の取消しの訴え」とは，行政庁の処分その他公権力の行使に当たる行為…の取消しを求める訴訟をいう。
④ 　…「無効等確認の訴え」とは，処分若しくは裁決の存否又はその効力の有無の確認を求める訴訟をいう。

⒂行政事件訴訟法36条《無効等確認の訴えの原告適格》
　無効等確認の訴えは，当該処分又は裁決に続く処分により損害を受けるおそれのある者その他当該処分又は裁決の無効等の確認を求めるにつき法律上の利益を有する者で，当該処分若しくは裁決の存否又はその効力の有無を前提とする現在の法律関係に関する訴えに

よつて目的を達することができないものに限り，提起することができる。

主要論点について考える

⑴下級審判例を読む

──第一審（名古屋地判平成20年7月9日・民集64巻4号1055頁）および控訴審（名古屋高判平成21年3月13日・民集64巻4号1097頁）──

　最判H22.6.3（民集64巻4号1010頁）によると，第一審および控訴審は，次のとおり判示し，納税者X社の請求を棄却している。

①国家賠償請求を行いうるか否か

　「国家賠償法に基づいて固定資産税等の過納金相当額を損害とする損害賠償請求を許容することは，当該固定資産に係る価格の決定又はこれを前提とする当該固定資産税等の賦課決定に無効事由がある場合は別として，実質的に，課税処分を取り消すことなく過納金の還付を請求することを認めたのと同一の効果を生じ，課税処分や登録価格の不服申立方法及び期間を制限してその早期確定を図った地方税法の趣旨を潜脱するばかりか，課税処分の公定力をも実質的に否定することになって妥当ではない。」

　しかも，「評価基準別表第13の7の冷凍倉庫等に係る定めが一義的なものではないことなどに照らすと，本件各決定に無効とすべき程度の瑕疵はない。」

②国家賠償法上の「過失」

　「評価事務上の物理的，時間的な制約等を考慮すれば，地方税法408条所定の実地調査は，特段の事情のない限り，外観上固定資産の利用状況等を確認し，変化があった場合にこれを認識する程度のもので足りるところ，本件においてそのような特段の事情があったといえるような事実がうかがわれないことなどからすれば，本件各決定」に「過失」はない。

⑵補足意見

①2つの行政救済制度の相違点

　宮川光治裁判官の補足意見をみると，2つの行政救済制度，すなわち①違法な行政行為の効力を争いその取消し等を求めるものとしての行政上の不服申立手続および抗告訴訟，および②違法な公権力の行使の結果生じた損害を塡補するものとしての国家賠償法1条①による国家賠償請求，これらの違いが明確に示されている。

　これらは「別個独立の手段として，あいまって行政救済を完全なものとしている」。国家賠償請求は，「憲法17条を淵源とする制度であって歴史的意義を有し，被害者を実効的に救済する機能のみならず制裁的機能及び将来の違法行為を抑止するという機能を有している。」

　「このように公務員の不法行為について国又は公共団体が損害賠償責任を負うという憲法上の原則及び国家賠償請求が果たすべき機能をも考えると，違法な行政処分により被った損害について国家賠償請求をするに際しては，あらかじめ当該行政処分についての取消し又は無効確認の判決を得」ることは不要である。

　「この理は，金銭の徴収や給付を目的とする行政処分についても同じであって，これらに

123

ついてのみ，法律関係を早期に安定させる利益を優先させなければならないという理由はない。」

「実質的に課税処分の取消訴訟と同一の効果を生じさせること」になるのは，「課税処分が金銭の徴収を目的とする行政処分であるからにすぎず，課税処分の公定力と整合させるために法律上の根拠なくそのように異なった取扱いをする」べきではない。

②出訴期間の意義

出訴期間との関わり合いについては，金築誠志裁判官の補足意見を紹介しておきたい。

「特に，賦課課税方式を採用する固定資産税等の場合，申告納税方式と異なり，納税者にとってその税額計算の基礎となる登録価格の評価が過大であるか否かは直ちには判明しない場合も多いと考えられるところ…，審査の申出は比較的短期間の間に行わなければならないものとされているため，上記期間の経過後は国家賠償訴訟による損害の回復も求め得ないというのでは，納税者にとっていささか酷」である。

また，「国家賠償においては，取消しと異なり故意過失が要求され，また，その違法性判断について…いわゆる職務行為基準説を採っているから，この点でも要件に差異がある」。「取消しが認められても国家賠償は認められない場合があり得る」。

また，立証責任の問題についてみると，「違法性を積極的に根拠付ける事実については請求者側に立証責任があるから，本件倉庫が一般用のものではなく，冷凍倉庫用のものであることを請求者である上告人側が立証しなければならない」。

したがって，「取消しを経ないで課税額を損害とする国家賠償請求を認めたとしても，不服申立前置の意義が失われるものではなく，取消訴訟の出訴期間を定めた意義が没却されてしまうという事態にもならない」のである。

(3)**固定資産税の過誤納金還付の期間制限**

地方税法17条の5によれば，法定納期限の翌日から5年を経過した時は，当該処分の取消や変更はできず，過納金の還付はできない。また同法18条の3によると，5年を経過したときは時効により，還付請求権は消滅する。この時効は援用を要さず，その利益の放棄もできない（同②）。この結果，課税処分が間違っていても，納税者は5年以上遡って返還請求できず，また市町村は5年以上遡って返還できないことになっている。

そこで市町村は還付しうる方法を模索し，例えば横浜市は地方自治法232条の2の寄附金・補助金として過誤納金相当額を支出し，神戸市は国家賠償請求に基づく弁済をしてきた。また全国で「固定資産税等過誤納金返還金支払要綱」が制定されるに到った（人見剛（2011年）「固定資産税等の課税処分の違法を理由とする国家賠償請求訴訟を，同処分の取消訴訟手続を経ずに提起することができるとされた事例」『速報判例解説（vol.8）』82頁，日本評論社）。

本件事件は，「固定資産税等過誤納金返還金支払要綱」等に基づく過納金の還付がなされなかったため，5年以前の分について国家賠償請求が提起されたものである。

(4)**違法な課税処分と国家賠償訴訟との関係**

国家賠償訴訟は，当該行政処分の取消しを待たずに提起することができる。また，あらかじめ取消判決や無効確認判決を得なくても，行政処分が違法であることを理由として国

家賠償訴訟を提起することができる（最判S36.4.21・民集15巻4号850頁）。

　しかしながら，課税処分のような金銭の賦課・徴収を目的とする行政処分についての国家賠償訴訟は，損害額として違法な納税額を根拠に請求することになり，これが認められることは，課税処分の取消訴訟と実質的に同じである。そうすると，当該国家賠償訴訟は，課税処分の公定力と抵触するとの指摘があった。本判決はこの点について，最高裁判所が上述のとおり判示をしたものである（人見剛，前掲論文，83頁）。

　すなわち，「課税処分の公定力ないし取消訴訟の排他的管轄の趣旨を最大の拠り所として，明文の根拠規定もないまま，取消訴訟の出訴期間経過後における国家賠償請求訴訟（それが憲法に淵源を有する…）を一律に抑制することは相当ではない」，ということである（岡田幸人（2014年）『最高裁判所判例解説民事篇平成22年度（上）』367-368頁，法曹会）。

⑸本判決の射程

　本判決は，課税処分に対する出訴期間の経過後において，過納金相当額の支払いを求める国家賠償請求訴訟を正面から許容したものである。この射程は固定資産税等のみに限定されず，「金銭納付に係る処分一般に及ぶもの」であり，「今後の国家賠償請求訴訟実務に与える影響は大きい」と指摘されるところである（岡田幸人，前掲論文，369-370頁）。

⑹「違法な処分」の判断基準

　「違法な処分」の判断基準について，最判H5.3.11（民集47巻4号2863頁）は次のとおり判示する（第1巻事件file 8「税務署の対応を信じてはいけなかったのですか？」参照）。

　「所得税の更正は，所得金額を過大に認定していたとしても，そのことから直ちに国家賠償法1条①にいう違法があったとの評価を受けるものではなく，税務署長が資料を収集し，これに基づき課税要件事実を認定，判断する上において，職務上通常尽くすべき注意義務を尽くすことなく漫然と更正をしたと認め得るような事情がある場合に限り，右の評価を受ける」。

　「税務署長がその把握した収入金額に基づき更正をしようとする場合，客観的資料等により申告書記載の必要経費の金額を上回る金額を具体的に把握し得るなどの特段の事情がなく，また…調査に協力せず，資料等によって申告書記載の必要経費が過少であることを明らかにしない以上，申告書記載の金額を採用して必要経費を認定することは何ら違法ではない」。

⑺参考判例と調査義務の内容

①浦和地判平成4年2月24日（判時1429号105頁）について

　住宅用地の特例を適用しなかった例として，浦和地判H4.2.24（判時1429号105頁）がある。

　「固定資産税の賦課決定は，市町村長の納税義務者に対する納税通知書の交付によってされるのであって…，納税義務者からの申告によるものではない」。

　「土地の所在及び面積等，固定資産税の賦課に関し必要な事項を申告させることができるとしたのは，納税義務者に対して右申告義務を課することにより課税当局において減税特例の要件に該当する事実の把握を容易にしようとしただけのものであって，右申告がないからといって，減税特例を適用しないとすることが許されるものでない」。

「納税義務者に対して，ほかに調査のための何らの手段を講ずることもなく，<u>減税特例を適用しないで固定資産税の賦課決定をしたのは甚だ軽率</u>というほかなく，市長が右固定資産税の賦課決定をしたことには過失があり，これが租税法規に違反してされた点で違法性を有する」。

②大阪地判平成20年9月30日（判例地方自治318号10頁）

　これは冷凍倉庫を一般用の倉庫として評価した事例である。大阪地裁は，「少なくとも，固定資産の状況を知り得る程度の調査，すなわち，本件建物が『一般用の倉庫』か『冷凍倉庫用のもの』かを<u>認識，区別し得る程度の調査を行う義務があった</u>」。しかしながら「この程度の調査をせず，本件建物が『冷凍倉庫用のもの』であるという明白な事実を見落としているのであるから，職務上通常尽くすべき注意義務を<u>漫然</u>と怠ったというべきであり，本件賦課決定は，国家賠償法上の違法性を有するとともに，被告担当職員の過失も認められる」と判示している。

③名古屋高判平成21年4月23日（判時2058号37頁）

　これも，冷凍倉庫を一般用の倉庫として評価した事例である。名古屋高裁は，「<u>実地調査，納税者に対する質問や納税者から提出された書類等を確認・閲覧するなど，税務担当者として通常要求される程度の注意を払って，当該建物が冷凍倉庫として使用されているか一般用の倉庫として使用されているのかを識別するに足りる程度の調査を行うべき注意義務がある</u>」ところ，このような「調査等を怠り，その後も漫然と…評価していたことは，<u>税務担当者として職務上通常尽くすべき注意義務を尽くしていなかったものといわざるを得ない</u>」と判示している。

(8) 過失相殺と期間の制限

　国家賠償法4条は民法の適用を規定しているところから，過失相殺は民法722条②，期間の制限は同法724条の制約を受けることになる。

　過失相殺について，上掲の浦和地判H4.2.24（判時1429号105頁）は，次のとおり過失相殺について斟酌すべきではないと判示しているので，紹介しておこう。

「損害が発生したことについては…原告らにも所定の申告をしなかった点で一半の責任があることは否定できないが，固定資産税については賦課課税方式がとられていることや右申告が課税当局の便宜のために設けられた手続であることなど，諸般の事情に照らすと，原告らの右申告義務の懈怠を損害額を算定するうえで斟酌するのは相当でない」。

　他方，大阪高判H18.3.24（判例地方自治285号56頁）は次のように判示し，3割の相殺控除としている。

「賦課課税方式を採用しつつ，調査等の過誤を防止するため，住宅用地の特例によって固定資産税等の逓減措置を受けられる住宅用地の所有者に必要事項の申告義務を負わせることとしたものであって，その限りでは，法は，申告により利益を得られる者が申告しない以上，利益を得られなくてもある程度はやむを得ないという立場を採っているともいい得る」。納税者は，「市税条例により申告を義務づけられている（違反には過料の制裁まで科せられる。）にもかかわらず，正当な理由なく所定の申告をせず，しかも毎年控訴人から送付される納税通知書及び課税明細書を子細に検討すれば，本件土地について住宅用地の

特例の適用がされていないことが判明するのに，控訴人が自ら過誤に気づき平成16年に是正手続を採るまで過誤にも気づかず，何らの不服申立ても行わなかった」。したがって，納税者にも「損害の発生及びその増大につき過失がある」。

「そして，上記過失の内容・程度のほか，本件における諸般の事情を考慮すると，過失相殺として」，納税者の「損害額からその3割を控除するのが相当である」。

⑼**法律上存在しなかった土地に係る固定資産税等の誤納金について**

神戸地裁（神戸地判H24.12.18・裁判所ウェブサイト）は，納税者の「過払税額が発生した原因は，分筆時の登記の過誤（登記官の誤り）」にあり，「当該過誤は外観上明らかなものでなく，実地調査等によってこれを発見することは著しく困難であったと認められる。したがって，上記過払税額の発生につき，…職員の事務処理に誤りがあったとは認め難」いと判示して，固定資産税等相当額に係る還付請求のうち，5年を超える部分の請求を退けた。

なお，本件は国家賠償法1条①による損害賠償請求ではないが，無効原因たる瑕疵が市長（市職員）に起因せず，登記官に起因するとされているところから，国家賠償請求もまた認容されないものと考えられる（森稔樹（2014年）「法律上存在しなかった土地に係る固定資産税等の誤納金不還付決定の取消が認められなかった事例」『TKCローライブラリー新・判例解説Watch◆租税法No.102』3-4頁）。

事件のゆくえ

　藍子は最高裁判例や関係する下級審の判例を紹介した。圭子も千春も慣れない言葉に悩んでいるのがよく分かる。
「結局どうなるの，ってことですよね」
　藍子が優しく声を掛けた。二人とも頷いている。
「まずは最近5年分についてですが，全額利息を付けて返金されると思います。過誤納金および還付加算金の還付と言います。
　それ以前の分については，まずは『固定資産税等過誤納返還金支払要綱』等に基づく支払を受けることができるかどうか，金沢市に相談してみましょう。で，もし拒否されるようなら，国家賠償法1条①に基づく請求をすることになりますね。
　この場合，複数の判例が指摘しているように，『職務上通常尽くすべき注意義務を尽くすことなく漫然と』課税処分がなされてきたのかどうかが問題となります。仮に違法性が認められたとしても，大阪高裁のように3割程度の相殺になるかもしれません。
　まずは，還付されるであろう額と国家賠償請求の額を試算してみて，金沢市に相談するところから始めてみませんか？
　また状況によっては，訴訟の準備も必要になると思うので，弁護士にあらかじめ相談しておきましょう。物件の確認も必要になるでしょうから。それに最初から全額を請求するのか，あるいは『試験訴訟』といって，まずは一部のみの請求をするという手法もあるので，そのあたりも一緒に相談しましょう」
　しばらく沈黙の後，終始黙って聞いていた圭子が千春に話しかけた。
「ねぇ千春，この際，先生に全部任せてしまわない？　訴訟のことも含めて」
「ええ，是非。先生，お願い…できますかしら」
　千春の何とも不安げな感を拭うように，藍子は声を掛けた。
「では，夕食にちょうどいい時間だから，さっそく弁護士の先生にも合流してもらって，そこで相談しましょう。近くに【SCALETTA】というイタリアン・バルがあるので。ワインはお好きですか？」
　すかさず圭子が口を挟んだ。

「この子，私よりも強くてね」

「では，決まりですね。ところで，還付や国家賠償を受けるとして，その会計処理や税務処理の問題があります」

　藍子は二人の顔を見ながら，またゆっくりと説明を始めた。

「かねて，使用電力量の計量装置の設定の誤りによって数年間にわたり過大に支払われた電気料金等について，その返戻による収益の帰属すべき事業年度が最高裁まで争われたことがあります。いつの益金になるのか，ということです。

　最高裁は『計量装置の計器用変成器の設定誤りが発見されたという新たな事実の発生を受けて…本件確認書により返還すべき金額について合意が成立したことによって確定した』とみるべきだから，『本件過収電気料金等の返戻による収益が帰属すべき事業年度は，右合意が成立した…日が属する本件事業年度であり，その金額を右事業年度の益金の額に算入すべき』と判示しました（最判H4.10.29・税資193号397頁）。

　これによると，過去に遡って固定資産税の額を修正するのではなく，還付等の合意があった時の益金になることになります」

「先生，何から何までありがとうございます。本当に頼りにしていますわ」

　千春が何ともしとやかに一礼をした。

「さぁ，そろそろ時間ですね。行きましょうか。ちょっと待っていてくださいね。今スポンサーを誘ってきますから」

　そう言って微笑むと，藍子は真生を迎えに行った。

事件file 42

はずれ舟券

上告審：最高裁平成27年3月10日判決・刑集69巻2号434頁
控訴審：大阪高裁平成26年5月9日判決・刑集69巻2号491頁
第一審：大阪地裁平成25年5月23日判決・刑集69巻2号470頁

事件のいきさつ

　大覚寺の大沢池は，滋賀県の石山寺とともに日本三大名月観賞地の一つである。平安時代初期，嵯峨天皇により造営された離宮の一部で，池泉舟遊式庭園としてはわが国最古の庭園の一つである。雪は学生時代の友人葵と龍頭舟に乗り，十五夜の名月を観賞した。
　その後，事務所の隣に新しくオープンしたバル【URA】で軽く飲むことになったのだが，なにやら相談があるらしい。真生がナパ・ヴァレーにある友人のワイナリーを訪ねて仕入れてきたカベルネ・ソーヴィニヨンを二人で1本空けたところで，葵が話し出した。
「うちの婚約者のことなんやけど…」
「男女のことなら，先輩らの方が頼りになると思うんやけど，誘おっか」
「ちゃうちゃう。二人の仲は問題ないねん」
「ほな，どうしたん」
「婚約者の悟は競艇好きで，最近は仕事よりも熱中しとんねん。というか，まるで仕事みたいに励んだはんねん」
「博打で金借りてるっ，とかやったら，早いこと別れた方がいいんちゃうの」
「雪はほんと，早とちりやなぁ。ちゃうねん。それがな」
　そう言うと一呼吸置いて，葵が話し出した。
「今まで浜大津や大阪の競艇場で直接舟券を購入しててんけど，数年前から，インターネットと舟券予想ソフトを使って舟券を自動購入しているみたいやねん。
　本人によると，西日本の全レースを対象としてインターネットから情報を集めて分析して，そこから予想ソフトに独自の条件設定をしたレースを自動的に購入するようにしてから，かなり勝てるようになったみたいで。

事件file 42

はずれ舟券

　あげくに今度，競艇で勝った金でイタリア製の高級スポーツカーとハワイにコンドミニアムまで買うと言いだしてん」
　そんなにも勝てるものなのかと雪はびっくりしている。
「そしたらな，この前，彼のところに『所得状況についてのお尋ね』っていうもんが税務署から届いたらしいの。彼は，競艇は公営ギャンブルなのに，その払戻金についてどうして税務署からお尋ねが来るのかって言ってて。彼もどうしたらいいのか分からなくて…。申告なんて知らへんやろ。
　で，雪に相談しようと思って連絡したの。彼から，税務署からの届いた文書と過去3年間の実績を表にしたものを預かってるの。一度見てくれる」
「ほな今夜は遅いし，明日の朝，もう一度会おっ。高瀬川沿いにクラシックの流れるレトロで上品な喫茶店があるし，そこ行って珈琲を飲もうよ」

　翌朝，葵は席に座ると，さっそくカバンから2枚の紙を取り出し雪に渡した。

　インターネットで舟券を買う時は，一般財団法人ボート協議会に購入代金を振り込むことになり，確かにこの金額なら税務署の目に留まるはずだ。

　雪は一通りその文書に目を通すと，葵に向かってポツリと言った。

「すごい金額ね。ねぇ葵，公営ギャンブルであっても払戻金があれば，確定申告が必要なのよ。と言っても，どのような申告をすべきなのか，とても悩ましい問題ね」

　そう言いながら，過去の判例を思い出していた。

○相関図

○過去3年間の実績

| | ①払戻金合計 | ②舟券購入費用総額 |||
		③全舟券(④+⑤)	④当たり舟券	⑤はずれ舟券
H26年分	4億円	3億円	2千万円	2.8億円
H27年分	8億円	7.8億円	1千万円	7.7億円
H28年分	3億円	2.7億円	5千万円	2.2億円
合計	15億円	13.5億円	8千万円	12.7億円

_{事件 file} **42**

はずれ舟券

📖 関連事件を学ぶ

　雪が参考になると考えたのは，外れ馬券が経費かどうかを争った刑事事件（最判H27.3.10・刑集69巻2号434頁，以下「大阪刑事事件」という）である。

(1)事案の概要

　納税者Xは，日本中央競馬会が主催する中央競馬を対象として，馬券の予想ソフトと自動的に購入できる仕組みを利用して馬券を購入していた。

　主に回収率に着目して過去の競馬データから導かれた一定の条件に合うレースを対象として，機械的・網羅的に購入する方法を通じて，長期的に利益を計上してきた。

　馬券購入で得た利益を正当な理由なく申告期限までに申告しなかったとして，納税者Xが所得税法違反に問われた刑事訴訟である。

　当裁判において，平成19年からの3年間の払戻しによる収入が30.1億円で，全馬券の購入金額が28.7億円（うち当たり馬券1.3億円）である。

　この払戻金が所得税法上の一時所得あるいは雑所得のいずれに該当するのかという点，および，外れ馬券の購入代金27.4億円が当たり馬券の払戻金を得るための必要経費等として総収入金額から控除しうるか否か，という2点が問題となった。

(2)当事者の主張

①納税者Xの主張

　納税者Xの馬券購入方法は，一般的な馬券購入方法とは異なり，その回数，金額が極めて多数，多額に達しており，その態様も機械的・網羅的なものであり，かつ過去の競馬データの詳細な分析結果に基づき行われているものであって，その態様は利益を得ることに特化している。

　したがって，馬券購入行為から生じた雑所得であれば，当たり馬券だけでなく外れ馬券も含めて必要経費となる。

②検察庁Yの主張

　検察庁Yは，馬券購入は，払戻金を受けられるかどうかは偶然によるものであり射倖性が極めて高いことから，社会通念上，営利目的とする継続行為

133

とすることはできないという前提に基づき，馬券購入による払戻金は一時所得であると主張した。

したがって，馬券購入から生じた所得が一時所得であれば，当たり馬券の購入費用のみが経費となる。

(3) 最高裁（平成27年3月10日判決・刑集69巻2号434頁）の判示事項

最高裁は，本事例のような本来的には一時的，偶発的な所得であっても，所得が生じた行為が継続的・反復的に行われている具体的な態様を考慮するのか否かについて明示した。

①所得の区分について

最高裁は，「所得税法上，営利を目的とする継続的行為から生じた所得は，一時所得ではなく雑所得に区分されるところ，営利を目的とする継続的行為から生じた所得であるか否かは，文理に照らし，行為の期間，回数，頻度その他の態様，利益発生の規模，期間その他の状況等の事情を総合考慮して判断する」。

「いずれの所得区分に該当するかを判断するに当たっては，所得の種類に応じた課税を定めている所得税法の趣旨，目的に照らし，所得及びそれを生じた行為の具体的な態様も考察すべきであるから，当たり馬券の払戻金の本来的な性質が一時的，偶発的な所得であるとの一事から営利を目的とする継続的行為から生じた所得には当たらないと解釈すべきではない。また，画一的な課税事務の便宜等をもって一時所得に当たるか雑所得に当たるかを決するのは相当でない」として，検察官の主張を退けた。

その上で，納税者Xが「馬券を自動的に購入するソフトを使用して独自の条件設定と計算式に基づいてインターネットを介して長期間にわたり多数回かつ頻繁に個々の馬券の的中に着目しない網羅的な購入をして当たり馬券の払戻金を得ることにより多額の利益を恒常的に上げ，一連の馬券の購入が一体の経済活動の実態を有する…本件事実関係の下では，払戻金は営利を目的とする継続的行為から生じた所得として所得税法上の一時所得ではなく雑所得に当たる」，と判示したのである。

事件file **42**

はずれ舟券

②外れ馬券の必要経費性について

①の雑所得であることを受けて，外れ馬券の購入代金が必要経費に該当するかについて，「本件において，外れ馬券を含む一連の馬券購入が一体の経済活動の実態を有するのであるから，当たり馬券の購入代金の費用だけでなく，外れ馬券を含む全ての馬券の購入代金の費用が当たり馬券の戻し金という収入に対応することができ，本件外れ馬券の購入代金は同法37条1項の必要経費に当たる」として，納税者Xの主張が認容された。

関係条文を読む

⑴所得税法34条《一時所得》

① 一時所得とは，利子所得，配当所得，不動産所得，事業所得，給与所得，退職所得，山林所得及び譲渡所得以外の所得のうち，営利を目的とする継続的行為から生じた所得以外の一時の所得で労務その他の役務又は資産の譲渡の対価としての性質を有しないものをいう。

② 一時所得の金額は，その年中の一時所得に係る総収入金額からその収入を得るために支出した金額（その収入を生じた行為をするため，又はその収入を生じた原因の発生に伴い直接要した金額に限る。）の合計額を控除し，その残額から一時所得の特別控除額を控除した金額とする。

⑵所得税法35条《雑所得》

① 雑所得とは，利子所得，配当所得，不動産所得，事業所得，給与所得，退職所得，山林所得，譲渡所得及び一時所得のいずれにも該当しない所得をいう。

② 雑所得の金額は，次の各号に掲げる金額の合計額とする。

二 その年中の雑所得…に係る総収入金額から必要経費を控除した金額

⑶所得税法37条①《必要経費》

その年分の…雑所得の金額…の計算上必要経費に算入すべき金額は…，これらの所得の総収入金額に係る売上原価その他当該総収入金額を得るため直接に要した費用の額及びその年における販売費，一般管理費その他これらの所得を生ずべき業務について生じた費用…の額とする。

135

主要論点について考える

(1) 下級審判例を読む
——第一審（大阪地判平成25年5月23日・刑集69巻2号470頁）および控訴審（大阪高判平成26年5月9日・刑集69巻2号491頁）——

　第一審は，馬券の払戻金の所得区分について，①「被告人の本件馬券購入行為は，一般的な馬券購入行為とは異なり，その回数，金額が極めて多数，多額に達しており，その態様も機械的，網羅的なものであり，かつ，過去の競馬データの詳細な分析結果等に基づく，利益を得ることに特化したものであり，かつ，実際にも多額の利益を生じさせている」。

　また②「そのような本件馬券購入行為の形態は客観性を有している」。そして③「本件馬券購入行為は娯楽の域にとどまるものとはいい難い」と判示した。

　馬券購入行為から生じた所得が一時所得に該当しないことを前提に，外れ馬券が必要経費であるか否かについては，「外れ馬券を含めた全馬券の購入費用は，当たり馬券による払戻金を得るための投下資本に当たるのであって，外れ馬券の購入費用と払戻金との間には費用収益の対応関係がある」。

　ただし，「外れ馬券の購入費用は，特定の当たり馬券の払戻金と対応関係にあるというものではないから，『その他これらの所得を生ずべき業務について生じた費用の額』として必要経費に該当する」と判示した。

　控訴審も同様の見解を示し控訴を棄却した。

(2) 所得区分について

　一時所得の特性は一時的・偶発的利得（金子宏（2017年）『租税法（第22版）』283頁，弘文堂）とされており，その特性に基づいて競馬の払戻金についても従来は一時所得とされていた。

　これに対し，大阪刑事事件最高裁は，一つの馬券購入行為による払戻金であっても，馬券の購入規模（回数，数量，金額），態様の在り方によっては継続的行為を前提とする雑所得に該当するものと判示したのである。

　最高裁に先駆けて下級審もまた，独立した馬券購入行為であっても，次の要件に該当する場合，「営利を目的とする継続的行為」として雑所得になるとする。すなわち①馬券の購入金額が極めて多額であること，②馬券の購入態様が機械的・網羅的であること，③多額の利益があること，および④馬券の購入形態が客観性を有していること，これらである。

(3) 外れ馬券の必要経費性と費用収益対応の原則との関わり合いについて

　必要経費は，所得を得るために必要な支出のことである（金子宏，前掲書，297頁）。所得税法37条は①売上原価，その他収入を得るため直接要した費用，および②販売費，一般管理費その他所得を生ずべき業務について生じた費用を必要経費とする。

　大阪刑事事件では既述のように，「外れ馬券を含む一連の馬券の購入が一体の経済活動の実態を有する」ことを理由に必要経費該当性を肯定した。すなわち，外れ馬券の購入代金について，当たり馬券の払戻金との間で費用と収益との対応関係を認め必要経費該当性

を肯定したものと評価される。ただし個別対応費用（原審）か，期間対応費用（大阪地裁）か，「明言せず」（本判決）かの違いは残されている。

　以上整理すると，一連の馬券の購入を一体のものと評価すれば，雑所得かつ外れ馬券の購入代金も必要経費に該当することになり，他方，検察官や本件大谷剛彦裁判官の指摘のように，馬券の購入はあくまでも個々の馬券の購入の集合にすぎないと評価すれば，一時所得かつ，外れ馬券の購入代金は収入から控除されないことになる。誤解を恐れずに表にまとめると，およそ次のようになろう（楡井英夫（2016年）『最高裁判所判例解説』68巻2号，626-627頁）。

購入馬券の評価	所得の種類	外れ馬券の購入代金の取扱い	費用収益対応関連性
一連の馬券の購入は一体のもの（経済活動）	雑所得	必要経費に該当する	あり
個々の馬券の購入の集合	一時所得	収入から控除されない	なし

　この考え方は，後述の稚内行訴事件（最判H29.12.15・民集71巻10号2235頁）においても継承され，「外れ馬券の購入代金は，雑所得である当たり馬券の払戻金を得るため直接に要した費用」と示されている。

　この点について，稚内行訴事件最高裁（最判H29.12.15）は議論をさらに一歩進めて，所得税法37条①前段と同様の「を得るため直接に要した費用」という文言を用いた表現になっていることから，「直接対応の必要経費に当たることを明らかにした」ものと説明する論者もいる（木山泰嗣（2018年）「最新判例・係争中事例の要点解説」『税経通信』2018年7月号，11頁）。

⑷参考判例

　競馬等の払戻金を巡っては，次のとおり重要な関連判例が複数ある。以下，みていこう。

①最判平成29年12月15日・民集71巻10号2235頁（以下「稚内行訴事件」という）

　　この事件は，大阪刑事事件（最判H27.3.10）と異なって，自動購入ソフトを利用せず，レースごとに状況を分析し購入馬券を決定していたものである。最高裁は次のとおり判示した。

（ⅰ）「営利を目的とする継続的行為から生じた所得であるか否かは，文理に照らし，行為の期間，回数，頻度その他の態様，利益発生の規模，期間その他の状況等の事情を総合考慮して判断する」。

　　「これを本件についてみると，被上告人は，予想の確度の高低と予想が的中した際の配当率の大小の組合せにより定めた購入パターンに従って馬券を購入することとし，偶然性の影響を減殺するために，年間を通じてほぼ全てのレースで馬券を購入することを目標として，年間を通じての収支で利益が得られるように工夫しながら，6年間

にわたり，1節[1]当たり数百万円から数千万円，1年当たり合計3億円から21億円程度となる多数の馬券を購入し続けた」。このような「馬券購入の期間，回数，頻度その他の態様に照らせば…一連の行為は，継続的行為」である。

しかも，「上記6年間のいずれの年についても年間を通じての収支で利益を得ていた上，その金額も，少ない年で約1,800万円，多い年では約2億円に及んでいた」。

本件「馬券購入の態様に加え，このような利益発生の規模，期間その他の状況等に鑑みると，被上告人は回収率[2]が総体として100%を超えるように馬券を選別して購入し続けてきたといえ…一連の行為は，客観的にみて営利を目的とするものであったということができる」。

以上より，「本件所得は，営利を目的とする継続的行為から生じた所得として，所得税法35条①にいう雑所得に当たる」。

(ⅱ)「偶然性の影響を減殺するために長期間にわたって多数の馬券を頻繁に購入することにより，年間を通じての収支で利益が得られるように継続的に馬券を購入しており，そのような一連の馬券の購入により利益を得るためには，外れ馬券の購入は不可避」であった。このような事情がある場合，本件「外れ馬券の購入代金は，雑所得である当たり馬券の払戻金を得るため直接に要した費用として，（所得税）法37条①にいう必要経費に当たる」，と判示する。

(ⅰ)のとおり，最高裁は営利性と継続性を認め，非継続要件を満たさないものと判断した。これを理由に本件所得の一時所得該当性を否定し，雑所得にあたるとしたものである。

なおこの点について，事業所得該当性をも検討すべきであり，また利益の有無ないし利益捻出の継続性を要件とする判定手法は，「これを理由に所得区分が異な」ることになり，「事後的に裁判所で複数年の状況を客観的に整理しないと判定できない事態をもたら」すものと強く批判する論者もいる（木山泰嗣，前掲論文，10頁）。

他方，事業所得該当性については，「勝馬投票券の賞金は，競馬法上払戻金に過ぎず（競馬法8条），対価性は観念し得ない。したがってどのような規模，態様で行おうとも…事業所得とはなり得な」い。ただし，「馬主として事業所得である者がヘッジを掛けるために馬券を購入した場合」を除く，と指摘する論者もいるので紹介しておきたい（長島弘（2017年）「競馬の払戻金に係る所得の事業所得該当性が争われた事例」『税務事例』49巻2号，43頁）。

MEMO

1　節：競馬開催日又はこれが連続する場合における当該連続する競馬開催日を併せたもの等
2　回収率：すべての有効馬券の購入代金の合計額に対する当たり馬券の払戻金の合計額の比率

②稚内行訴事件の下級審判決

　①稚内行訴事件の下級審についてみると，その第一審（東京地判H27.5.14・民集71巻10号2279頁）は次のとおり判示し，納税者の請求を棄却している点に留意が必要である。他方，控訴審（東京高判H28.4.21・民集71巻10号2356頁）は当該地裁判決を取り消し，課税処分を取り消している。

　稚内行訴事件の東京地裁（東京地判H27.5.14・民集71巻10号2279頁）は，大阪刑事事件と同様の事実があったにもかかわらず，「具体的な馬券の購入履歴等が保存されていないため，…具体的にどのように馬券を購入していたかは明らかでなく…馬券を機械的・網羅的に購入していたとまでは認め」られないので，「一連の馬券の購入が一体の経済的活動の実態を有」さないとして，払戻金を一時所得としたのである（傍点－筆者）。

　他方，東京高裁（東京高判H28.4.21・民集71巻10号2356頁）は，期待回収率（各馬券の購入代金に対する払戻金の期待値の比率）が毎年100％になっていることに着目し，「期待回収率が100％を超える馬券を有効に選別し得る独自のノウハウに基づいて長期間にわたり多数回かつ頻繁に当該選別に係る馬券の網羅的な購入をして100％を超える回収率を実現することにより多額の利益を恒常的に上げていたものであり，このような一連の馬券の購入は一体の経済活動の実態を有する」と判示した（傍点－筆者）。

　認定された事実は同じであるにもかかわらず，東京地裁は馬券の購入形態が機械的・網羅的であるか否かのみに焦点を当てて経済的活動実態を否定した。他方，東京高裁は「網羅的な購入」と「100％を超える回収率」に焦点を当てて経済的活動実態を肯定した点に留意が必要であろう。

③最決平成29年12月20日・LEX/DB25560181（以下「麻布行訴事件」という）

　この麻布行訴事件は，課税庁が馬券払戻金は一時所得に該当するとして更正処分をしたことに対し，納税者がその取消しを求めたものである。

　本件の特徴は，原告が馬主であって，その独自のノウハウにて多額の馬券購入を行って多額の払戻を受けていたものの，その収支は多額のマイナスであり，損益通算をすべく事業所得として申告したものである。

　麻布行訴事件の東京地裁（東京地判H28.3.4・LEX/DB2553815）は事業所得に該当するか否かについて，まず「営利性及び有償性の有無，反復継続性の有無，自己の危険と計算においてする企画遂行性の有無，その者が費やした精神的及び肉体的労力の有無及び程度，人的及び物的設備の有無，その者の職業，経験及び社会的地位等を総合的に考慮し，所得税法等の趣旨及び目的に照らし，社会通念によって判断すべき」との伝統的な規範を示した。

　これを事実にあてはめ，払戻金の発生は「本来的に偶発的なものであって，馬券購入行為によって継続的，かつ確実に利益を上げることは困難」であること，払戻金は「原告がJRAに対して労務の提供をした対価として交付されたものでない」こと，「年単位での収支はいずれも赤字」であること，多額の給与所得があり「生活資金の大部分はその収入で賄っていた」こと等から，「社会通念上，本件における原告の馬券購入行為を事業，すなわち『対価を得て継続的に行う事業』」ではないとして事業所得該当性を否定した。

　また「競争成績分析及び血統分析による各馬の実力と適性を把握し，馬主であることをいかした豊富な情報等を駆使し，配当比率に妙味がある馬を選定し，その馬を中心に相当点数の馬券を購入したことになるところ，馬主であることをいかした豊富な情報等を駆使したという点は，その具体的な内容や馬券的中に対する寄与度は明らかでないのであって…馬券購入の方法は，一般の競馬愛好家による選定方法による馬券購入の範ちゅうに入る」。
　「全ての土日において馬券を購入し，払戻しを受け，購入金額や払戻金額はいずれも合計で1億円を超える年もあるなど多額であり，年単位で購入回数が1,500回から2,000回，払戻金獲得回数が100回から200回であったとして，それを考慮に入れたとしても，一般的な馬券購入行為が連続して多数回行われたというものにすぎないのであって…馬券購入行為が一般的な馬券購入行為と質的に」同様である。
　「そうすると，原告の馬券購入行為については，行為の期間，回数，頻度その他の態様，利益発生の規模，期間その他の状況等の事情を総合考慮しても，…一連の馬券の購入が一体の経済活動の実態を有するものということはできず，したがって，本件払戻金は，営利を目的とする継続行為から生じた所得に該当するということはできない」として，一時所得と認定した。
　また，払戻金に係る所得の金額の計算上控除すべき馬券の購入代金の範囲については，「一連の馬券の購入は一体の経済活動の実態を有するものということはできないことからすれば，的中馬券による払戻金に関して『その収入を生じた行為をするため直接要した金額』又は『その収入を生じた原因の発生に伴い直接要した金額』は，結局のところ，当該払戻金に個別的に対応する馬券の購入代金，すなわち的中馬券の購入代金というほかはないことになるから，一時所得である本件払戻金に係る総収入金額から控除されるのは的中馬券の購入代金に限られる」，と判示したのである。
　麻布行訴事件の東京高裁（東京高判H28.9.29・税資266号129頁）もまた，「一連の馬券購入の行為の期間，回数や頻度，収支の状況のみならず，どのような選定方法に基づき，どの種類の馬券をどの程度の数量で購入していたかなどの馬券選定の具体的な態様を考慮する必要があり，それは明らかとならないこと」，「払戻金が全体として払戻し比率を確実かつ継続的に超え，利益を得ることが見込まれるように払戻金を獲得できるのかどうかも不明」として馬券購入費用全体を必要経費として認めなかった。
④最決平成30年8月29日・TAINSZ888-2199，東京高判平成29年9月28日・LEX/DB25547535，（第一審）横浜地判平成28年11月9日・訟月63巻5号1470頁（以下「横浜行訴事件」という）
　これは事業所得か一時所得かについて争われた行政事件訴訟である。
　まず横浜地裁（横浜地判H28.11.9・訟月63巻5号1470頁）は，事業所得における「事業」について伝統的な最判S56.4.24（民集35巻3号672頁）を引用し，事業性は「営利性及び有償性の有無，反復継続性の有無に加え，自己の危険と計算においてする企画遂行性の有無，その者が費やした精神的及び肉体的労力の有無及び程度，人的及び物的設備の有無，その者の職業，経験及び社会的地位，収益の状況等の諸般の事情を考慮し，社会通念に照らして」判断すべきであり，しかも，「社会的客観性をもって…認められるためには，相

当程度の期間継続して安定した収益を得られる可能性」が必要との枠組みを示した。

そして、「本件競馬所得に係る収入は、JRAから原告に交付された競馬の払戻金であ」る。原告が競馬予想プログラムを用いてレース結果を分析、予測し、高期待値の馬券を抽出する作業（役務）は「JRAに提供されたものではな」く、「その役務の対価として…払戻金を得るわけではない」。

また払戻金は、「レースの結果という偶然の事情により購入した馬券が的中することで初めて発生するもの」だから、「馬券購入のために原告がJRAに支払った金員の対価」とはいえない。

そうすると、「馬券購入行為は、そのための準備行為を含めて考えても、『対価を得て』継続的に行う事業に当たるとはいい難い」。

しかも、「馬券購入行為は、その購入規模の大きさを踏まえても…相当程度の期間継続して安定した収益を得られる可能性が客観的にあったとまでは」いえない、とし、「社会通念に照らし…事業所得を生じさせる『事業』に該当するということはできず」、本件競馬所得の事業所得性を否定した。

その上で、本件競馬所得は、「『営利を目的とする継続的行為から生じた所得』であると認めることはできないから、本件競馬所得は、一時所得の非継続性要件を満たす」として、一時所得と認定した。したがって、「当該払戻金に個別的に対応する馬券の購入代金は、的中馬券の購入代金に限られるというべきであるから、一時所得である本件競馬所得の計算においては、その総収入金額から的中馬券の購入代金に限り控除すべき」、との厳しい判断を示した。

続く東京高裁（東京高判H29.9.28・LEX/DB25547535）は、「営利を目的とする継続的行為から生じた所得といえるか否かについて」、次のとおり判断を示している。

「馬券の購入は、予想的中率及び期待値算出のために多くの演算処理を行うこと、馬券の購入が長期間にわたり多数回かつ頻繁であることを除けば、買い目の的中に着目した一般の競馬愛好家による馬券の購入と異なるところはなく、一連の馬券の購入が一体の経済活動の実態を有することが客観的に明らかであるとはいえないから、これによる所得（本件競馬所得）は、一時的・偶発的所得としての性質を失わず、一時所得の非継続性要件及び非対価性要件をいずれも満たす」ものである。

「競馬の払戻金による所得が一時所得に該当するとしても、いわゆる外れ馬券の購入代金が、その年中の一時所得に係る収入を得るため支出した金額（所得税法34条②）に含まれるか否かが問題となる余地があるが…控訴人による馬券の購入方法は、外れ馬券を含む一連の馬券の購入が一体の経済活動の実態を有するものとはいえず、購入した馬券の中に外れ馬券が含まれることを当然に予定した網羅的な買い方であるとは認められないから、外れ馬券の購入代金は、『的中馬券による収入を生じた行為をするため、又はその収入を生じた原因の発生に伴い直接発生した金額』ではなく、したがって、その年中の一時所得に係る収入を得るため支出した金額に含まれない」、として第一審を維持した。

なお、最高裁（最決H30.8.29・TAINSZ888-2199）は、不受理決定をし、高裁判決が確定している。

　この横浜行訴事件地裁判決（横浜地判H28.11.9）について，論者によれば，大阪刑事事件で最高裁（最判H27.3.10）は「『機械的』な購入を『重要な事実』とは認識していず，『大量的』『網羅的』な購入を，その『重要な事実』と判断している」。この点は，稚内行訴事件最高裁判決（最判H29.12.15）も同様である。それにもかかわらず，横浜行訴事件では「『機械的』を『重要な事実』と判断」しており，稚内行訴事件の地裁判決（東京地判H27.5.14）と「同じ誤りを犯した」と酷評される（長島弘，前掲論文，43頁）。

　また，課税庁および裁判所が，原告における馬券購入行為の具体的な態様が不明と指摘する点については，本来課税庁側が「立証責任を負うべき」ところ，納税者側に立証責任を転嫁しており不適当と指摘される（長島弘，前掲論文，43頁）。

　さらに租税訴訟としては当然，雑所得該当性についても判断すべきであること，この点本事案は「一般的な競馬愛好家」という概念が極めて不明確ななかで，「大量的網羅的な馬券購入をして」おり，しかも「一定程度の利益を上げている」ことを考慮すると，「雑所得該当性を有する」と指摘されるところである（長島弘，前掲論文，44頁）。

⑤各事件のまとめ

　以上複数の事件を概観してきた。以下，簡単に整理しておきたい（渡辺充（2018年）「馬券事件を再び考える」『税理』2018年4月号，4頁）。

事実関係	大阪刑事事件	稚内行訴事件		麻布行訴事件	横浜行訴事件
判例	最判H27.3.10 大阪高判H26.5.9 大阪地判H25.5.23	最判H29.12.15 東京高判H28.4.21	東京地判H27.5.14	最決H29.12.20 東京高判H28.9.29 東京地判H28.3.4	最決H30.8.29 東京高判H29.9.28 横浜地判H28.11.9
購入方法	A-PATシステム利用	A-PATシステム利用		A-PATシステム利用	A-PAT＋馬券売場
予想ソフト利用の有無	有（予想ソフトに独自の購入条件を追加設定）	無（独自の予想ノウハウ）		馬主の経験に基づく独自の予想ノウハウを活用	自己開発の競馬予想プログラムと自己判断
事件の特徴	刑事事件，給与所得者	自動購入ソフトを利用せず，レースごとに状況を分析し購入馬券を決定，給与所得者		事業所得性を争った。給与所得と事業所得あり	事業所得性を争った。派遣社員からプログラマーとして独立
対象レース	ほぼすべてのレース	ほぼすべてのレース		1,500～2,000回	2,000～3,000回
馬券購入金額（百万円）	2,870	7,269		279	279
払戻金額（百万円）	3,010	7,838		218	303
収支等差額（百万円）	140	569		△61	24
収支等の特徴	係争年（H19-21）における収支は毎年黒字	係争年（H17-22）における収支は毎年黒字		係争年（H20-22）における収支は毎年赤字	係争年（H21-22）における収支は初年度黒字，翌年度赤字
取引記録の客観性等	馬券購入データが保存されており，馬券の購入回数，頻度等馬券購入行為を客観的に確認可能	馬券購入データが保存されておらず，馬券の購入回数，頻度等馬券購入行為を客観的に確認できない		一連の馬券購入行為の期間，回数や頻度，収支の状況，選定方法，購入馬券の種類や数量など，馬券選定の具体的な態様は不明	コンピュータを駆使して予想的中率を向上させ，かつ，予想的中率にオッズを掛け合わせることで，射倖性の高い馬券の購入方法を採用。ただし，その具体的な態様は不明
所得区分	雑所得	雑所得	一時所得	一時所得	一時所得
外れ馬券の購入代金の取扱い	必要経費に該当	必要経費に該当	収入から控除されない	収入から控除されない	収入から控除されない
納税者の主張	○	○	×	×	×
判示事項の特徴	馬券を自動的に購入するソフトを使用して独自の条件設定等に基づいてインターネットを介して長期間，多数回かつ頻繁に網羅的な購入をして，多額の利益を恒常的に上げてきた。	偶然性の影響を減殺するため，特定の購入パターンに従って，ほぼすべてのレースで馬券を購入し，利益が得られるように工夫しながら馬券を購入し続けており，営利性と継続性がある。	馬券の購入履歴等がなく購入方法は不明であって，馬券を機械的・網羅的に購入していたと認められず，一連の馬券の購入につき，一体の経済的活動の実態は認められない。	払戻金の発生は偶発的で，継続的・確実な利益獲得は困難。また払戻金はJRAに対する労務提供の対価ではなく，対価を得て継続的に行う事業ではない。本件馬券購入行為は一般的な態様である。	馬券購入行為は一般の競馬愛好家による馬券の購入行為と同様で，経済活動の実態はなく，払戻金は非継続，非対価性のものである。

(5) 所得税基本通達の改正について

　国税庁は，最高裁判決を受け所得税基本通達について，以下のとおり，改正を行っている（傍点－筆者）。
「所得税基本通達34-1《法第34条《一時所得》関係》
　次に掲げるようなものに係る所得は，一時所得に該当する。
（ⅱ）競馬の馬券の払戻金，競輪の車券の払戻金等（営利を目的とする継続的行為から生じたものを除く。）
（注）
1　馬券を自動的に購入するソフトウエアを使用して定めた独自の条件設定と計算式に基づき，又は予想の確度の高低と予想が的中した際の配当率の大小の組合せにより定めた購入パターンに従って，偶然性の影響を減殺するために，年間を通じてほぼ全てのレースで馬券を購入するなど，年間を通じての収支で利益が得られるように工夫しながら多数の馬券を購入し続けることにより，年間を通じての収支で多額の利益を上げ，これらの事実により，回収率が馬券の当該購入行為の期間総体として100％を超えるように馬券を購入し続けてきたことが客観的に明らかな場合の競馬の馬券の払戻金に係る所得は，営利を目的とする継続的行為から生じた所得として雑所得に該当する。
2　上記（注）1以外の場合の競馬の馬券の払戻金に係る所得は，一時所得に該当することに留意する。
3　競輪の車券の払戻金等に係る所得についても，競馬の馬券の払戻金に準じて取り扱うことに留意する。」

　この通達が「収支で利益が得られるように」，あるいは「収支で多額の利益を上げ」という「用語を使用して営利性を判定しようとしている」点について，論者によれば，仮に「偶然性の影響を減殺するために，年間を通じてほぼ全てのレースで馬券を購入」していたとしても，「年間を通じての収支で多額の利益を上げていないケース」等については，「営利を目的とする継続的行為から生じた所得として雑所得に該当」しないことになるのか疑問が残る，との批判がなされている（池本征男（2018年）『国税速報』第6524号，26頁）。

事件file **42**

はずれ舟券

📖 事件のゆくえ

数日後，葵と悟が事務所まで雪を訪ねてきた。会議室に案内されながら，悟は小さな声で雪に呟いた。

「今まで競艇の払戻金を申告するなんて知らなかったんです。

ソフトでやり始めたのも，ソフト会社に勤めているので趣味と実益をかねて軽い気持ちでした。初めは勝ったり負けたりでしたが，ソフトの設定を調整していくうちに，3年ぐらい前から勝率がよくなり，みるみる金額が大きくなりました。こんなことになるなら，払戻金のことを最初から誰かに相談すればよかったんですけど。周りは大丈夫って言うものだから。つい…」

と途方に暮れているようであった。とはいえ一緒に悩む余裕はなく，雪はどのような申告になるのかについて，次のような表を示して説明した。

| | ①払戻金合計 | ②舟券購入費用総額 | | | 雑所得 | 一時所得 |
		③全舟券（④＋⑤）	④当たり舟券	⑤はずれ舟券	①－③	①－④
H26年分	4億円	3億円	2千万円	2.8億円	1億円	3.8億円
H27年分	8億円	7.8億円	1千万円	7.7億円	2千万円	7.9億円
H28年分	3億円	2.7億円	5千万円	2.2億円	3千万円	2.5億円
合計	15億円	13.5億円	8千万円	12.7億円	1.5億円	14.2億円

「雑所得ということになれば，合計1.5億円の所得に対して所得税が掛かることになります。3年分に分けて申告するのですが…」

雪が話を続けようにも，悟らは雪が示した表を凝視している。間もなくして，悟が質問した。

「そのぉ…もしも雑所得にならないということになれば，どうなるのですか」

雪は二人の顔を見ながら，ゆっくりと質問に答えた。

「はい。一時所得になると，はずれ舟券購入額を控除できないことになり，合計14.2億円が利益ということになります。一時所得の場合，所得税法22条2項二号の規定に基づいて，この金額から50万円の特別控除額を差し引き所得金額を算出し，その1／2に相当する金額が総所得金額に算入されて

145

課税対象となります。ですので，7.1億円の所得に対して所得税が掛かることになります。

　所得が大きく異なることになり，例えば雑所得として申告しながら一時所得として処分を受けた場合，本税の差額分のみならず，多額の加算税を支払うことにもなりかねません」

　所得の違いの大きさを聞いて，二人の顔から血の気が引いていくのが分かった。日を改めてもよかったのだが，雑所得で申告するのか，あるいは一時所得で行うのかを一刻も早く決めなくてはならない。そこで雪は舟券購入に関してヒアリングを続けることにした。おおよそ，次の3つの事実が判明した。

①対象レースについて

　西日本のすべてのレースを対象にしていたこと。

　その理由は，競艇は平日でもレースを行うためレース数が多いことから，ある程度対象を絞った方が勝率も上がるために，西日本の競艇場に絞り，そこで開催される全レースを対象としてきたこと。

②ソフトの利用と資金の流れについて

　ソフトの設定に関しても過去のデータを分析し，独自に考え出した抽出条件を設定して舟券を自動購入するようにしていたこと。

　払戻金の流れについては，すべて銀行口座を経由しているため明確であること。

③データについて

　ソフトの精度を測定するため，表計算ソフトで採算を把握するとともに過去の舟券購入履歴などの記録に関してもデータとして残しており，舟券購入履歴を客観的な記録として把握することができること。

　そこで雪は過去の裁判例と通達から要件を抽出し，今回の事件にあてはめた表を作成し，これをスケルトンのボードに映し出して説明した。

事件file 42

はずれ舟券

	要件	今回事件へのあてはめ	判定
①	ソフトウェアもしくは特定の購入パターンに基づいて購入していること。	ソフトウェアを用いて，西日本で開催される全レースを対象としている。年間を通じて，利益を上げられるように工夫しながら多数の舟券を購入している。	該当
②	長期間にわたり多数回かつ頻繁に（大量的な）購入していること。	3年間にわたって，過去のデータを分析し，西日本の競艇場のすべての舟券13.5億円分を自動購入しており，長期，多数回，頻繁であり，大量的な購入である。	該当
③	個々の舟券の的中に着目しない網羅的な購入をしていること。	西日本の競艇場のすべての舟券を自動購入しており，網羅的な購入である。	該当
④	偶然性の影響を減殺するために，年間を通じてほぼすべてのレースで舟券を購入することを目標としていること。	西日本のレースのみを対象としているが，西日本で行われるすべてのレースを対象としている。	該当
⑤	年間を通じての収支で利益が得られるように工夫していること。	過去3年間にわたり，毎年，年間を通じての収支で多額の利益を上げてきた。	該当
⑥	回収率が総体として100％を超えるように舟券を選別して購入し続けてきたこと。	年間最大で2千万円から1億円の利益を獲得している。過去3年間の回収率が111％（15億円／13.5億円）と回収率が100％を超えている。	該当
補充的要件	舟券をどのように購入し続けてきたかを客観的に明らかにできること。	ソフトウェアの設定の成果を明らかにするため各レースごとの購入・払戻しに関するデータを保管している。	該当

　このように悟の事例は，大阪刑事事件や稚内行訴事件におおよそ類似しており，また最高裁が提示した要件を充足し，しかも通達の要件にも該当するので，雑所得かつはずれ舟券の購入費用は必要経費として申告できそうだ。雪は舟券払戻金が雑所得に該当する可能性について説明を続けた。

147

「悟さんの場合，特定の購入パターンに従って舟券を購入され，しかも，偶然性の影響を減殺するために，年間を通じて西日本のすべてのレースで舟券を購入されていますね。結果論ですが，年間を通じての収支で利益が得られるように工夫されており，3年間にわたり，13.5億円分の多数の舟券を購入し続けられてきました。このような舟券購入の期間，回数，頻度その他の態様に照らすと，この一連の行為は，継続的行為と言えるでしょう。

これもまた結果論ですが，3年間で1.5億円という利益発生の規模等に鑑みると，3年間で回収率が総体として100％を超えるように舟券を選別して購入されてきました。ですので，これらの一連の行為は，客観的にみて営利を目的とするものであったことになるでしょう。

そうすると，悟さんの本件舟券の払戻金に係る所得は，営利を目的とする継続的行為から生じた所得として，所得税法35条①にいう雑所得にあたることになります」

雪は一息ついて，続いて必要経費該当性についても説明をした。

「今ご説明したとおり，悟さんは偶然性の影響を減殺するため，3年という長期間にわたって，多数の舟券を頻繁に購入することにより，年間を通じての収支で利益が得られるように継続的に舟券を購入されており，そのような一連の舟券の購入により利益を得るためには，はずれ舟券の購入は不可避です。

このような事情がある場合，本件はずれ舟券の購入代金は，雑所得である当たり舟券の払戻金を得るため直接に要した費用として，所得税法37条①にいう必要経費にあたることになります」

雑所得として期限後申告をするとしても，巨額の所得税額になることに違いはない。それでも雑所得の申告でよければ，高級スポーツカーやコンドミニアムを買うために払戻金を貯めていたので，その程度の納税資金であればなんとか工面できそうである。そう思うと，悟らの緊張はやわらいだ。

「これからは，きちんと申告していきましょうね。そうすれば安心して，さらに稼げるようになりますよ」

「雪，そんなに博打を応援するのはやめてよ。いつまで続くことやら，不安で仕方ないんやから。ちゃんと働いてもらわないと，ね」

葵が言葉を返した。

安堵の沈黙がしばし続いたところに，会議室の扉がノックされた。

「はい。どうぞ」

　入ってきたのは，沙也加と藍子の二人だった。

「先輩。どうされたんですか」

　そう訊ねる雪に沙也加がいつもより，さらに優しく話しかけた。

「難しい問題に直面しているようね。真生先生から聞いたわ。結論を出す前に，もう少しみんなで考えましょう。今後の対策も含めて。この問題は事務所の存亡にかかわることにもなりかねないし，ね」

　藍子が説明を加えた。

「払戻金の総額や利益の捻出状況を考慮すると，何より今回は，西日本に限定していることがネックね。それといずれも競馬の事件で，競艇の事件ではないことね。もちろん，通達では『等』に含まれるのでしょうけれど」

　藍子が説明を続けた。

「麻布行訴事件の東京地裁判決は，すべての土日に馬券を購入し，払戻しを受け，購入金額や払戻金額が多額であり，年単位で購入回数が1,500回から2,000回，払戻金獲得回数が100回から200回であったとしても，一般的な馬券購入行為が連続して多数回行われたというものにすぎず，馬券購入行為は一般的な馬券購入行為と質的に同様と判示していて…。

　他方，雑所得該当性が認められた大阪刑事事件や稚内行訴事件，通達の注書は『ほぼ全てのレース』が対象となっているでしょ。

　仮に競馬におけるほぼ全てのレースと，競艇における西日本の全レースとが数量的に同等としても，国内における競艇の全レースと比較すると，1／2にすぎないことは一目瞭然。そうなると，今回のケースは競艇の世界においては，ほぼ全てのレースとまでは簡単には言い切れないと思うわ。

　まずは競馬と競艇の実態から相違点を模索して，競艇の世界では西日本の全レースを対象とすれば，最高裁判例や通達のほぼ全てのレースに匹敵すると言える根拠を探す必要があるわね」

　今度は沙也加が説明を始めた。

「そうね。同様のことは，金額についても言えるわね。競馬の世界では経済的行為に該当する取引金額あるいはその取引規模が，競艇の世界でもただちに経済的行為に該当するかどうかは分からないので，その検証も必要になる

わね。
　それに今回のお尋ねは平成26年分，27年分，28年分ということですが，その後の今日に至るまでの取引内容や結果も検証する必要があるわね。29年以降の申告のこともあるし」
　ようやく雪が口を開いた。
「ありがとうございます。判例によく似ているからと言っても，飛びついてはダメなのですね」
　少し落ち込み気味の雪に，葵が声を掛けた。
「雪ちゃん，競艇や競馬のことは悟のパパが熟知してるから，なんでも教えてもらえるわ。彼のパパはあの大日本財団の常務理事なの。だから安心して」
　と言われても，雪には今一つよく理解できていないようである。代わりに藍子が答えた。
「そうなんですか。それはとても心強いですね」
　藍子はかねてより大日本財団に関心を抱いていた。ボートレースの売上金の約2.8％をその活動資金として受け入れ「みんなが，みんなを支える社会」を標榜し子供たちをサポートするプログラム等を展開しながら，さまざまな噂が絶えない組織だからである。藍子は話を続けた。
「では悟さん。お父さまにお話をお伺いに行くことにもなるかもしれませんが，よろしいですか。競馬もそうですけど，競艇にもたくさんの愛好家がおられるでしょう。この機会に競艇愛好家が安心してボートレースを楽しみ，舟券に投資できるような仕組みを作りましょうよ。あの財団も巻き込んで」
　あまりの急展開に悟は黙したままだったが，ようやく口を開いた。
「父に伝えておきます」
「今回の事件はおそらく，とても長い道のりになると思いますが，一歩ずつ前進していきましょう。そう，みんなで。
　仮に訴訟になったとしても，弁護団等の資金的な問題は簡単にクリアできることでしょう」
　沙也加の言葉に，全員が頷いた。
「では，まずは美味しいものを食べて英気を養いましょう。それと訴訟のこともあるので，早い段階から，うちらが信頼する弁護士に相談に乗ってもらうのでいいですか」

そう言うと藍子は，真生や弁護士の陽子も誘って全員で【URA】へ出かけることにした。あの財団と関わるのであれば，自分たちの手に余ることもあろうから，真生と陽子にも頼らざるを得ない。

　アルコールが相当進んだ頃，雪は藍子に促され，葵の耳元でかすかな声で囁いた。

「でもね，万が一の時，彼は自己破産になる可能性もあるわよ。葵の人生なんだから，よくよく考えた方がいいわ。第一審でうまく勝訴しても，逆転することも十分考えられるからね。それに訴訟となれば，かなりの長い時間が掛かると思うわ」

　葵が雪に言葉を返そうとした時，悟が戻ってきた。二人はそれ以上語り合うことのないまま，秋の夜が更けていった。

事件file 43

止められた役員賞与

控訴審：東京高裁平成25年3月14日判決・訟月59巻12号3217頁
第一審：東京地裁平成24年10月9日判決・訟月59巻12号3182頁

事件のいきさつ

　株式会社ニシヤマは，大手の株式会社名古屋自動車の下請会社として，自動車の内装部品加工を手がける会社である。沙也加は決算日を控えたニシヤマ社の西山社長を訪れた。
「沙也加先生，こんにちは。ちょうどよかった。昨日，丹波の親戚から丹波栗と紫ずきんが届いたんで，持って帰って」
「紫ずきんって何ですか？」
「京都でしか作られていない丹波黒大豆の枝豆で9月中旬頃からしか出てこないんだ。大粒で甘みがあって最高だよ」
「ありがとうございます。いただいて帰ります。ところで，西山社長，当年度も安定した業績になりそうですね」
「当期はまぁ，それまでの利益の蓄積があるからいいものの，来期からは引き締めないと」
　沙也加の言葉に対して，西山は浮かない表情のままだった。その事情はすでに聞いていた。この2期間当社に利益をもたらしていたハイブリッド車のペガサス製造が海外に移管され，そのライン停止により業績悪化を余儀なくされそうとのことであった。
「ペガサス用のラインの後はどうなりましたか？」
「今春モデルチェンジしたウィングという車種の内装部品加工を受注したんやけど，利益は薄いわ。まぁ，生産ラインを止めるよりはましかとも思うんやけど。そんなわけやから，9月末に予定していた取締役3人の決算賞与300万円はなしにしようと思ってるんだよ」
「ちょっと待ってください！」
　途中まで黙って聞いていた沙也加は驚いて西山の話を止めた。

「この1年間取締役3人に対して12月10日に600万円，6月10日に600万円，9月30日に300万円支払うって，去年の11月に税務署へ届け出してますよ」
「知ってるよ。『事前確定届出給与』ってやつやろ？」
「届出どおり支払わないと役員の賞与は税務上損金として認められないんですよ」
「それは仕方ないよ。9月30日分は実際に支払わないんだから。役員自身がまず危機意識を持たないと」
　沙也加は大きく手を左右に振った。
「いえいえ，9月30日に支払わない300万円だけでなく，実際に支給した冬の賞与600万円と夏の賞与600万円も損金になりませんよ」
「えっ，そうなん？　でも，冬と夏は届出どおりちゃんと支給しているのに，それはおかしいんとちゃうんやろか」
「こういうことですね」
　そう言うと沙也加は次のような図を描いた。

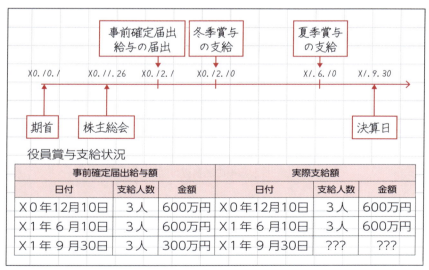

役員賞与支給状況

事前確定届出給与額			実際支給額		
日付	支給人数	金額	日付	支給人数	金額
X0年12月10日	3人	600万円	X0年12月10日	3人	600万円
X1年6月10日	3人	600万円	X1年6月10日	3人	600万円
X1年9月30日	3人	300万円	X1年9月30日	???	???

「そぉや」
　西山のその生返事に答えるように，事前届出どおりに役員賞与が支払われなかったため，他の賞与の損金算入が否認された事案について説明を始めた。

関連事件を学ぶ

(1)事案の概要

　納税者Ｘ社は，平成20年12月に課税庁Ｙに対し，事前確定届出給与に関する届出をした。平成20年12月の冬季賞与は当該届出のとおり，代表者Ｘ１に500万円と取締役Ｘ２に200万円が支給された。平成21年７月の夏季賞与は業績の悪化を理由に臨時株主総会により減額の決議がなされ，代表者Ｘ１には届出額500万円に対して250万円が，取締役Ｘ２には届出額200万円に対して100万円が実際に支給された。

　納税者Ｘ社は，夏季賞与に関して事前確定届出給与に関する届出額と実際の支給額が異なることから損金算入をしなかったが，冬季賞与に関しては届出額と実際支給額が一致しているため，損金の額に算入し法人税の確定申告を行った。

　これに対し課税庁Ｙは，当該冬季賞与は事前確定届出給与に該当せず損金の額に算入されない，として法人税の更正処分等を行った。これに対して納税者Ｘ社が取消しを請求した事件である。

役員賞与支給状況

事前確定届出給与額			実際支給額		
日付	支給人数	金額	日付	支給人数	金額
平成20年12月	2人	700万円	平成20年12月	2人	700万円
平成21年７月	2人	700万円	平成21年７月	2人	350万円

⑵当事者の主張

①納税者Ｘ社の主張

役員賞与について職務執行期間中に複数回支給がされた場合には，当該役員賞与の支給が所轄税務署長に届け出された事前の定めのとおりなされたか否かは，個々の支給ごとに判定すべきである。夏季賞与350万円は，事前の定めどおりに支給されておらず事前確定届出給与に該当しないが，冬季賞与700万円の支給は，事前の定めどおりに支給されたので事前確定届出給与に該当する。

②課税庁Ｙの主張

役員給与は定時株主総会から次の定時株主総会までの間の職務執行期間中の役員の職務執行の対価である。したがって，役員賞与について職務執行期間中に複数回の支給がされた場合には，当該役員賞与の支給が事前届出のとおりになされたか否かは，職務執行期間を一つの単位として判定すべきである。

当該役員賞与は，職務執行期間に係るすべての支給が事前の定めのとおりにされたときに初めて事前確定届出給与に該当する。本件夏季賞与の350万円の支給は事前の定めどおり支給していないから，本件冬季賞与は事前確定届出給与に該当しない。

⑶東京高裁（平成25年３月14日判決・訟月59巻12号3217頁）の判示事項

控訴審は，法人税法34条①二号で事前確定届出給与を定めている趣旨について，「事前に支給時期および支給額が株主総会等において確定的に定められ，その届出がされた給与については，給与の支給額をほしいままに決定し，法人税の課税を回避する弊害がないため，これを損金に算入することを認めたものである。」

その上で，「企業活動の結果，事前に確定した額の給与を支給することを相当としない事態も生じ得るが，そのような場合について，何らの手続を要しないまま損金算入を許せば，事前確定届出給与制度を設けた趣旨を没却することになるから，法人税法施行令69条③は，一定の事由（臨時改定事由および業績悪化改定事由）に該当する場合，変更届出をすることによって，支給額を変更した上で損金算入することを…認めている」と判示したのである。

　このような事前確定届出給与を定めた法人税法と変更の場合の手続を定めた同法施行令の趣旨からすれば，「所定の手続を経ることなく減額支給された事前確定届出給与を損金算入することはできない」と結論づけた。
　さらに第一審での判決結果および理由を全面的に支持した上で，納税者X社が支給した夏季賞与は所定の手続を取らず減額支給されており，冬季賞与を含む本件の役員賞与は事前確定届出給与に該当しないとして，納税者X社の控訴を棄却した。

関係条文を読む

(1) 法人税法34条①《役員給与の損金不算入》
　内国法人がその役員に対して支給する給与…のうち次に掲げる給与のいずれにも該当しないものの額は，その内国法人の各事業年度の所得の金額の計算上，損金の額に算入しない。
　　一　その支給時期が1月以下の一定の期間ごとである給与で当該事業年度の各支給時期における支給額が同額であるものその他これに準ずるものとして政令で定める給与
　　二　その役員の職務につき所定の時期に，確定額を支給する旨の定めに基づいて支給する給与

(2) 法人税法施行令69条《定期同額給与の範囲等》
① 法34条①一号（役員給与の損金不算入）に規定する政令で定める給与は，次に掲げる給与とする。
　　一　…定期給与…で，次に掲げる改定…がされた場合における…各支給時期における支給額が同額であるもの
　　　イ　…3月経過日等…まで…にされた定期給与の額の改定
　　　ロ　…役員の職制上の地位の変更，その役員の職務の内容の重大な変更その他これらに類するやむを得ない事情（…「臨時改定事由」…）によりされたこれらの役員に係る定期給与の額の改定…
　　　ハ　当該事業年度において当該内国法人の経営の状況が著しく悪化したことその他これに類する理由（…「業績悪化改定事由」…）によりされた定期給与の額の改定…
⑤ 法34条①二号に規定する定めに基づいて支給する給与につき…当該直前届出に係る定めの内容を変更する場合において，その変更が次の各号に掲げる事由に基因するものであるとき…は，当該変更後の同条①二号に規定する定めの内容に関する届出は，…当該各号に掲げる事由の区分に応じ当該各号に定める日…までに，財務省令で定める事項を記載した書類をもつてしなければならない。
　　一　臨時改定事由　当該臨時改定事由が生じた日から1月を経過する日

二　業績悪化改定事由　当該業績悪化改定事由によりその定めの内容の変更に関する株主総会等の決議をした日から1月を経過する日

主要論点について考える

(1)下級審判例を読む

――第一審（東京地裁平成24年10月9日・訟月59巻12号3182頁）の判示事項――

　第一審は，役員の職務期間中に複数回にわたる支給がされた場合の役員賞与の支給が所轄税務署長に届出がされた事前の定めのとおりにされたことの判定については，特別の事情がない限り，個々の支給ごとではなく，当該職務期間の全期間を一個の単位として判定すべきであるとした。

　その理由として，取締役の報酬および賞与について定款にその額を定めていないため株主総会の決議によって定める場合，「毎事業年度の終了後一定の時期に招集される定時株主総会の決議により，つぎの定時株主総会までの間の取締役の給与の支給時期および支給額が定められるのが一般的である」。

　また，「その役員の職務につき所定の時期に確定額を支給する旨の事前の定めに基づいて支給する給与は，特別の事情がない限り，当該役員給与に係る職務執行期間の全期間の当該役員の職務執行の対価として一体的に定められたものである」。

　したがって，役員賞与が事前の定めに基づいて，ある「職務執行期間中に複数回にわたる支給がされた場合であっても，当該役員給与の支給が…届出がされた事前の定めのとおりにされたか否かは，上記特別の事情がない限り，個々の支給ごとに判定すべきものではなく，当該職務執行期間の全期間を一個の単位として判定すべきものであるとするのが，事前の定めを定めた株主総会の決議の趣旨に客観的に適合し相当である」と判示した。

　以上より，納税者X社の支給した夏季賞与は届出とおりの支給がなされておらず，冬季賞与も事前確定給与に該当しないとしてその請求を棄却した。

(2)複数回支給の場合の事前確定届出給与

　本件は，事前確定届出給与の支給が複数回ある場合にいずれかの給与について届出額と異なる金額が支給された場合は，他の事前確定届出給与の届出に従った給与も損金不算入となるのかが争われた事案である。

　役員賞与に関して損金算入を安易に認めることは課税の公平性に問題があるため定期同額給与（法人税法34条①一号）のほか事前の定めにより役員給与の支給の恣意性が排除される事前確定届出給与（法人税法34条①二号）について損金算入が認められる。

　役員賞与も本件のように従業員の賞与支給時期に合わせて夏季と冬季に賞与を支給する例があるが，このように役員賞与が複数回支給される場合に，すべてが届出どおり支給されないと複数回すべての支給が事前確定届出給与とならないか，届出どおり支給されなかった分だけの役員賞与が事前確定届出給与とならないかが争点となった。

　第一審も控訴審も，全期間の職務執行の対価として一体的に判断すべきとして損金算入

を否定しXの請求を退けた。

(3) 法人税基本通達9−2−13

業績悪化改定事由（経営の状況の著しい悪化に類する理由）についての法人税基本通達は次のとおりである。

「令69条①一号ハ《定期同額給与の範囲等》に規定する《経営の状況が著しく悪化したことその他これに類する理由》とは，経営状況が著しく悪化したことなどやむを得ず役員給与を減額せざるを得ない事情があることをいうのであるから，法人の一時的な資金繰りの都合や単に業績目標値に達しなかったことなどはこれに含まれないことに留意する。」

(4) 業績悪化改定事由について

業績悪化改定事由について，次のとおり，国税庁から公表されている「役員給与に関するＱ＆Ａ」（2008年12月，2012年4月改訂）に詳しい。経営遂行上直面する場面が少なくないので，ここに紹介しておこう。

「業績悪化改定事由については，財務諸表の数値が相当程度悪化したことや倒産の危機に瀕したことだけではなく，経営状況の悪化に伴い，第三者である利害関係者（株主，債権者，取引先等）との関係上，役員給与の額を減額せざるを得ない事情が生じている場合も含まれる。

例えば，次のような場合の減額改定は，通常，業績悪化改定事由による改定に該当する。

① 株主との関係上，業績や財務状況の悪化についての役員としての経営上の責任から役員給与の額を減額せざるを得ない場合
② 取引銀行との間で行われる借入金返済のリスケジュールの協議において，役員給与の額を減額せざるを得ない場合
③ 業績や財務状況又は資金繰りが悪化したため，取引先等の利害関係者からの信用を維持・確保する必要性から，経営状況の改善を図るための計画が策定され，これに役員給与の額の減額が盛り込まれた場合」

さらに次のような説明が付加されている。

「①については，株主が不特定多数の者からなる法人であれば，業績等の悪化が直ちに役員の評価に影響を与えるのが一般的であるので，通常はこのような法人が業績等の悪化に対応して行う減額改定がこれに該当する。

同族会社のように株主が少数の者で占められ，かつ，役員の一部の者が株主である場合や株主と役員が親族関係にあるような会社については，役員給与の額を減額せざるを得ない客観的かつ特別の事情を具体的に説明できる必要がある。

②については，取引銀行との協議状況等により，これに該当することが判断できる。

③に該当するかどうかについては，その策定された経営状況の改善を図るための計画によって判断できる。この場合，その計画は取引先等の利害関係者からの信用を維持・確保することを目的として策定されるものであるので，利害関係者から開示等の求めがあればこれに応じられるものということになる。

さらにこれら3事例以外の場合であっても，経営状況の悪化に伴い，第三者である利害関係者との関係上，役員給与の額を減額せざるを得ない事情があるときには，減額改定を

したことにより支給する役員給与は定期同額給与に該当する。この場合，役員給与の額を減額せざるを得ない客観的な事情を具体的に説明できる必要がある。

　なお，業績や財務状況，資金繰りの悪化といった事実が生じていたとしても，利益調整のみを目的として減額改定を行う場合には，業績悪化改定事由に該当しない。」

　以上のとおりである。

🗒 事件のゆくえ

「そうなんか」

　沙也加の説明を一通り聞いて西山は声を漏らした。

「法人税法施行令69条⑤にあるように，業績悪化などを理由として支給額を変更する場合に税務署に変更届を提出して支給額を変更することが認められています。でもこれは経営状況が著しく悪化した場合などです。御社はこのケースにはあたりません」

　沙也加は業績悪化改定事由について，法人税基本通達9−2−13や国税庁から公表されている「役員給与に関するＱ＆Ａ」を紹介しながら，説明を続けた。

「どうしたもんやろか」

　西山は何とも困った表情を浮かべた。

「社長が今回決算賞与を見送るのは，会社のコスト削減を役員が率先して示すためですよね。今回の場合は税金コストを考えると，9月の決算賞与を支給した方がかえってコスト削減になりますよ。このとおりです」

　そう言うと，沙也加は簡単な式を書いて見せた。

1,200万円の役員賞与加算 × 実効税率30%＝360万円の税金増

　　　　　　　　　　　　　　＞300万円の賞与支給

「なるほどなぁ。ほな，9月末の決算賞与は予定どおり支給することにして，その後の経営会議で役員に会社の置かれた状況と今後の課題をしっかり話し合うわ。今こそ長年培ったニシヤマの信用と技術力を思う存分発揮する時やしな」

「そうですよ。がんばりましょう！」

「先生。ちなみに，私の賞与だけを支払わなかったら他の役員の賞与も損金として認められなくなるもんやの」
「そうはなりません。役員の賞与は個々の役員ごとに定めるものなので，社長以外の役員賞与は損金として認められます」
「役員は従業員に，自分は社長として役員らに，それぞれの覚悟を示すべきや。だから，今回は税金の問題ではなくケジメとして，自分の賞与はカットするわ」
「社長の覚悟は私にも伝わってきました。新しい年度も，しっかりとサポートさせていただきます。ただ従業員の立場からすれば，社長一人の賞与をカットすると言っても年俸が違いすぎるので，社長が思うほどのインパクトはないでしょう。ですので税金コストを掛けず，もっと効果的で前向きな方法を検討しませんか？」
「そんなことまで相談に乗ってもらえるんか」
「もちろんです。ただ私よりも，真生の方がよりいいアイデアを持っていると思います。明日なら真生が事務所におりますので，夕方，車を置いてお越しになられませんか。社長の好きなバローロを用意しておきますわ。2013年のでいいですね」
　そう言いながら真っ赤な車に乗り込む沙也加を，西山は笑顔で見送った。

　翌日の夕方，沙也加は事務所の玄関で西山を出迎えた。
「ようこそおいでください…」
　そう言いかけたところ，彼の後ろを見知らぬ男性がついてきた。不審者にも見えず，クライアントやその関係者でもない。もちろん，営業の類いでもなさそうだ。どちらかと言うとやつれていて，沙也加の目には背後を気にしつつ何かに怯えているように映った。
「いかがなされましたか」
　西山が事務所に入ったのを見届けて，沙也加は玄関の前に立ち塞がった。真生ほどではないが，彼から長年合気道を習いそれなりに嗜みはある。
「突然訪ねてしまい，すみません。真生先生はいらっしゃいますか」
　男は丁寧に礼をすると，名刺と身分証を出した。危険人物ではなさそうである。名刺には，件の高倉が勤める「株式会社民自興業」の経理担当者「錦

事件file 43

止められた役員賞与

田」と記されている。聞くと，除却した大型IT機器の横流しを理由に，業務上横領の罪で逮捕された三条経理部長の部下とのことである。

　目の前の男がさらに何かを話し出そうとしたが，沙也加はそれを制止した。
「玄関では目立ちます。なかにどうぞ」
　沙也加はひとまず信じることとし，事務所のなかに招き入れた。その様子を真生は監視カメラで見ていた。真生が男を中庭で出迎えるや否や，彼は訴えかけた。
「部長はそんなことする人ではありません。罠にはめられたんです！」
　その口調と突然の内容に，さすがの真生も驚かされた。経理部長の三条は，すでに海外関連会社について内密に調べ始めていた。彼はそのことと今回の横領事件が強く関係していると確信していたようである。
　錦田は無言で真生に書類を手渡した。三条が自分に何かあった時のため彼に託したのだろう。封を開けると，インターネット上の口座の取引記録を基に，流出した仮想通貨の行方を分析した資料のようである。簡単な手書きの図が描かれている。恐らく海外関連会社を利用した粉飾かマネーロンダリングか，何らかの犯罪の証拠に繋がるカギなのだろう。裏面の端には，1TBものMicroSDカードが貼り付けてある。真生は今すぐにでも中身を確認したい気持ちを抑えて，とりあえず彼を帰すとともに，スマホにそのチップを差し込みながら西山が待つ部屋に向かった。

事件file 44

過払い源泉税を確定申告で取り戻す

上告審：最高裁平成4年2月18日判決・民集46巻2号77頁
控訴審：名古屋高裁平成2年6月28日判決・民集46巻2号107頁
第一審：名古屋地裁平成元年10月20日判決・民集46巻2号88頁

📖 事件のいきさつ

「サイレイヤ〜サイリョウ！」

男衆の威勢のよい掛け声が響きわたるなか，真っ赤に燃え上がる大きなたいまつが，次々と運ばれていく勇壮な光景に藍子は圧倒されていた。

「すごい迫力ね！」

雪もたいまつを目の当たりにして思わず声を上げた。

「ほんと熱気で肌が焦げてしまいそう！」

二人は，同じ日に京都市内で行われる時代祭を観覧し，その流れで鞍馬まで足を延ばしてきていた。鞍馬の火祭は毎年10月22日の夜に行われる京都三大奇祭の一つで，世情不安を鎮めるため，平安末期に祭神を京都御所から北方の守護として鞍馬の里に移した時の模様を現在に伝えると言われている。

暗闇のなか，たいまつの火でかすかにお互いの顔が見える程度であったが，藍子がふと横に目をやると何となく見覚えのある男性がいた。

「あれぇ。江藤君じゃない」

中学時代の同級生であった。

「あ！　藍ちゃん!?　こんなところで会うとは…久しぶりやなぁ」

しばらく昔話に花が咲き，せっかくの機会だからということで，藍子らと江藤，その友人の4名で【URA】に出かけることにした。シェフが2チーム制とかで，深夜まで営業しているのがありがたい。藍子が公認会計士になったことを聞いた江藤は，ふと思い出したように，

「藍子先生」

ワイングラスを置いて，まじめな顔で藍子を見つめた。

「どうしたのよ，急に」

「ちょっとだけ，まじめな話を聞いてくれへんか？」

「いいわよ。恋愛とお金の話じゃなければどうぞ」

　藍子は，軽く返事した。

「微妙やなぁ。実はつい最近，税務署から会社にぼくの個人の申告について問合せが来たんや。といっても全く納得いかなくて。毎月給料から天引きされる源泉税ってあるやろ。その天引きされた金額を基に確定申告しているのに，税金が少ないって言うとんねん」

「そうなん。会社に経理部とかあるんでしょ。聞いてみればいいじゃない」

「それがなぁ。何か頼りなくて…一度相談に乗ってくれへんかなぁ？」

「ふふっ，私の仕事，結構高いけどいいのかしら。冗談はさておき，今日はアルコール入ってるし，明日，事務所に来てよ」

　そう言うと藍子は名刺を江藤に渡した。

　翌日約束どおり，江藤が事務所に現れた。改めて聞くと，彼は健康食品系の通信販売会社を起業したそうで，なんと年商100億円ほどにまで成長させたらしい。

「実業家なのね。すばらしいわぁ」

　江藤は藍子の言葉を笑顔で聞き流しながら，バッグから書類の入ったファイルを取り出した。

「さっそくやけど，これを見てくれるかな」

　藍子は彼の源泉徴収票と給与明細に目をやった。年俸は1億円を超えていた。

「さすが江藤君，すごい報酬ね」

「そうかなぁ。それより何で，これがダメなんだろう」

　少し照れた表情を浮かべる江藤を横目に，藍子は電卓を取り出し，江藤の給与所得から源泉税額を計算してみた。

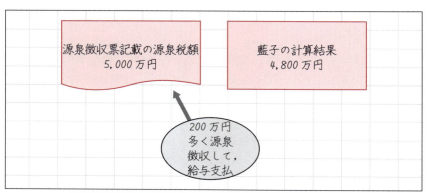

「なるほど，200万円ほど多めに源泉徴収されているわね」

「そうなんだ。毎月の源泉徴収は，従業員の分も含めて税務担当者が計算しているし，自分自身の確定申告も彼らに任せているから，実はよく分かってないんだけど，話を聞いてみると，誤った税率を使って源泉所得税の額を多めに計算していたらしいんだ」

藍子は確定申告書を確認した。

「この源泉税額5,000万円を確定申告書の『源泉徴収をされた又はされるべき所得税の額』の欄に記載して，確定申告したということね」

「そうだよ。実際に源泉徴収された金額を書くのは当たり前じゃないのかな。そうしないと，先に支払った税金と確定申告の計算結果が矛盾することになるよね」

「気持ちは分かるけど，それはちょっと違うのよね。確かに源泉所得税は税金の前払い的な性格もあるのだけど，申告所得税とは別の独立した制度になっているの」

「えっ，どういうこと？」

「源泉所得税は国と会社（給与支払者）との関係の制度で，申告所得税は国と受給者との関係で税金を申告する制度だから，それぞれ過不足なく税額を算定しないといけないのよ」

そう言うと，藍子は概略図を江藤に描き示しながら，源泉所得税と申告所得税との関係性について言及した最高裁の判例を思い出していた。

事件 file 44

過払い源泉税を確定申告で取り戻す

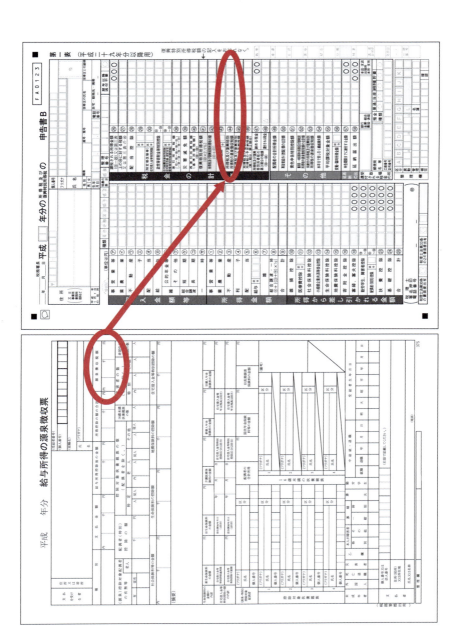

165

📖 関連事件を学ぶ

(1) 事案の概要

納税者Xは，支払者A社により，誤って過大な所得税の源泉徴収をされた。Xは，所得税の額から当該誤徴収額を控除して確定申告を行ったところ，課税庁Yが還付金額を減額する更正処分等をしたため，XがYの更正処分等の取消しを求めた事案である。

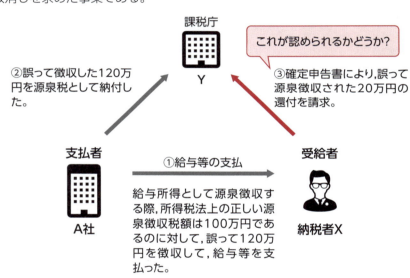

(2) 当事者の主張

① 納税者Xの主張

誤って過大な源泉徴収の納付があった場合に，過大部分をYがA社に対して還付加算金を付けて還付し，A社がこれをXに追加支払をし，さらにXが正しい源泉税額により改めて確定申告をすべきであるということは，結果的に申告所得税額に差異を生じないにもかかわらず，いたずらに手続を複雑にするだけである。

もともと源泉徴収の制度は，所得税の徴税手続を簡略化して徴税費を節約し，徴税の時期を早めるために考案されて採用されたものであり，所詮徴税の便宜のための制度にすぎないのであるから，本件のような場合には，原告

らにおいて，すでになされた源泉徴収，納付の結果を援用するという便宜的取扱いも許されてしかるべきである。

②課税庁Ｙの主張

源泉所得税と申告所得税との間には法律上の同一性がないのであるから，申告所得税の計算にあたって両者の間の精算調整をする余地はなく，Ｘの便宜的取扱いを許容することはできない。

⑶最高裁（平成４年２月18日判決・民集46巻２号77頁）の判示事項

源泉所得税の徴収・納付に係る過不足があった場合に，確定申告を通じての精算はできないことを明示した初めての最高裁判例である。

①「源泉徴収をされた又はされるべき所得税の額」について

所得税法（第２編第１章ないし第３章）によると，居住者に対して課される所得税の額（以下「算出所得税額」という）は，一暦年間におけるすべての所得の金額を総合して課税総所得金額等を計算したうえで，これに所定の税率等を適用して算出するものとされている。

そして，各種所得について「源泉徴収をされた又はされるべき所得税の額」がある場合には，これを算出所得税額から控除して納付すべき所得税の額を計算するが（120条①五号），控除しきれなかった金額があるときは，その金額に相当する所得税の還付を受けることができるものとされている（同①六号，138条）。

この「源泉徴収をされた又はされるべき所得税の額」について，本判決では「所得税法の源泉徴収の規定…に基づき正当に徴収をされた又はされるべき所得税の額を意味するもの」とした上で，「給与その他の所得についてその支払者がした所得税の源泉徴収に誤りがある場合に，その受給者が，右確定申告の手続において，支払者が誤って徴収した金額を算出所得税額から控除し又は右誤徴収額の全部若しくは一部の還付を受けることはできない」と判示した。

②源泉所得税の徴収・納付に誤りがある場合の手続

所得税法上，源泉徴収による所得税（以下「源泉所得税」という）について徴収・納付の義務を負う者は源泉徴収の対象となるべき所得の支払者とされていることから，源泉所得税の納税義務は，「受給者に係る申告所得税の納

税義務とは別個のものとして成立，確定し，これと並存するもの」とされている。

その上で，源泉所得税の徴収・納付に誤りがある場合には，支払者は国に対し当該誤納金の還付を請求することができる（国税通則法56条）とともに，「受給者は，何ら特別の手続を経ることを要せず直ちに支払者に対し，本来の債務の一部不履行を理由として，誤って徴収された金額の支払を直接に請求することができる」と判示した。

③源泉所得税と申告所得税の非同一性

上記①②で示したように，所得税法等においては「源泉所得税と申告所得税との各租税債務の間には同一性がなく，源泉所得税の納税に関しては，国と法律関係を有するのは支払者のみで，受給者との間には直接の法律関係を生じないものとされている」と改めて源泉所得税と申告所得税との非同一性が強調されている。

その前提で，申告により納付すべき税額の計算にあたり考慮される「源泉徴収をされた又はされるべき所得税の額」は，飽くまでも「源泉徴収の規定に基づき徴収すべきものとされている所得税の額」であるとし，「これにより源泉徴収制度との調整を図る趣旨のものと解される」と判示した。

④確定申告における源泉所得税の徴収・納付における過不足の精算の可否

上述③の源泉所得税と申告所得税の非同一性を前提として，申告所得税の計算にあたり「源泉所得税の徴収・納付における過不足の清算（原文のママ）を行うことは，所得税法の予定するところではない」とされた。

⑤受給者の権利救済について

給与等の支払いを受けるにあたり誤って源泉徴収をされた受給者は，「その不足分を即時かつ直接に支払者に請求して追加支払を受ければ足りるのであるから，右のように解しても，その者の権利救済上支障は生じない」とされた。

関係条文を読む

(1)所得税法120条①《確定所得申告》

居住者は…その年の翌年2月16日から3月15日までの期間…において，税務署長に対し，

次に掲げる事項を記載した申告書を提出しなければならない。

　　五　…各種所得につき源泉徴収をされた又はされるべき所得税の額…「源泉徴収税額」
　　　　…がある場合には，三に掲げる所得税の額からその源泉徴収税額を控除した金額
　　六　前号に掲げる金額の計算上控除しきれなかつた源泉徴収税額がある場合には，その
　　　　控除しきれなかつた金額

⑵所得税法138条①《源泉徴収税額等の還付》

　確定申告書の提出があつた場合において，当該申告書に120条①四号若しくは六号（源泉徴収税額等の控除不足額）又は123条②六号若しくは七号（源泉徴収税額等）に掲げる金額の記載があるときは，税務署長は，当該申告書を提出した者に対し，当該金額に相当する所得税を還付する。

⑶所得税法183条①《源泉徴収義務》

　居住者に対し国内において…給与等…の支払をする者は，その支払の際，その給与等について所得税を徴収し，その徴収の日の属する月の翌月10日までに，これを国に納付しなければならない。

⑷所得税法221条《源泉徴収に係る所得税の徴収》

　…所得税を徴収して納付すべき者がその所得税を納付しなかつたときは，税務署長は，その所得税をその者から徴収する。

⑸国税通則法2条《定義》

　この法律において，次の各号に掲げる用語の意義は，当該各号に定めるところによる。

　　五　　納税者　国税に関する法律の規定により国税…を納める義務がある者…及び源泉
　　　　徴収による国税を徴収して国に納付しなければならない者をいう。

⑹国税通則法56条①《還付》

　…税務署長…は，還付金又は国税に係る過誤納金（以下「還付金等」という。）があるときは，遅滞なく，金銭で還付しなければならない。

主要論点について考える

⑴下級審判例を読む

　——**第一審（名古屋地判平成元年10月20日・民集46巻2号88頁）および控訴審（名古屋高判平成2年6月28日・民集46巻2号107頁）**——

　控訴審では，納税者Xから以下の追加的な主張がなされている。すなわち，「給与の受給者には，源泉徴収されるべき所得税の額について，その支払者と協議する機会が与えられておらず，また，現実に源泉徴収された所得税の額以外に『徴収されるべき所得税の額』を知り得る機会もない」。

　したがって，「控訴人らが原審において主張した便宜的取扱い，すなわち，支払者によつて現実になされた源泉徴収，納付の過不足を，受給者において確定申告をする際に精算調整することを認める取扱いは許されるべき」である。

　この主張に対して，控訴審は以下の理由から納税者Xの主張を退け，控訴棄却とした。
　そもそも，「所得税の源泉徴収は，所得税法等法令の定めるところに従つて画一的に処理されるべきものであり…支払者の徴収すべき受給者の所得税の額は法律上当然に決定されるもの」であり，「受給者に支払者と協議する機会が与えられていないのは制度の仕組上当然」である。
　また，「受給者は，給与等の支払時期に源泉徴収された所得税の額が記載された給与明細書の交付を受け，これを所得税法等に照らして検討すること」ができる。
　さらに第一審と同様に，「源泉徴収の場面における課税権者たる国と徴収義務者たる支払者との間の法律関係と，申告納税の場面における国と申告者たる受給者との間の法律関係とは全く異なるもの…であるから，源泉徴収の段階において，支払者によつて徴収，納付された所得税の額の過不足を，申告納税たる確定申告の際に，受給者において国との関係で精算調整することは，現行法上許されていない」，と判示したのである。

(2) 源泉徴収制度の概要
①徴収納付とは
　「租税の徴収方法のうち，納税義務者以外の第三者に租税を徴収させ，これを国または地方団体に納付させる方法を，徴収納付という。徴収納付は，納税義務者から直接に租税を徴収することが困難であるとか，能率的かつ確実に租税を徴収する必要がある場合等に，租税の徴収の確保のために採用されている方法」（金子宏（2017年）『租税法（第22版）』926頁，弘文堂）であり，所得税の源泉徴収は徴収納付の一つである。
②所得税の源泉徴収
　利子・配当（所得税法181条），給与所得（所得税法183条以下），退職所得（所得税法199条以下），報酬・料金等（所得税法204条以下）が源泉徴収の対象である。支払をする者は，その支払の際，所得税を徴収し，その徴収の日の属する月の翌月10日までに，これを国に納付することとされている。
③徴収納付の手続
　源泉徴収による国税は，納税義務の成立と同時に特別の手続を要しないで納付すべき税額が確定する（国税通則法15条③二号）と定められている。すなわち「所得の支払者の徴収納付義務については，所得の支払時に納税義務が成立し，同時に，特別の手続を必要とすることなく，納付すべき税額が確定する」ということであり「これはこれらの租税の課税標準額が通常は明白であり，しかも税額の計算がきわめて容易であるため」である（水野忠恒（2015年）『大系租税法』102頁，中央経済社）。

(3) 納税告知の法的効果
　本事案の判例では，源泉所得税と申告所得税の非同一性が重要なポイントとなっているが，これは，納税告知の法的効果を明らかにした最高裁（最判S45.12.24・民集24巻13号2243頁）の判示が前提となっている。
　具体的には，上記判例では，「源泉徴収に係る納税告知の法的効果を課税庁（国）と支払者の関係に限定する」という基本的発想が示されており，その延長として，源泉徴収を巡る訴訟において課税庁と支払者の関係と，支払者と受給者との関係が，原則として別個独

立のものとして判断されてよいものとしている。

またこの考え方は，本事案における判例でも参照されており，源泉所得税の納税義務は申告所得税の納税義務とは「別個のものとして成立，確定し，これと並存するもの」とされている（髙木光（2016年）『租税判例百選（第6版）』217頁，有斐閣）。

(4)源泉徴収義務を負うかどうかのケーススタディ

①強制執行による回収と給与支払者の源泉徴収義務

最高裁（最判H23.3.22・民集65巻2号735頁）では，給与等の支払をする者が強制執行によりその回収を受ける場合にも所得税法221条に基づく源泉徴収義務を負うことを明らかにしている。

この論点については「源泉徴収は，その事務の性質上，使用者が任意に賃金を支払う場合において負担する義務であり，その意に反して強制執行により取立を受ける場面においてまで負担する義務ではない」とした裁判例（高松高判S44.9.4・高民集22巻4号615頁）があり，学説上は高松高裁判決に賛同する立場もみられたが，むしろ源泉徴収義務の成立を肯定する立場が多数であり，担当調査官は，学説等の趨勢が明らかであった論点につき，確認的に最高裁の立場を示したものとして本判決を理解するようである（藤谷武史（2016年）『租税判例百選（第6版）』221頁，有斐閣，榎本光宏『最高裁判所判例解説Ｗｅｂ（法曹会）　最高裁判所判例解説民事篇平成23年度（上）』129頁）。

②破産管財人の源泉徴収義務

破産管財人の源泉徴収義務（所得税法204条①二号）について，最高裁（最判H23.1.14・民集65巻1号1頁）では，以下のような判示がなされているので紹介する。

支払内容	源泉徴収義務
管財人報酬を財団債権として自らに支払う場合	負う
元従業員の退職金に係る破産債権に対して配当をする場合	負わない

本判決は，破産管財人と相手方との間に「徴税上特別の便宜を有し，能率を挙げ得る」ような「特に密接な関係」がある場合には，破産管財人は「支払をする者」（所得税法199条・204条①）に該当するという判断枠組みによっている。

この枠組みに当てはめると，まず，破産管財人の報酬は，破産管財人が自ら支払い自ら受けるから，密接な関係があり，源泉徴収義務を負うとする。

他方で，退職手当については，破産管財人は破産者から独立して職務遂行として破産配当を行うだけであり，特に密接な関係はないので，固有の源泉徴収義務は負わず，また，破産管財人が破産者の源泉徴収義務を当然に承継するとの法令上の根拠は存しない，として配当の際の源泉徴収義務を否定した（松下淳一（2016年）『租税判例百選（第6版）』223頁，有斐閣）。

(5)過少申告加算税の賦課について

源泉徴収票に記載された源泉徴収税額が過大であることに気付かずに，これを確定申告において，「源泉徴収をされた又はされるべき所得税の額」として記載し，結果として，過少申告になった場合に，過少申告加算税が賦課されるのかどうかについては，以下の国

税不服審判所の裁決事例（H18.11.27裁決・裁集72集246頁）が参考となる。

すなわち，受給者（納税者）は「『源泉徴収をされた又はされるべき所得税の額』を適正に算出した上で，これを確定申告書に記載しなければならないのであって…源泉徴収票に記載された源泉徴収税額が過大であることに気付かずにこれを…申告書に記載して提出した結果，過少申告となったとしても，それは，自ら課税標準及び税額を正確に確定し申告しなければならないのにこれを怠ったことに基因するもの」である。

そうすると，上記のように気付かなかった状況というのは，「真に納税者の責めに帰することのできない客観的な事情には当たらず」また，「過少申告加算税の趣旨に照らしてもなお納税者に過少申告加算税を賦課することが不当又は酷となるものとまでいうことはできない」ことから，「通則法65条④にいう『正当な理由があると認められるものがある』場合には該当しない」とされている。

さらに，確定申告書の作成・提出は，専門家である税理士に依頼して行っており，受給者（納税者）は，給与所得の源泉徴収票の「源泉徴収税額」欄の金額に誤りがあるとの認識は一切なかったとしても，「源泉徴収税額を正しいものと信じ，誤りがあるとの認識をもたなかったこと」については，受給者（納税者）の「落ち度も見受けられる」として，「真に納税者の責めに帰することのできない客観的な事情」には該当しないことを改めて示している。

📖 事件のゆくえ

　江藤は，裁判例を基にさっそうと説明する藍子に感心する。

「なるほどな。源泉徴収された税金は確定申告で精算されるから，先に支払っても後で支払っても，結局は同じだと単純に思っていたけど，違うんだな。ましてや，過少申告加算税まで請求されるとは思ってもいなかったわ」

　藍子が，渋味の効いた宇治茶を一口含んだ後，間をおいて答える。

「今回の場合，源泉徴収額が過大となっていて，それをそのまま確定申告書に記載して申告したから，あるべき金額と比較して還付額が多くなっていたのね。その分，過少申告加算税が課せられたのは，税法や判例の考え方からするとやむを得ないことよ」

「源泉徴収が過大だった分はどうすれば返ってくるのかな？」

「その分は会社から返してもらうことになるわ。会社が課税庁に支払いすぎた分は飽くまでも会社が課税庁に対して返還請求をしないといけないの」

「なるほど，逆回りになるんだね」

　そういうと，江藤は藍子の示した図を指でなぞって見せた。

「税務担当者もあまりチェックしていなかったみたいね。とくに江藤君の場合には，報酬が桁違いだから目立つわね」

　藍子はさらに付け加えた。

「たとえ，税務担当者に確定申告を任せていたとしても，納税義務者としては責任を負うことになるのよ」

「それは分かるんだけど…。税務担当者を信用していたのになぁ」

　少しがっかりした表情の江藤を察して，励ました。

「今回の場合は勉強代と思って受け入れましょ！」

　お茶に口を付けた藍子がふと顔を上げると，江藤がゆっくりと切り出した。

「藍子先生。鞍馬で会ったのは何かの縁かもしれないね。これを機に，是非うちの会社の会計顧問をお願いしていいかな。また新しい事業も始めたいと思っていて，そっちの会社の面倒も見てくれたら安心なんやけど」

「いいわよ。同級生割引とかはないけど，しっかりとフォローをさせてもらうわ」

　藍子が笑顔で返す。

「もちろん。そんなケチなことは言わないよ。そうだ！ せっかくだし今度，夕食に誘わせてよ。お互いのこと，この前は聞く余裕なかったし」

そう言うと，江藤は藍子とお互いの日程を調整し，1週間後に5thシーズンズホテル京都でのディナーを約束した。千二百年の伝統と世界のモダンな感性が見事に融合するラグジュアリーなホテルである。藍子は新しい出逢いの期待に胸を膨らませていた。

——1週間後——

話題の有名ホテルなので藍子はいつも以上に気合いが入っていた。肩を露出した黒のタイトドレスに，パリはルーヴル美術館の近くにある本店で仕入れたレッドソールのハイヒール，いつもストレートの髪型は美容院でパーマをしっかりかけてもらって，いつもの"清楚系"から，"セクシー系"へと大変身していた。

藍子がホテルに着くと，ロビーに一際目立つ男が立っていた。長身で，有名ブランドのストールを首に巻き，靴は磨き上げられている。いかにも若手実業家という感じの風貌である。

"なんと，あれは江藤君ではないか"この前事務所にきてもらった時とは全く違った雰囲気を醸し出しているので，すぐには分からなかった。少し見惚れていると，江藤が藍子に気付いた。藍子ははたと我に返って，江藤の下へ駆け寄って行った。

「お待たせ。江藤君，今日は何かえらくお洒落じゃない？」

江藤は少し照れながら，

「ありがとう。俺が中学生の時は

サッカー少年やったから、藍ちゃんはそのイメージしかないんやろね。っていうか、そっちこそこの前と全然雰囲気違うやん」
　江藤は藍子の外見にどぎまぎしているようだった。
　二人はさっそくレストランへと向かった。心を解き放つようなドラマティックな空間と食事で、昔話に花を咲かせた。藍子と江藤は一際目立つ美男美女であった。
「俺もそろそろ落ち着かんといけないんやけどなぁ」
「えっ、落ち着くって？」
「いやぁ最近、母が『はよ孫の顔が見たい』と煩くてね。体調が優れないこともあって。と言われてもねぇ。起業して仕事が楽しすぎたやろ。で、結婚とか意識したことなかったしなっ。

で、藍ちゃんはどうなん。綺麗なキャリアウーマンやしなぁ。好きな相手はおるんやろっ？」
「えー、うち、そんなことないわぁ」
「藍ちゃんが気付いてないだけやろ。俺やったら藍ちゃんみたいな女性が横にいてくれたら、幸せやろなと思うで」
「…それってどういうこと？」
「ほんまに鈍感なんやなぁ。昔も今も」
　江藤はさらっと言ってきたが、藍子は江藤のその言葉にドキッとしていた。その後の江藤との会話でも藍子はほとんど上の空だった。時々江藤から、
「大丈夫？　口に合わない？」
　と気にかけてもらいながらも、楽しい時間は過ぎていった。

事件file 45

株式相続後の暴落

上告審：最高裁平成元年6月6日判決・税資173号1頁
控訴審：大阪高裁昭和62年9月29日判決・行集38巻8・9号1038頁
第一審：大阪地裁昭和59年4月25日判決・行集35巻4号532頁

📖 事件のいきさつ

　真生は高倉，三条経理部長の部下の錦田と協力し合いながら，タックスヘイブンにある民自興業の関連会社について調査を始めていた。三条の弁護は陽子が引き受けている。毎日長時間にわたって自白を求められているが，今のところ，持ちこたえている。とはいえ，残された時間は多くはないだろう。日本の捜査手法は「人質司法」と揶揄されるにもかかわらず，一度自白してしまうと，それを後で覆すのはとても難しい。

　真生らは関連会社を経由した販売先について，個人の人間関係や監査法人時代の海外ネットワークを駆使したが，そのような取引先は存在せず，取引の実態も掴めなかった。

「恐らく…やはり，巧妙な架空売上ってとこだろう」

　三人の男たちの結論は出揃った。ただし架空売上といっても，インボイスなどの書類や保険は整っており，しかも売上代金が振り込まれている事実はある。ただ，誰が振り込んでいるのかまでは分からないのである。その出所に辿り着かねば結局，何も明らかになっていないのに等しい。

「国内で分かるのはこのあたりが限界だな。やはり，飛ぶしかないだろうな」

　そう言う真生に，会計と監査だけの世界で生きてきた高倉が不安げに問いかける。

「行けば分かるもんだろうか？」

「これがあるだろう」

　そう言うと，三条経理部長から渡されたチップの中身をスマホの画面に表示して見せた。

「まずは，こいつを探そう。大きい金が動いているんだ。香港に立ち寄れば，ルートは見つけられるだろう。いい加減，終わらせないと，な。また事務所

が狙われてしまう。それに三条氏ももたんやろし」

　事務所には怪しいメールや無言電話が続き，藍子らを不安にさせていた。

「まっ，こっちのことは南川と大西君に任せとけば，何とかしてくれるだろう。ほなっ，しばらく出かけてくるし，後はよろしく頼むわ」

　右手を高く上げながらそれだけ言うと，真生は引き出しからパスポートを取り出し，胸ポケットに押し込むとそのまま特急はるかで関西空港に向かった。真生は大抵，国際線の予約も国内線同様に，空港に向かう車中，アプリで済ませてしまう。

　真生と入れ替わるように，高校時代の友人である西本が沙也加を訪ねてきた。

「何か心配そうな顔してるけど，大丈夫か？」

　そう言われて，ふと我に返った。沙也加は，真生のことが心配でならない。事件の核心に近づくのは得意だが，同時に，危険も招き寄せる人間であることをよく知っているからだ。

　半分上の空とはいえ，聞くと西本は，父が他界し四十九日の法要を行った後，真如堂へ出かけてきたそうだ。紅葉の名所として知られる境内が少し色づき始めた11月15日は，うなずきの阿弥陀と呼ばれる阿弥陀如来を年に一度だけ拝顔できる日である。

「で，優雅な西本君の頼みごとってなぁに」

　沙也加の質問に西本が口を開いた。

「相続と相続税のこと。どのくらい掛かるか，申告が必要なのか知りたくて。それに相続税の申告や，相続の手続をお願いできないかなぁ，と思ってね」

「了解よ」

　そう言うと沙也加は説明を始めた。

「さっそくやけど基本的には，相続によって取得した財産から債務などの金額を控除した合計額が，基礎控除額より多い場合には相続税が必要になるのよ。相続時の時価ベースでね。まず相続人とだいたいの相続財産について教えてくれるかしら」

「相続人は兄と二人。相続財産は預貯金500万円，それに上場している西陣社の株式で，時価6,000万円ぐらいかな。正確には調べてないけど」

「お父さまは西陣社の株式をたくさん保有されてるんやけど，何か理由があっ

たの」

「地元の会社で愛着があったみたいやわ。仕事しながら買い増していたみたい。退職時にも『預金に置いておいても仕方がないから，配当金を年金の足しにする』と言って，退職金の大半を投入したみたい。まっ，と言っても，最近西陣社は海外事業に軸足を移してて，地元の会社という意識は薄いみたいだけどね」

「なるほどね。ちょっと待ってね，上場株式の評価額はいくつか選択できるから試算してみるわ」

　そう言うと，沙也加はタブレットを開けて調べ始めた。

「えっ，上場株式の時価って一つじゃないの？」

　西本が不思議そうに尋ねる。

「一時的な要因で株価が急騰することもあるから，相続時開始時の最終価格だけではなく，①課税時期の月の毎日の最終価格の平均額，②課税時期の月の前月の毎日の最終価格の平均額，③課税時期の月の前々月の毎日の最終価格の平均額の最も低い価額で評価しても，税務署は相続開始時の時価として扱ってくれるのよ。

　今回の株式の評価額は次のようになるから，株式の評価額は5,500万円になるわね」

　そう言うと，沙也加は簡単にまとめたスライドを西本に見せた。

株価算定の方法	株価	所有株式数	評価額
相続開始時の最終価格	600円	10万株	60百万円
課税時期の月の毎日の最終価格の平均額	620円		62百万円
課税時期の月の前月の毎日の最終価格の平均額	560円		56百万円
課税時期の月の前々月の毎日の最終価格の平均額	550円		55百万円

　沙也加は続けて相続税の試算額について，説明する。

「基礎控除額は，3,000万円と法定相続人が二名だから4,200万円になるけれども，相続財産額が預貯金500万円と株式5,500万円の合計6,000万円だから，1,800万円に対して課税されるわ。この場合の相続税の総額は180万円になるわね。これを，相続財産の比率で按分することになるけど，法定相

続分どおり半分ずつかしら」

「そうする話もあったんだけど，ぼくがごねたら兄は法事の費用に充てるから預金だけでいいと言って，株は譲ってくれたんだ」

西本が得意げに答えた。その言葉に沙也加は呆れながら呟く。

「大半の財産をせしめるなんて欲張りね。よくお兄さんは納得したわね」

「兄さんは欲がないからね。がめつくいかないと結局損をするぞ。おかげさまで配当金で毎年ハワイに行けるわ。百か日の法要が終わって一段落したら，申告手続をお願いするわ」

西本は上機嫌な様子で，笑いながら答えた。

「申告期限は被相続人が死亡したことを知った日の翌日から10か月以内だから忘れないでね」

それだけ沙也加が伝えると，西本は嬉しそうに帰っていった。

その後，百か日の法要が明ける頃，西本から急ぎで相談したいことがあるという。しばらく昼間の予定や懇親会等が入っていたのだが，どうしてもというので，急遽その夜【maitai】で彼を迎えることにした。

西本の前に３杯目のウイスキーが置かれたころ，ようやく沙也加が到着した。彼の前に立つと，２か月前にはほくほく顔だったのが，妙に沈んだ顔をしている。

「どうしたの？」

「テレビでニュースになっているやろっ」

沙也加はまだ彼の言いたいことが理解できない。

「件の西陣社が，巨額損失の発生と無配転落を発表してしまいよってん。報道では海外子会社の責任者がかなり大がかりな不正取引を行って，その金が回収できなくなったとか。そんで株価はめちゃくちゃ下がってしもうて，総額で200万円くらいになってしもうたんよ。これじゃせっかくの旅行計画も台無しやわっ」

西本は，一気に愚痴をこぼした。

「沙也加先生。で，相続した財産がほとんど無価値になってしもうて，基礎控除の範囲に収まるんやけど，これでも申告せなあかんもんや。何とかならんのかいな？」

　そう言うと、グラスに注がれたウイスキーをあおった。
　沙也加は"そんなの当たり前よ"と思いつつ、まずはこれまでの経緯を整理しておかねば、とタブレットに次のように手書きした。ここ【maitai】は真生らが相談ごとでもよく利用するため、ライトが明るくなる個室を用意してくれているのだ。バーとはいえ、作業には困らない。それにソムリエと唎酒師の資格を持つ沙也加の頭は、多少のアルコールが入ったところで動じることはない。

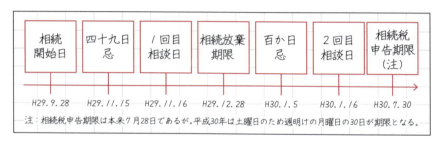

　さらに、両時点における時価の比較表を簡単に作成することにした。

（単位：円）

	相続時の時価による場合	相談時の時価による場合
現預金	5,000,000	5,000,000
上場株式	55,000,000	2,000,000
合計	60,000,000	7,000,000
基礎控除額※	42,000,000	42,000,000
課税される財産額	18,000,000	0

※基礎控除額（3,000万円＋600万円×法定相続人の数）
　今回の法定相続人は2名のため、3,000万円＋600万円×2名＝4,200万円

「なるほどねぇ」
　沙也加はタブレットを見ながら独り言を発した。西本にすれば、何が"なるほど"なのか、皆目見当が付かない。そのまま沙也加は言葉を続けた。
「明日のランチタイム、事務所においでよ。このあたりの裁判例があるから、説明するわね。そうそう、せっかくだから上鴨茶寮のお弁当、仕入れてきてよ」
　そう告げると、二人はカウンターに戻った。

事件file 45 株式相続後の暴落

関連事件を学ぶ

(1)事案の概要

納税者Xが相続により株式を取得し相続税の延納が許可されたが,延納中に相続した株式の発行会社が会社更生手続開始の申立をし,事実上株式が無価値になった。その結果,延納に係る相続税が期限内に納付できず滞納となった。そして,延納の許可が取り消され滞納処分として債権等が差し押さえられたことに対し,滞納処分の取消訴訟を提起した事案である。

ここでは,相続開始日後の株価の下落を考慮しない財産評価基本通達の合理性,経済情勢の急変による財産価格の下落に対する災害減免法の適用の有無が争点となった。

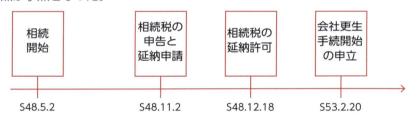

※発行会社が会社更生手続開始の申立をしたことにより,相続財産の大半である株式はほとんど無価値となった。そのため延納に係る相続税を納付することができずに滞納となった。

(2)当事者の主張

①納税者Xの主張

納税者Xは,相続開始後の経済状況の急変により相続財産価格が下落した株式について,これらの事情を考慮すべきであると主張した。

また,社会経済事情の急変による大幅かつ異常な株価の減価も,社会通念上災害による被害と何ら変わるところがないから,災害減免法の準用若しくは類推適用がされるべきであると主張した。

②課税庁Yの主張

課税庁Yは上場株式の評価について,財産評価基本通達により画一的に評価することの合理性については,相続税の課税の公平を期する所以であるとの考えに基づき,これが一般に是認されていると主張した。その上で同通達

が，上場株式の評価について，最終価格の月平均額を3か月に限った趣旨は，相続開始後の株価の恣意的操作を防止することにあると主張した。

また，災害減免法の適用については，条文上経済事情の変化が災害減免法に規定する災害にあたらないことは，同条が列記している事由から明らかであると主張した。

(3) 大阪地裁（昭和59年4月25日判決・行集35巻4号532頁）の判示事項

上場株式の評価について，財産評価基本通達上相続開始後の株価を考慮していない点について，「相続開始後の株価を考慮しないこととしたのは，株価の恣意的操作を防ごうとする趣旨」である。その上で，財産評価基本通達169の合理性について「相続税法22条にいわゆる相続開始時の時価の算定基準を示すことは，右時価の評価を納税者に委ねた場合の不統一による不公平を回避し，相続税の課税の公平を期するために，必要かつ合理的なことであり，…，株式の実質的な価値と一時的な需給関係による価格の変動を調整し，実勢価額を加味するものであつて，合理的なものである」。

また災害減免法4条の規定の適用ないし類推適用については，文言解釈として「…規定の文言からすれば，同法にいわゆる災害は，自然界に生じた災害を指し，いわゆるオイルショック等の社会経済事情の急変による相続財産の価格の下落は，これに当らない」。しかも「将来会社が再建されてその株価が高騰することもあり得る」と判示し，納税者Xの主張を退けた。

なお控訴審（大阪高判S62.9.29・行集38巻8・9号1038頁）上告審（最判H元.6.6・税資173号1頁）ともに一審を支持した。

関係条文を読む

(1) 相続税法22条《評価の原則》

この章で特別の定めのあるものを除くほか，相続，遺贈又は贈与により取得した財産の価額は，当該財産の取得の時における時価により，当該財産の価額から控除すべき債務の金額は，その時の現況による。

(2) 災害被害者に対する租税の減免・徴収猶予等に関する法律1条（目的）

震災，風水害，落雷，火災その他これらに類する災害（以下災害という。）による被害者の納付すべき国税の軽減若しくは免除，その課税標準の計算若しくは徴収の猶予又は災害

を受けた物品について納付すべき国税の徴収若しくは還付に関する特例については，他の法律に特別の定めのある場合を除くほか，この法律の定めるところによる。

(3)災害被害者に対する租税の減免・徴収猶予等に関する法律4条（相続税・贈与税に係る納税免除）

相続税又は贈与税の納税義務者で災害に因り相続若しくは遺贈又は贈与に因り取得した財産について…申告書の提出期限後に甚大な被害を受けたものに対しては，…被害があつた日以後において納付すべき相続税又は贈与税のうち，被害を受けた部分に対する税額を免除する。

主要論点について考える

(1)相続税法22条の時価の意義

相続税法22条は，相続等により取得した財産価額は，当該財産の取得の時における時価によると規定している。

株式の時価については特別の定めを設けていないところ，本判決では，「時価とは一般的には，相続時におけるそれぞれの財産の現況に応じ，不特定多数の当事者間で自由な取引が行われる場合に通常成立すると認められる価格をいうもの」と判示した。なお，相続税法22条の「時価」の意義については，第1巻事件file 7「路線価が高すぎます」57-58頁参照。

(2)財産評価基本通達169について

ここでは議論の前提として，上場株式の評価として規定されている財産評価基本通達169を紹介しておく。

「上場株式の評価は，次に掲げる区分に従い，それぞれ次に掲げるところによる。…上場株式の価額は，その株式が上場されている金融商品取引所…の公表する課税時期の最終価格によって評価する。ただし，その最終価格が課税時期の属する月以前3か月間の毎日の最終価格の各月ごとの平均額…のうち最も低い価額を超える場合には，その最も低い価額によって評価する。」

(3)上場株式の評価方法と財産評価基本通達169の合理性

上場株式における「通常成立すると認められる価格」としては，金融商品取引所の公表する価格がまずは想定される。

しかし，財産評価基本通達が相続開始後の株価の下落の影響を考慮していないことの合理性が争点となった。

この点，「相続開始後の株価を考慮しないこととしたのは，株価の恣意的操作を防ごうとする趣旨に他ならない」と判示した。

また，相続開始時の時価の算定基準を示すことは，「その時価の評価を納税者に委ねた場合の不統一による不公平を回避し，相続税の課税の公平を期するために，必要かつ合理的なことである」と評価した。その上で，通達に定める株式評価の方法は，「株式の実質的な価値と一時的な需給関係による価格の変動を調整し，実勢価額を加味するものであっ

て，合理的なものである」と判示した。なお，評価通達の性質・趣旨については第1巻事件file 7「路線価が高すぎます」58頁参照。

(4) **相続開始後の価格の下落と災害減免法**

　相続開始後の相続財産の価格の下落について，相続後の相続財産価額下落について規定されている災害減免法の適用または類推適用の可否について裁判所は，「同法にいわゆる災害は，自然界に生じた災害を指し，…社会経済事情の急変による相続財産の価格の下落は，これに当らない」と判示し，「実質的にみても，一般に，株式会社が会社更生法の適用を受けたためにその株価が暴落しても，将来会社が再建されてその株価が高騰することもあり得るから，会社更生法の適用を受けたためにその株価が暴落したからといって，このことを理由に，災害減免法4条を適用して，相続税を免除することは相当でない」と判示した。

事件 file **45**

株式相続後の暴落

📖 事件のゆくえ

　沙也加は通達と裁判例を分かりやすく解説した。

「で，西本君。今回は誠に残念だけど，相続開始後の相続財産の価格の下落について救済できる仕組みはないわ」

「ほなっ，ぼくの納める税金はなんぼになるんやっ？」

　沙也加は，次のようなスライドを示しながら説明した。

　イ　各人の課税価格を合計して，課税価格の合計額を計算

　ロ　課税価格の合計額から基礎控除額を差し引いて，課税される遺産の総額を計算

　　　⇒課税価格の合計額

　　　　−基礎控除額（3,000万円 ＋600万円 × 法定相続人の数）

　　　　＝課税遺産総額

　ハ　上記ロで計算した課税遺産総額を，各法定相続人が民法に定める法定相続分に従って取得したものとして，各法定相続人の取得金額を計算

　　　⇒課税遺産総額 × 各法定相続人の法定相続分

　　　　＝ 法定相続分に応ずる各法定相続人の取得金額

　ニ　上記ハで計算した各法定相続人ごとの取得金額に税率を乗じて相続税の総額の基となる税額を算出

　　　⇒法定相続分に応ずる各法定相続人の取得金額 × 税率 ＝ 算出税額

　ホ　上記ニで計算した各法定相続人ごとの算出税額を合計して相続税の総額を計算

　　　⇒各法定相続人ごとの算出税額の合計 ＝ 相続税の総額

　ヘ　ホの相続税の総額を，財産を取得した人の課税価格に応じて割り振って，財産を取得した人ごとの税額を計算

　　　⇒相続税の総額 × 各人の課税価格 ÷ 課税価格の合計額

　　　　＝ 各相続人等の税額

「このように，相続税の計算は，各法定相続人が民法に定める法定相続分に従って取得したものとして，各法定相続人の取得金額を計算して，その金額に税率を乗じて相続税の総額を計算するの。具体的な計算式は次のようになるわ」

　そうまじめに言うと，先のスライドと対応させた計算式を表示した。

185

```
イ  5,500万円＋500万円          ＝ 6,000万円
ロ  6,000万円－4,200万円         ＝ 1,800万円
ハ  1,800万円／2人              ＝  900万円
ニ  900万円×税率10%             ＝   90万円
ホ  90万円×2人                 ＝  180万円
ヘ  180万円×5,500万円/6,000万円 ＝  165万円
```

「相続財産合計額が6,000万円とすると，基礎控除が4,200万円だから，課税遺産総額は1,800万円となります。今回の相続人はお二人で，法定相続分見合いの課税遺産総額は各自900万円ね。相続税の税率は10％で，相続税額は90万円。お二人分合計で180万円となり，これを各人の課税標準額で按分すると165万円よ」

沙也加は相続税の計算方法を丁寧に説明した。この結果を聞いて，西本は愕然としながら呟いた。

「これではぼくは，今の株価で全部売却しても手数料差し引いて相続税を納めたらほとんど残らないよ。兄さんは多くの財産が残って不公平やわっ」

「西陣社は倒産したわけではないから，業績が回復して配当が入ることもあるわよ。それに，海外子会社の責任者の個人責任だけではなく，不正取引が適切な内部統制の構築を怠った結果発生したものである場合には，経営陣に対して株主代表訴訟を提起して損害を回復させるという手法もあるわ」

そこまで言うと，沙也加はお気に入りのアールグレイティーを持ちながら，さらにゆっくりと西本に語り始めた。

「あるいは相続時において，西陣社においてはすでに不正取引が行われ，債権が焦げ付いていたわけやから，実質的な株価は200万円やったと主張することもできなくはないわ。最高裁まで争うなが〜いなが〜い道のりになるけど。もちろん弁護士も紹介するし，私もサポートするわ。でも主張立証責任や訴訟費用，弁護士費用，これに係る時間と敗訴リスクを考えれば，165万円の方がはるかにお得やと思うけどね」

「そやなぁ。期待せずに気長に待つことにするわ。いろいろ勉強代やな」

と言う西本に，"「大欲は無欲に似たり」という言葉がまさにぴったりね"，と沙也加は思った。

事件file 46

クルーザーで日本海

第一審：東京地裁平成10年2月24日判決・税資230号722頁

📖 事件のいきさつ

　雪は秋の連休を利用して、魚釣りが好きな叔父一家と一緒に、鯖街道と呼ばれる国道367号を北上していた。大原三千院から花折峠、朽木を抜ける若狭街道。鯖街道と一口に言っても複数経路があり、鞍馬、花背から根来坂峠を抜ける小浜街道ルートや、国道162号を軸に京北町から美山町を抜ける「西の鯖街道」というのもある。鯖街道は、かつて海を持たない都の人々が鮮魚を得るための重要な街道であって、アマダイ（グジ）、イカ、カレイなども運ばれてきたとの記録がある。

　毎年、朽木で一泊した後、舞鶴、天橋立を越えて、「舟屋」で有名な伊根へと向かう。伊根は重要伝統的建造物群保存地区に指定されている。

　釣りで狙う魚は、もちろんアカムツである。京都の料理屋では、のどぐろとして食されている高級魚である。早朝から叔父自慢のクルーザーで、海釣りをした後、民宿でその魚をさばいてもらい、京丹後の酒蔵の酒を飲むのが恒例行事だ。

　なかなか釣れないアカムツを、今年は二匹も釣り上げ、叔父は上機嫌である。それ以外にも、クロダイ、アマダイ、シマアジと今年は食べきれないほどの大漁だ。食事が一段落した頃、叔父が急に話し出した。

「雪、毎年楽しく遊びに来ているこの旅行と釣りだけど、来年からはできないかもしれないよ」

「どうしたの。急に。こんなに船と釣りが好きなのに」

「クルーザーに係る係留費用や整備費、燃料費等の維持費が高くて大変なんだよ。だからこの年末に、クルーザーを手放そうと思ってて。すでに仮予約は来てるんよ。といっても、買い値と比べると、うんと安くで売ることになるんやけど。京都で営んでいる旅館業の儲けと併せて、税金何とかならんも

んかね。大損になりそうなんだ」
　叔父が不安そうに言う。
「えっ，ちょっと待って。あのクルーザー，売っちゃうの？　せっかく，楽しくやってたのに。それに税金何とかならんかと急に言われても，大事なことやから，そんな簡単には答えられないわ。ねっ，ところで，今までクルーザーの維持費って，旅館の経費になってたの？」
　すかさず，叔父は酔っ払い口調で答えた。
「宿泊客を沖釣りに連れて行く，それをうちの売りにしてたから，クルーザーの維持費は旅館業の経費に入れてきたんやわぁ。で，クルーザーの維持費だけじゃなくて売却損も，どうにかならへんのやろか。旅館の送迎車を売却した時みたいに」
「うーん。京都市内に宿泊する客がわざわざ丹後まで沖釣りにいくの？　本当に？　このクルーザーって，叔父さんが遊ぶためのものじゃなかったの？」
「何言ってるんだぁ。家族で遊ぶのは年に一度だけで，それ以外は宿泊客用に用意してるもんなんだよ」
　雪にはそう答えたが，どうも歯切れが悪い。
「そうね，ちょっと待って。今よく似た事件を見せてあげるから。叔父さんの旅館は法人じゃなくて，個人事業だったよね。確定申告をしてるんだよね」
　そう確認すると雪はタブレットで，コンドミニアム形式のリゾートホテル賃貸業における必要経費から生じた損失を，他の所得と損益通算した事件を探し始めた。

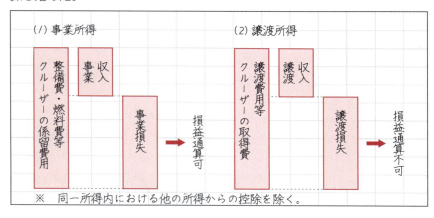

関連事件を学ぶ

(1) 事件の概要

　納税者Xは，コンドミニアム形式のリゾートホテル（以下「本件建物」という）の一室を購入し，これをホテル経営会社に貸付け，建物の貸付けに係る不動産所得の計算上損失が発生したため，これを損益通算して申告した。これに対して課税庁Yは，本件建物について「生活に通常必要でない資産」にあたるとして損益通算を認めず，所得税の更正処分等の取消しを求めた事案である。損益通算の概要は次のとおりである。

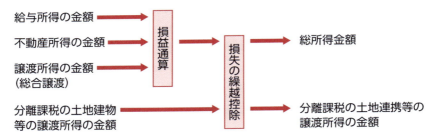

　さて，本件建物の性質および状況，所有者が本件建物を取得するに至った経緯，本件建物の所有による利益，所有者が負担した支出ないし負担の性質，内容，程度等，納税者Xと課税庁Yとの間で争いのない事実は，次のとおりである。

① 本件建物の性質および状況

　本件建物の所在地は有名なリゾート地にあり，コンドミニアム形式のリゾートホテルとなっており，デラックスなメゾネットタイプの客室である。

② 本件建物取得の経緯

　購入希望者等に対する説明や勧誘において，事業用資産としての不動産投資であり，オーナーとなることにより節税対策となることを強調されている本件建物を購入した。

③ 本件建物の所有による利益

　ⅰ）オーナーは，本件建物を宿泊施設として貸付け，一定の条件はあるものの優先的に無料で借りることができた。

　ⅱ）本件建物からの家賃収入は，一定の計算方法で年間数十万円の支払い

があった。
　ⅲ）家賃収入は一室あたりの年間支払金額×利用割合×0.5の計算式となっている。

④所有者が負担した支出ないし負担の性質，内容，程度等

　本件建物に係る管理費，減価償却費等の維持費は年間800万円から1,000万円である。

(2)当事者の主張

①納税者Xの主張

　本件建物は，高い家賃収入を期待して購入した物件であったが，利用者が少なく家賃収入が少額であった。また，都心のワンルームマンションと同じく，必要経費および減価償却費を節税効果に利用しつつ値上がりを期待して購入した物件と同じである。さらに，本件建物を主として趣味，娯楽，保養のために所有するものであるかどうかを判断するのは，納税者Xの主観的な意思を最優先すべきであり，本件建物の賃貸収入と必要経費から発生した損失を損益通算として認める旨を主張している。

②課税庁Yの主張

　本件建物の立地状況及び設備，納税者Xが本件建物を取得するに至った経緯，受ける利益及び負担の性質，内容，程度など諸事情より，納税者Xは，本件建物を自己の利用目的で取得し，維持，管理費用を負担してきたものと考えられる。したがって，本件建物は所得税法施行令178条①二号の通常必要でない不動産に該当し，本件建物に係る不動産所得の金額計算上生じた損失は，損益通算の対象とはならない。

(3)東京地裁（平成10年2月24日判決・税資230号722頁）の判示事項

　東京地裁はまず，法69条②の趣旨を次のように説明した。すなわち，「生活に通常必要でない資産に係る所得の計算上生じた損失の金額は…損益通算の対象とならないものであるが，これは，生活に通常必要でない資産に係る支出ないし負担は，個人の消費生活上の支出ないし負担としての性格が強く，このような支出ないし負担の結果生じた損失の金額について，損益通算を認めて担税力の減殺要素として取り扱うことは適当でない」。

また，所得税施行令178条①二号の「生活に通常必要でない資産」の該当性は「その主たる所有目的によって」判断すべきであるが，この「主たる所有目的の認定に当たっては，当該所有者の主観的な意思を最優先すべき」ではない。

「個人の主観的な意思は外部からは容易には知り難い」から，「租税法上の要件事実の認定に当たり，客観的事実を軽視し，個人の主観的な意思を重視することは，税負担の公平と租税の適正な賦課徴収を実現する上で問題があり，適当でない」し，「支出ないし負担の経済的性質は，本来，個人の主観的な意思によらずに，客観的に判定されるべきものである」。

したがって，要件該当性を判断するにあたり，「当該不動産の性質及び状況，所有者が当該不動産を取得するに至った経緯，当該不動産より所有者が受け又は受けることができた利益及び所有者が負担した支出ないし負担の性質，内容，程度等の諸般の事情を総合的に考慮し，客観的にその主たる所有目的を認定」すべきとの規範を呈示した。

その上で，各事実に基づき本件建物の所有目的について検討し，「そのオーナーとなることによって，客室料金の負担なしで宿泊が可能になるなどの種々の利用上の利益があるものであって，実際に…原告又は原告の指定する者が本件建物を利用していることにかんがみれば，原告が本件建物を保養の用に供する目的をもって所有していたことは明らかである」。

しかも，家賃収入が管理費の2割未満であり，また経費全体の1割未満であったことから，「本件建物の貸付けによる金銭的収入の獲得は，本件建物の利用による利益の享受と比較して副次的なものとみざるを得」ず，「節税効果に着目して本件建物を取得したものとしても，本件建物の主たる所有目的が本件建物の貸付けその他による経済的利益の獲得であると認めることは到底できない」。

転売目的取得との主張に対しては，これを「客観的に裏付ける証拠はなく，右のような主観的な意図の存在によって，本件建物の主たる所有目的が影響を受けることはない」と判示し，納税者Xの請求を棄却した。

なお本事件は上訴されず確定した。

関係条文を読む

(1) 所得税法9条①《非課税所得》
次に掲げる所得については，所得税を課さない。
九　自己又はその配偶者その他の親族が生活の用に供する家具，じゆう器，衣服その他の資産で政令で定めるものの譲渡による所得

(2) 所得税法62条①《生活に通常必要でない資産の災害による損失》
居住者が…，生活に通常必要でない資産として政令で定めるものについて受けた損失の金額は…その者のその損失を受けた日の属する年分又はその翌年分の譲渡所得の金額の計算上控除すべき金額とみなす。

(3) 所得税法69条《損益通算》
① 総所得金額，…，不動産所得の金額，…又は譲渡所得の金額の計算上生じた損失の金額があるときは，政令で定める順序により，これを他の各種所得の金額から控除する。
② 前項の場合において，同項に規定する損失の金額のうちに所得税法62条①《生活に通常必要でない資産の災害による損失》に規定する資産に係る所得の金額…の計算上生じた損失の金額があるときは，…は生じなかつたものとみなす。

(4) 所得税法施行令25条《譲渡所得について非課税とされる生活用動産の範囲》
法第9条①九号（非課税所得）に規定する政令で定める資産は，生活に通常必要な動産のうち，次に掲げるもの（一個又は一組の価額が30万円を超えるものに限る。）以外のものとする。
一　貴石，半貴石，貴金属，真珠及びこれらの製品，べっこう製品，さんご製品，こはく製品，ぞうげ製品並びに七宝製品
二　書画，こっとう及び美術工芸品

(5) 所得税法施行令178条《生活に通常必要でない資産の災害による損失額の計算等》
所得税法62条①《生活に通常必要でない資産の災害による損失》に規定する政令で定めるものは，次に掲げる資産とする。
一　競走馬…その他射こう的行為の手段となる動産
二　通常自己及び自己と生計を一にする親族が居住の用に供しない家屋で主として趣味，娯楽又は保養の用に供する目的で所有するものその主として趣味，娯楽，保養又は鑑賞の目的で所有する資産…
三　生活の用に…該当しないもの

主要論点について考える

(1) 生活に通常必要でない資産と損益通算
生活に通常必要でない資産の譲渡益は課税対象となる。
他方，所得税法69条②が生活に通常必要でない資産に係る所得の計算上生じた損失に

ついて損益通算を認めていないのは，その資産に係る支出ないし負担の経済的性質を理由とするものであるところ，このような支出ないし負担の経済的性質は，本来，個人の主観的な意思によらずに，客観的に判定されるべきものだからである。

また，生活に通常必要でない資産が損益通算できない理由として，「譲渡損失は趣味・娯楽のための行為により生じたものであり，その性質が所得の処分と類似の性格を持つこと」が指摘されるところである（水野忠恒（2015年）『大系租税法』288-289頁，中央経済社）。

さらに，所得税法施行令178条の改正により，ゴルフ会員権やリゾート会員権は生活に通常必要でない資産とされ，損益通算および雑損控除の対象外とされている。

(2)損益通算についての注意点

総合累進所得税における損益通算についての実務上の留意点は次のとおりである。

①損益通算の対象となる損失と対象とならない損失がある。

②所得税法における各種所得と損益通算の手順が定められている。

③所得税法69条①が定める損益通算は制限が設けられており，損益通算の対象となる所得の制限，一定の損失との間では損益通算の範囲からの除外がある。

(3)通算される損失の範囲

損益通算で控除しうる損失は不動産所得，事業所得，山林所得，および譲渡所得の4種類に限られている。そこで，ある損失がどの所得から生じたものであるのかが争いとなる。

また国税庁のタックスアンサー（№2250「損益通算」）には，納税者による誤解の多い点について，次のような注意点が記載されているので紹介しておこう。

①利子所得及び退職所得は，所得金額の計算上損失が生じることはない。

②配当所得，給与所得，一時所得及び雑所得の金額の計算上損失が生じても，その損失の金額は他の各種所得の金額から控除することはできない。

③生活に通常必要でない資産に係る所得の金額の計算上生じた損失は，競走馬の譲渡に係るもので一定の場合を除き，他の各種所得の金額と損益通算できない。なお，生活に通常必要でない資産とは，次に掲げる資産である。

・競走馬，その他射こう的行為の手段となる動産

・主として趣味，娯楽，保養又は鑑賞の目的で所有する不動産

・主として趣味，娯楽，保養又は鑑賞の目的で所有する不動産以外の資産(ゴルフ会員権等)

・生活の用に供する動産で，1個又は1組の価額が30万円を超える貴金属，書画，骨とう等

④不動産所得の金額の計算上生じた損失の金額のうち，次に掲げるような損失の金額は，その損失が生じなかったものとみなされ，他の各種所得の金額から控除することはできない。

・別荘等の生活に通常必要でない資産の貸付けに係るもの

・土地等を取得するために要した負債の利子に相当する部分の金額

(4)譲渡損失の取扱い

機械やゴルフ会員権，船舶，特許権，自動車，書画・骨董，貴金属などの資産の譲渡所

得がある場合，他の所得と総合して申告する（総合課税）。また，土地や借地権等の土地の上にある権利，建物，その他附属設備，構築物の譲渡所得や株式等の譲渡による所得は，他の所得と区分して所得金額及び税額を計算する分離課税とされている。

上記のうち，総合累進所得における損益通算の損失範囲は，総合課税に係る譲渡損に限られる。分離課税に係る譲渡損は，総合累進所得における損益通算の損失範囲には該当しない（金子宏他編著（2013年）『ケースブック租税法（第4版）』394-396頁，弘文堂）

(5) **主観の客観化について**

刑事法上，暴行や殺人の故意について，「人は故意という他人の意識，心理状態を直接知ることはできない」から，目的や故意等の有無については，行為者の供述のみならず，「他の状況証拠と総合して」認定せざるを得ない，と指摘とされる（小林充他（2007年）『刑事実認定重要判決50選（上）』補訂版297頁，立花書房）。このような思考方法は当然のことながら，所有等の目的や故意が問題となる租税法の分野にも該当しよう。

そこで本件では所有目的について，次のような客観的な事情から認定しようとしているのである。すなわち，

①当該不動産の性質及び状況
②所有者が当該不動産を取得するに至った経緯
③当該不動産より所有者が受け又は受けることができた利益
④所有者が負担した支出ないし負担の性質，内容，程度等

これらとその総合判断である。

(6) **参考判例**

本件判例に関わって，給与所得者が全走行距離の8パーセントを通勤のために使用しているにすぎない自家用車を3,000円でスクラップ業者に譲渡した場合，この自動車は所得税法69条②にいう「生活に通常必要でない資産」にあたり，その譲渡所得の金額の計算上生じた損失の金額（297,000円）を給与所得の金額から控除（損益通算）することはできない，とした有名な判例（いわゆるサラリーマン・マイカー事件最判H2.3.23・税資176号136頁，大阪高判S63.9.27・税資165号767頁）がある。

以下紹介しておこう。

大阪高裁（大阪高判S63.9.27・税資165号767頁）は，「自動車をレジャーの用に供することが生活に通常必要なものと言うことができない」し，「自動車を勤務先における業務の用に供することは雇用契約の性質上使用者の負担においてなされるべきことであ」り，また，通勤に利用しても定期代の受領があるから，「本来そうする必要はなかったものであって…生活に通常必要なものとしての自動車の使用ではない」。

そうすると，「本件自動車が生活に通常必要なものとしてその用に供されたと見られるのは」，通勤のための自宅最寄り駅間における使用のみであろうが，「それは本件自動車の使用全体のうち僅かな割合を占めるにすぎないから，本件自動車はその使用の態様よりみて生活に通常必要でない資産に該当する」。

したがって，本件譲渡損失は所得税法69条②にいう「生活に通常必要でない資産に係る所得の計算上生じた損失の金額に該当するから，同条①による他の各種所得の金額との損

益通算は認められない」と判示し，納税者による控訴を棄却した（傍点一筆者）。

　最高裁（最判H2.3.23・税資176号136頁）は高裁を支持し，納税者による上告を棄却した。

📔 事件のゆくえ

　雪がタブレットで判例を再読している間に，叔父は手持ちぶさたで酒に酔い，居眠りをしかけていた。

「叔父さん，クルーザーって，どのくらい利用していたの？」

　尋ねる雪に叔父は面倒くさそうに答える。

「集客のために利用しようと思って買って，いろいろ企画したんやけど，市内と日本海は遠いから，誰もツアーに参加せんかったわ。だから家族や釣り仲間たちとたまに利用するぐらいになってしもうて，高いおもちゃになったわ」

　酔いがすっかり覚めた雪は，叔父に諭すように伝えた。

「ということは，このクルーザーは個人の旅館業になくてはならないものではなかったんでしょ。客を連れて利用料をもらって魚釣りに利用していた訳じゃなさそうよね。叔父さんが趣味で買ったクルーザーってことになれば，叔父さんの確定申告で，クルーザーの維持費なんかを必要経費にすることはできないし，修正申告しなくちゃだよ。

　ましてやクルーザーの売却損は，叔父さんが趣味の範疇で損しただけで，税金はどうにもならないわよ。

　だけど海外からの観光客が増えてきたことだし，宿泊客に海釣りだけじゃなくて，夜のクルーズ何かも楽しんでもらえるよう企画を見直してみたらどうなの？　それに琵琶湖や鯖街道，朽木に美山町など，京滋の自然体験型のツアーを企画してみたら。朽木や伊根の宿，京丹後や滋賀の酒蔵などと提携したらおもしろいルートになるだろうし，叔父さんの宿の価値が上がると思うよ。そうすればクルーザーの維持費を捻出できるでしょ。

　それに叔父さんが魚を釣ってその料理を提供するなら，クルーザーに係る諸経費は必要経費になるかな。で，その後にクルーザーを売却したら，その譲渡損失は総合譲渡の損益通算の対象範囲となる可能性もあるわ。まっ，減価償却をしていたことにして計算するから，そんなに税務上の損は出ないと思うけどね。なので売るのはやめましょうね」

195

　これを聞いて，叔父は一言，
「そうやな，考え直すわ」
　とだけ発すると，嬉しそうに寝入ってしまった．

　一方，真生の事件は急展開を見せていた．高倉が勤務する民自興業の社長が逮捕されたのだった．南川によると，竹雄の交通事故が同社社長によって仕組まれたことの証拠が上がったのである．
　三条が会社の裏取引を探っていることに気付いた社長が，彼の命を狙うため闇サイトで人を募った．実行犯は犯行後国外逃亡を指示されたが，資金が底を突いて厳しい生活を余儀なくされ，それに耐え切れず日本に戻ってきたようだ．しかも，今度は自分の命が危ないと思い，警察に保護を求めるという．何とも間抜けな話である．
　その実行犯の話によると，三条殺害のために交通事故を装ったのだが，その際，一緒にいた竹雄の方を殺めてしまったとのことだ．

事件file 47

真生所長の独り言

上告審：最高裁平成16年12月16日判決・民集58巻9号2458頁
控訴審：東京高裁平成13年1月30日判決・民集58巻9号2529頁
第一審：前橋地裁平成12年5月31日判決・民集58巻9号2472頁

事件のいきさつ

　洛中の静かな街中に，とてつもない車の爆音が聞こえてきた。窓から見れば，ド派手なイエローのスポーツカーだ。今や真生といい勝負だ，と藍子はやれやれといった表情で出迎える。ドライバーは北村氏，株式会社神戸商事の経理担当取締役であり，真生の親友だ。
「よっ，藍子先生。相変わらず魅力的だね。フィレンツェはどうだった？ トスカーナの州都だけあって，ワインが最高だったやろ」
「よくご存じなことで」
　藍子の素気ない態度を，北村は気にすることなく話し続けた。
「真生がいろいろと教えてくれるもんでね。おみやげは？」
「ちゃんと5ケース30本仕入れてきました。もちろん税関で申告してきましたよ。といっても数千円ですが。はい，北村さんのはこれね」
　そう言うと，藍子はブルネッロ・ディ・モンタルチーノを1本，北村に渡した。
「おおきにおおきに。ところで，真生は？」
「もちろん，お待ちしています。どうぞこちらへ」
　そう言いながら，藍子は北村を応接室に案内した。真生の顔を見ると，北村が口を開いた。
「また消費税が上がるみたいやな。財政難，財政再建のためぇ〜福祉のためぇ〜なんてって聞くけど，そんなもんなんかね」
「この国の借金がいくらあるか，知ってるか？」
　真生の質問に，北村が天井を見上げた。"知らない"っていうポーズである。
「国と地方の長期債務残高は1千兆円超えだ」
　そう言うと真生は，財務省発行の『日本の財政関係資料』（平成30年3月，

財務省）というデータをプロジェクターで映し出した。藍子も見たことがない。むしろ，関心を持ったことさえなかった。興味深く見ていると，
「税の集め方も大切だけど，使われ方や財政を知ることも大切だよ。立ち位置が分かるからね」
と，真生は藍子と北村に向けて語り始めた。
「興味深いのはここだ」
そう言うと，「公債残高の累増」というページを開いて，指で指し示した。「この5ページに，『国民一人当たり700万円，一家族2,798万円』って書いてあるだろう。マスコミは国民の借金だの，責任だのって騒ぐけれどね。国民は誰も，この金銭消費貸借契約の当事者でもなきゃ，保証契約もしてへんのに，何で当然のように国の債務の責任を負うことになるんやろな。
これって会社に例えると，会社の借金の総額がそのまま従業員や株主の借金だぞっ！って言われているのと同じことなんだ。不思議に思わないかあ。だって会社なら，資産と負債を比較して債務超過が生じている時に初めて借入金の弁済が問題となるわけやし，それでも株主や従業員がその借金の責任を負う，なんて話は出てこんわなぁ。まぁ，役員は会社法429条に基づいて第三者に対する損害賠償責任を負うことはあるけれど。それでも債務弁済の責任ではなく，損害賠償やわな。
それに，『国民の義務』って言う人もおるけど，国民の義務は憲法に定められている教育，勤労，納税の3つのみやしなぁ。何らの特別法もないのに，漠然と国民の義務って考えてしもうてええもんなんやろか」
そこまで言うと，真生が一息ついた。
「で，おもしろいのは，この資料の編集の仕方だ。延々と国の財政や債務状況，財政健全化の必要性や取組が書かれているけど，肝心の資産については10ページや53ページで少し紹介されとるだけや。しかも，『参考』って書かれた位置付けの資料なんだ。で，それによると資産合計は673兆円，資産負債差額，いわゆる債務超過額は549兆円ってことらしい」
真生はまるで学生に講義するかのように，説明を続けた。
「次に問題なのが，この資産の金額，会計的にいうと『評価』の問題なんだ。複式簿記を採用せず，現金主義だから，同じ『貸借対照表』という名前が付いていても，企業のそれとは大違い。この国に，どんな資産があると思う。

その資産がわずか673兆円しかないと思うか？

　地方公会計については，日本公認会計士協会が『公会計協議会』を立ち上げたり，総務省による『地方公会計の整備』のなかで，『統一的な基準による地方公会計マニュアル』も公表されたりで，複式簿記や発生主義会計に取り組んでいるんやけどな。まっ，公文書改竄や廃棄，基幹統計不正問題とかからすると，真実の財務数値は闇のなかってところかも」

　真生のこういう指摘に，藍子はいつも感心させられる。

「それに，企業の場合はグループで考えるだろ。国・地方の場合は，日本銀行を無視できないはずなんだ。もちろん，法律的には日本銀行法で自主性が義務付けられているが，さて，最近の日本銀行の動きを見てると，いろいろな捉え方ができると思うよ」

　そう言うと今度は，日本銀行の決算書を映し出した。

「平成29年度末の国債保有残高をみると，なんと418兆円。普通国債残高の約半分は日本銀行が持っているということだ。これがもしグループ会社だとすれば，親会社の社債の半分を子会社が有価証券という資産として持っているっていうことだわな。連結会計なら当然，債権債務の相殺対象項目や」

　真生の話が途切れたところで，藍子が口を開いた。

「ということは，所長。財政健全化の必要性って，どこから出てくるんですか。大盤振る舞いの歳出拡大予算が組まれているようですけど」

「そこが問題なんだけれど，一言で言えば『政治』ではないかぁ」

　そう言うと，真生は何かを考え込むように中庭を見つめていた。

「ごめんごめん。ところで，今日は何の用だっけ？　今の話の続きはまた後で。日本銀行の負債の会計的性格について考えなあかんしな[1]」

　真生はふと我に返り，ようやく本題に入った。

「その消費税なんやけど，帳簿とかしっかり付けとかなあかんのやろ[2]。要するに会計帳簿にいろいろ書いときゃ，後は帳面や原本はダンボールに突っ込

MEMO

1　吉川了平・高橋伸子（2016年）「日本銀行におけるマネタリーベースとその会計的属性の検討」『会計理論学会年報』30号，104－113頁参照。
2　第1巻事件file17「帳簿はきちんと付けましょう」参照。

んどきゃいいんかぁ。それでも『ホ・ゾ・ン』ってやつだわなぁ。あるんやから。

　調査の時，そのままダンボールを積み上げといたらええんやろか？　隠すもんはなぁんもないんやから」

　真生が目で藍子に回答を促した。

「畏まりました。これは国債や国の財政の問題と同じように，とてもとても大切な点です。最高裁まで争われ，しかも最高裁が判例解説を書いている事件です。今から，説明させていただきますね」

　そう言って，簡単な図を描いた。

「こういうことですね」

　藍子が示したのは，次のような図である[3]。

 MEMO

3　高世三郎（2007年）『最高裁判所判例解説民事篇平成16年度（下）』804頁，法曹会参照。

200

事件 file 47

真生所長の独り言

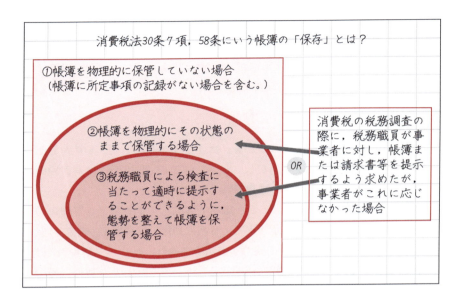

　藍子が示した図を眺めながら，北村が二人に話しかけた。
「難しい話や。日を変えよっか。もう，いい時間やしな。そうや，久しぶりに出かけんか。藍子先生からのおみやげのブルネッロ・ディ・モンタルチーノを持って，みんなで【SCALETTA】に行こうや。ぼくからは昨日ナパ・ヴァレーから届いたカベルネ・ソーヴィニヨンが車に積んであるから，飲み比べしよう。さっきの話の続きも聞きたいし。車は明日，取りにこさすわ。雪ちゃんらもいるんやろ」
「さすが貿易商ですね。すぐに片付けてお店に伺います」
　最高の笑顔で藍子が微笑みかけると，
「おおきにおおきに。ほな，先に行って始めとるわ」
　北村はそう言い残して，真生とともに事務所を後にした。

📖 関連事件を学ぶ

　藍子が説明をしようとしていたのは，最判H16.12.16（民集58巻9号2458頁）である。次のような事件であった。

(1) 事案の概要

　本件の事実関係は次のとおりである。大工工事業を営む個人事業者である納税者Xは，消費税の確定申告をしなかった。そこで課税庁Yは消費税の税額を算出するため，納税者Xの帳簿書類を調査することとした。

　課税庁Yの職員は，納税者Xの妻と電話で数回話をするなどして調査の日程の調整に努めた上，その了承を得て，5回にわたり納税者Xの自宅を訪れ，帳簿書類を全部提示して調査に協力するよう求めた。しかし，納税者Xは課税庁Yの職員に対し，接待交際費に関する領収書を提示しただけで，その余の帳簿書類を提示せず，それ以上調査に協力しなかった。Yの職員は，提示された領収書312枚をその場で書き写したが，それ以外の帳簿書類については，納税者Xが提示を拒絶したため，内容を確認できなかった。

　そこで課税庁Yは，提示された領収書によって確認された接待交際費だけを課税仕入れと認め，それ以外は「事業者が当該課税期間の課税仕入れ等の税額の控除に係る帳簿又は請求書等を保存しない場合」に該当するとして消費税額を算出し，各更正処分等を行った。

　当時の状況を時系列にすると，次のとおりである。

事件file **47**

真生所長の独り言

H3. 8	訪問・電話で数回話をして調査日程を調整
H3.10.16	訪問時，納税者 X 宅には，X，X の妻，民主商工会の事務局長（以下，「事務局長」という。）ほか 6 名が待機，滞在時間は約 80 分。
H3.10.25	課税庁 Y 職員は，納税者 X に対し，税額を算定するには，まず総収入額から必要経費を控除して所得金額を算定しなければならないので，帳簿等を全部見せてもらえなければ正しい所得金額が確認できない旨を説明した。事務局長が同席し，滞在時間は約 10 分。課税庁 Y 職員によると，この時，納税者 X に帳簿等の提示の調査協力を要請したが，「ばか，ばか，ばかだな，ただで見せる奴がいるかよ。見せ賃よこせ。」，「謝らないとだめだ。」などと主張し，全く調査協力が得られなかった，とのことである。
H3.11.18	課税庁 Y 職員は，所得税の所得金額，所得税の額を口頭で伝え，納税者 X から差し出された領収書を 74 枚書き写した。事務局長が同席し，滞在時間約 165 分。
H4. 1 .21	課税庁 Y 職員は，納税者 X に対し，収入金額及び外注費についての書類の提示を求めたが応じてもらえず，差し出された接待交際費の領収書綴り 2 冊（1 冊は前回の続き）について 238 枚を書き写した。領収書の確認に時間が掛かったことから，他の帳簿書類及び領収書等を借受けて検討し，調査の進展を図りたい旨原告に話したが，納税者 X はこれを拒絶した。事務局長が同席し，滞在時間約 170 分。
H4. 1 .31	課税庁 Y 職員はその上司と共に訪問し，税務署独自の調査を進める旨伝えた。事務局長が同席し，滞在時間約 35 分。
H4. 3 . 3	課税庁 Y 職員は，納税者 X が税務署に来なかったことから，同月 3 日付けで，更正の請求に対して，更正をすべき理由がない旨の通知をした。
H4. 3 . 4	課税庁 Y 職員は，同日付けで，本件所得税更正処分等及び本件消費税決定処分等を行った。

203

(2)当事者の主張

　課税庁Y職員による調査当時，納税者Xが，消費税の課税期間の課税仕入れ等の税額の控除に係る帳簿又は請求書等（以下「帳簿等」という）を保存していなかったと言えるか否かについてみると，当事者の主張は次のとおりである。

①納税者Xの主張

　消費税法30条⑦の解釈は租税法律主義の原則からして厳格でなければならず，その「保存」とは文字通り帳簿等が，「元の状態を失わないでいること」である。しかも，「保存」の有無が争われた場合，口頭弁論終結時までにその客観的事実の存在を立証すれば足りる。

　事実関係について納税者Xは，各経費の費目ごとにファイルで綴った領収書などすべてをテーブルの上に置き，調査に協力しようとしていたのだから，課税庁Y職員が少しでも調査する意思を有していたならば帳簿等の保存を確認できた。

②課税庁Yの主張

　消費税法30条⑦が，帳簿等の保存を仕入税額控除の要件とした趣旨は，税務職員が税務調査に際して，納税者から仕入税額控除に係る帳簿等の提示を受け，申告の正確性を確認できるようにするためである。したがって，仕入税額控除をするためには，納税者が税務調査に際し，税務職員に対して帳簿等を提示することが必要であり，納税者がこの提示を拒否した場合には「保存しない場合」に該当し，仕入税額控除の要件を欠くことになる。しかも，この「保存」は，仕入税額控除が認められるための独立の要件であり，本件課税処分時において保存が確認されなければならない。

　事実関係について，納税者Xは再三にわたる提示要請にも応じなかったのであり，「保存しない場合」にあたる。しかも，家事分等の課税仕入れに該当しないものが存在し，また領収証等には品名の記載がない等，形式要件にさえ該当しないものが多数含まれており，これらの仕入税額控除は認められない。

⑶最高裁（平成16年12月16日判決・民集58巻9号2458頁）の判示事項

①申告納税方式と消費税法の構造

「申告納税方式の下では，納税義務者のする申告が事実に基づいて適正に行われることが肝要であり，必要に応じて税務署長等がこの点を確認することができなければならない。そこで，事業者は，帳簿を備付けてこれにその行った資産の譲渡等に関する事項を記録した上，当該帳簿を保存することを義務付けられており（法58条），国税庁，国税局又は税務署の職員（以下「税務職員」という。）は，必要があるときは，事業者の帳簿書類を検査して申告が適正に行われたかどうかを調査することができるものとされ（旧法62条，国税通則法74条の2），税務職員の検査を拒み，妨げ，又は忌避した者に対しては罰則が定められていて（旧法68条一号，国税通則法127条），税務署長が適正に更正処分等を行うことができるようにされている」のである。

②消費税法30条⑦について

消費税法30条⑦は，「事業者が…課税仕入れに関し，法30条⑧一号所定の事項が記載されている帳簿を保存している場合…において，税務職員が…検査することにより課税仕入れの事実を調査することが可能であるときに限り，同条①を適用することができることを明らかにするもの」である。

「法30条⑦の規定の反面として，事業者が上記帳簿又は請求書等を保存していない場合には同条①が適用されないことになるが，このような法的不利益が特に定められたのは，資産の譲渡等が連鎖的に行われる中で，広く，かつ，薄く資産の譲渡等に課税するという消費税により適正な税収を確保するには，上記帳簿又は請求書等という確実な資料を保存させることが必要不可欠であると判断されたためである」。

③規範

「事業者が，消費税法施行令50条①の定めるとおり，法30条⑦に規定する帳簿又は請求書等を整理し，これらを所定の期間及び場所において…税務職員による検査に当たって適時にこれを提示することが可能なように態勢を整えて保存していなかった場合は，法30条⑦にいう『事業者が当該課税期間の課税仕入れ等の税額の控除に係る帳簿又は請求書等を保存しない場合』に当たり」，同条①にいう仕入れに係る消費税額の控除はできない。

④あてはめ

　納税者Xは，課税庁Yの「職員から帳簿書類の提示を求められ，その求めに特に違法な点はなく，これに応じ難いとする理由も格別なかったにもかかわらず，上記職員に対し，平成2年分の接待交際費に関する領収書を提示しただけで，その余の帳簿書類を提示せず，それ以上調査に協力しなかった」。

　納税者Xは，本件「検査に当たり，適時に提示することが可能なように態勢を整えてこれらを保存していたということはできず，本件は法30条⑦にいう『事業者が当該課税期間の課税仕入れ等の税額の控除に係る帳簿又は請求書等を保存しない場合』に当たり」，本件各処分に違法はない。

　最高裁は以上のとおり判示し，納税者Xの上告を棄却した。

関係条文を読む

(1) 消費税法30条《仕入れに係る消費税額の控除》
① 事業者…が，国内において行う課税仕入れ…については，…課税標準額に対する消費税額…から，…課税仕入れに係る消費税額…を控除する。
⑦ ①の規定は，事業者が当該課税期間の課税仕入れ等の税額の控除に係る帳簿及び請求書等…を保存しない場合には，当該保存がない課税仕入れ又は課税貨物に係る課税仕入れ等の税額については，適用しない…。
⑧ 前項に規定する帳簿とは，次に掲げる帳簿をいう。
　一　課税仕入れ等の税額が課税仕入れに係るものである場合には，次に掲げる事項が記載されているもの
　　イ　課税仕入れの相手方の氏名又は名称
　　ロ　課税仕入れを行つた年月日
　　ハ　課税仕入れに係る資産又は役務の内容
　　ニ　①に規定する課税仕入れに係る支払対価の額

(2) 消費税法58条《帳簿の備付け等》
　事業者…は…，帳簿を備え付けてこれにその行つた資産の譲渡等又は課税仕入れ…に関する事項を記録し，かつ，当該帳簿を保存しなければならない。

(3) 国税通則法74条の2①《当該職員の所得税等に関する調査に係る質問検査権》（旧消費税法62条①）
　国税庁，国税局若しくは税務署（以下「国税庁等」という。）…は，所得税，法人税…消費税に関する調査について必要があるときは…当該各号に定める者に質問し，その者の事業に関する帳簿書類その他の物件…を検査し，又は当該物件…の提示若しくは提出を求めることができる。

⑷国税通則法128条（第10章「罰則」）（旧消費税法68条本文及び四号）

次の各号のいずれかに該当する者は，1年以下の懲役又は50万円以下の罰金に処する。

二　74条の2…の規定による当該職員の質問に対して答弁せず，若しくは偽りの答弁をし，又はこれらの規定による検査，採取，移動の禁止若しくは封かんの実施を拒み，妨げ，若しくは忌避した者

三　74条の2…の規定による物件の提示又は提出の要求に対し，正当な理由がなくこれに応じず，又は偽りの記載若しくは記録をした帳簿書類その他の物件（その写しを含む。）を提示し，若しくは提出した者

⑸消費税法施行令50条①《課税仕入れ等の税額の控除に係る帳簿等の保存期間等》

法30条①の規定の適用を受けようとする事業者は，同条⑦に規定する帳簿及び請求書等を整理し…7年間…保存しなければならない…。

主要論点について考える

⑴下級審判例を読む

——第一審（前橋地判平成12年5月31日・民集58巻9号2472頁）および控訴審（東京高判平成13年1月30日・民集58巻9号2529頁）——

前橋地裁は次のように消費税の特殊性，および消費税法30条⑦の趣旨を指摘し，納税者Xの請求を棄却した。

「消費税は，他の税目に比べ，大量反復性を有しているため，簡単に調査しうる確実な証拠によって迅速に調査を行うことができなければ，税務署長等は広い範囲の申告内容を確認することができず，適正な税収を確保できないおそれがある。また，消費税は，消費者からの預り金的性質を有するから，納税者の益税とならぬよう，特に正確な税額確定が要求されるところ，証拠方法を確実な証拠に限定しなければ，大量，迅速な処理が要求される税務調査において，その正確性を十分担保することができない。」

「消費税法30条⑦は，効率的な税務調査を実現することにより，申告納税制度を採用する消費税法のもとで適正な税収を確保しようとした規定である」。

したがって，帳簿等は「税務署長等が申告内容の正確性を確認するための資料として保存が要求されているもの」なのであり，帳簿等が「税務調査に供されることを予定し，税務職員が税務調査として帳簿又は請求書等の提示を求めたときは，納税者はこれに応じることを当然の前提としている」。

また，消費税法施行令50条①は，帳簿等が「税務調査の資料として利用されることを前提にその保存期間を規定しているのであって，不服申立手続や訴訟手続で帳簿…等が利用されることは念頭においていない。また，…納税地等において整理して保存しなければならないとされている点も，税務調査において税務職員が帳簿等の内容を確認することを前提とした規定であると理解す」べきである。

以上によれば，消費税法30条⑦にいう帳簿等の「保存」とは，「単なる客観的な帳簿…等の保存と解すべきではなく，税務職員による適法な提示要求に対して，帳簿…等の保存

の有無及びその記載内容を確認しうる状態におくことを含む」ことになる。
　「これを納税者の側から見ると，税務調査において帳簿…等の提示を拒否した納税者は仕入税額控除を受けることができないこととなるが，帳簿…等を適正に保存さえしていれば，納税者が税務調査においてそれを提示することは極めて容易であり，その機会も充分に与えられるのであるから，敢えて課税処分がなされた後に帳簿…等の提出権を認めなければならない合理的理由はない。」
　したがって，「納税者が税務職員による適法な提示要求に対して，正当な理由なくして帳簿…等の提示を拒否したときは，後に不服申立手続または訴訟手続において帳簿…等を提示しても，これによって仕入税額の控除を認めることはできない」。
　このように前橋地裁は，税務職員が調査時に帳簿等を確認しうる状態においてこそ，消費税法30条⑦にいう帳簿等の「保存」に該当するとし，しかも，帳簿等の提示は極めて容易で，その機会も十分にあるから，後に帳簿等の提出権を認める必要はない，と判示したのである。
　東京高裁はさらに厳しく，「税務職員が消費税の調査に当たって質問検査権を行使して，単に帳簿等が保存されていることさえ確認されれば，それだけで仕入税額控除が認められるというわけでなく，税務職員が保存されている帳簿等を調査し，その結果と申告書類及び計算明細書の記載内容とが一致していることを確認することができてこそ，仕入税額控除が認められる」と判示し，納税者Xによる控訴を棄却したのである（傍点─筆者）。

(2) 参考判例

　本判決の結論は，最判H17.3.10・民集59巻2号379頁にも見受けられる。最判は本件判例を引用し，まず消費税について「税務調査において適法に帳簿等の提示を求められ，これに応じ難いとする理由も格別なかったにもかかわらず，帳簿等の提示を拒み続けた」のであるから，「帳簿等の検査に当たって適時にこれを提示することが可能なように態勢を整えて帳簿等を保存していたということはできず，本件は同法30条⑦にいう帳簿等を保存しない場合に当た」る，とした。
　さらに，法人税法について次のような判示をした。「法人税法126条①は，青色申告の承認を受けた法人に対し…帳簿書類を備え付けてこれにその取引を記録すべきことはもとより，これらが行われていたとしても，さらに，税務職員が必要と判断したときにその帳簿書類を検査してその内容の真実性を確認することができるような態勢の下に，帳簿書類を保存」することを要請する。
　さらに，「法人が税務職員の同法153条《当該職員の質問検査権》の規定に基づく検査に適時にこれを提示することが可能なように態勢を整えて当該帳簿書類を保存していなかった場合は，同法126条①《青色申告法人の帳簿書類》の規定に違反し，同法127条①一号《青色申告の承認の取消し》に該当する」ことになる。
　「税務調査において適法に帳簿書類の提示を求められ，これに応じ難いとする理由も格別なかったにもかかわらず，帳簿書類の提示を拒み続けた」のだから，「調査が行われた時点で所定の帳簿書類を保管していたとしても，法人税法153条に基づく税務職員による帳簿書類の検査に当たって適時にこれを提示することが可能なように態勢を整えて保存するこ

とをしていなかったというべきであり」，青色取消処分に違法はない，と指摘したのである。

このように最判H17.3.10は，本件最判の論理を法人税青色申告の取消しに拡大して適用したのである。

⑶ 滝井繁男裁判官の反対意見について

最判H16.12.20・税資254号順号9870もまた，本件最判を引用し，納税者の上告を棄却している。ただし，滝井繁男裁判官の反対意見が興味深いので，紹介しておきたい。上述の青色承認の取消事由になる場面との相違についても指摘がなされている。

「仕入税額控除は，消費税の制度の骨格をなすものであって，消費税額を算定する上での実体上の課税要件にも匹敵する本質的な要素」である。「ただ，法は，この仕入税額控除要件の証明は一定の要件を備えた帳簿等によることとし，その保存がないときは控除をしないものとしているのである（同条⑦）。

しかしながら，法が仕入税額の控除にこのような限定を設けたのは，あくまで消費税を円滑かつ適正に転嫁するために（税制改革法11条①），一定の要件を備えた帳簿等という確実な証拠を確保する必要があると判断したためであって，法30条⑦の規定も，課税資産の譲渡等の対価に着実に課税が行われると同時に，課税仕入れに係る税額もまた確実に控除されるという制度の理念に即して解釈されなければならない」。

「正当な理由のない帳簿等の提示の拒否は，帳簿等を保存していないことを推認させる有力な事情である。しかし，それはあくまで提示の拒否という事実からの推認にとどまる」。

「保存がないことを理由に仕入税額控除を認めないでなされた課税処分に対し，所定の帳簿等を保存していたことを主張・立証することを許さないとする法文上の根拠はない」。

「また，大量反復性を有する消費税の申告及び課税処分において迅速かつ正確に課税仕入れの存否を確認し，課税仕入れに係る適正な消費税額を把握する必要性など制度の趣旨を強調しても，法30条⑦における「保存」の規定に，現状維持のまま保管するという通常その言葉の持っている意味を超えて，税務調査における提示の求めに応ずることまで含ませなければならない根拠を見出すことはできない。そのように解することは，法解釈の限界を超えるばかりか，課税売上げへの課税の必要性を強調するあまり本来確実に控除されなければならないものまで控除しないという結果をもたらすことになる点において，制度の趣旨にも反する」ことになる。

「青色申告の承認を受けた者は，帳簿書類に基づくことなしには申告に対して更正を受けないという制度上の特典を与えられているのであるから，税務調査に際して帳簿等の提示を拒否する者に対してもその特典を維持するというのは背理である。したがって，その制度の趣旨や仕組みから，税務職員から検査のため求められた書類等の提示を拒否した者がその特典を奪われることは当然のこと」である。

これに対し仕入税額控除は課税要件を定めているのであって，「青色申告承認のような単なる申告手続上の特典ではない…。そして，法は，消費税額の算定に当たり，仕入税額を控除すべきものとした上で，帳簿等の保存をしていないとき控除の適用を受け得ないとしているにとどまる」。

「法30条⑦も，消費税を円滑かつ適正に転嫁するために帳簿の保存が確実に行われなけ

ればならないことを定めたものであり，着実に課税が行われるよう，課税売上げの額を正しく把握すると同時に控除されるべき税額は確実に控除されなければならないという消費税制度の趣旨を考えれば，同項にいう『保存』に，その通常の意味するところを超えて税務調査における提示をも含ませるような解釈」はできず，また，「そのように解することは，本来控除すべきものを控除しない結果を招来することになって，かえって消費税制度の本来の趣旨に反する」ことになる。

罰則に関しては，「法は，提示を拒否する行為については罰則を用意しているのであって（法68条），制度の趣旨を強調し，調査への協力が円滑適正な徴税確保のために必要であることから，税額の計算に係る実体的な規定をその本来の意味を超えて広げて解することは，租税法律主義の見地から慎重でなければならない」，と指摘するのである。

⑷「保存」をめぐる見解

消費税法30条⑦が規定する「帳簿及び請求書等を保存しない場合」には次のような見解の対立がある。

①帳簿書類の保存義務にはこれを提示する義務が包含されるとする説，
②帳簿書類の保存義務は帳簿書類を保持していれば果たしたことになるとする説，
③帳簿書類の保存義務は税務職員の質問検査権に基づく適法な提示要請があれば提示することができる状態に置くことを包含するとする説，

以上である。

第①説や第③説については，「保存」を「提示」に読み替えるものとの批判がある。他方第②説については，申告納税制度の仕組み，趣旨，納税者の帳簿書類の保存義務と調和しない，との批判がある。

本件最判は，第①説および第③説の結論を支持したものである。

論者によると，本判決の考え方は，「大多数の国民が違和感を覚えるとは考え難」く，また租税法律主義に反するものではない，と指摘されるところである（髙世三郎，前掲論文，798-801頁）。

⑸**本件最判平成16年12月16日の意義と事務運営指針**

本判決の法理は，帳簿等を「保存しない場合」に該当する重要な場合を明らかにしたものであり，「本判決が示した法理の根拠が，申告納税制度の趣旨及び仕組み，法令が納税義務者に課した帳簿の備付け，記録及び保存義務並びに税務職員による検査制度に存すると考えられ」，「本判決が租税法の解釈，課税実務，裁判実務に与える影響は，大きいもの」，と税務実務に対して極めて重要な指摘がなされているのである（髙世三郎，前掲論文，809頁）。

本件判決の影響をも受けて，「経済社会の構造の変化に対応した税制の構築を図るための所得税法等の一部を改正する法律」（法律第114号（平23.12.2）に繋がったものと考えられるのである。この点については是非税庁長官による「調査手続の実施に当たっての基本的な考え方等について（事務運営指針）」（http://www.nta.go.jp/law/jimu-unei/sonota/120912/index.htm）をも参照されたい。改正法に伴い，「法令を遵守した適正な調査の遂行を図るため，調査手続の実施に当たっての基本的な考え方等」が定められている（上記運営指針「趣旨」より）。

📖 事件のゆくえ

「なるほどねぇ」

藍子の説明を一通り聞いた北村の感想である。

「藍子先生，よう分かったわぁ。おおきに，やで。結局，今は法律も変わって，帳簿も請求書等も一式，ちゃあ〜んと残しておいて，調査の時には見せて差し上げなぁいかんっちゅうこっちゃな。消費税でも所得税でも法人税の世界でも…なんや厳しくなるばっかやな。

そやけど，不要になった紙は捨てて，パソコン上のデータは，短期間で自動的に消去されて復元できないようなシステムになってございます，なんて言っとけば，偉くなる世界もあるのになぁ[4]。それが国民には通用せんとはなぁ。変な世の中になったもんや。

それにまっ，税金はちゃんと払わなあかんっちゅうことは十分分かっとる。ちゃんと使ってくれりゃいいんやけどな」

「そうですね。そのためにも先日真生が説明させていただきましたように，国や地方の財政に私たちはもっと関心を抱いて，様々な手段を行使すべきなのだと思います。無関心という罪を犯すことがないよう」

「そやなぁ」

北村の返事に，真生が話し出した。

「それに，消費税法違反，つまり，偽りその他不正の行為により，消費税を免れたり還付を受けたりしようとするだけで，実際にはしてなくても，罪に問われる時代や。十分気を付けなあかんでぇ」

「共謀罪やな。あの6条の2の対象犯罪に，消費税法違反，法人税法違反，所得税法違反なんかがちゃ〜んと入れられとるんやろっ」

北村もよく承知しているようである。

「えっ」

🌉 MEMO

4　第193回国会　決算行政監視委員会　第2号（平成29年4月3日（月曜日））会議録より。各新聞社等報道，2017年7月4〜5日付記事等参照。

　藍子の言葉に，真生がプロジェクターで法文を映し出して，優しく説明を始めた。
「この平成29年6月15日に強行採決された『テロ等準備罪』。正確には『組織的な犯罪の処罰及び犯罪収益の規制等に関する法律等の一部を改正する法律』って言うんやけどな。その6条の2を見てみ。次のように書いてあるやろ。『団体の活動として…二人以上で計画した者は，…その他の計画をした犯罪を実行するための準備行為が行われたときは，…刑に処する』って書いてあるやろ。で，この対象犯罪に，消費税法違反，法人税法違反，所得税法違反や，金商法違反の粉飾決算の罪やらが掲げられてるんや」
「国会審議見てても右往左往やしな。具体的なところはこれから決まっていくんやろうけど，平成29年7月11日に施行されとるんや」
「一大事ですね。よく勉強します」
　藍子はようやく事態の重大さを理解した。
「ところで話は変わるんやけど，最近人気の上昇している二条あたりに飲食店舗用のテナント・ビルを造ろうと思ってるんや。レジデンスを含めて。小規模なんやけどな。相談に乗ってくれんかなぁ。藍子先生や真生が入ってくれると心強いしなぁ」
　北村の話が長くなりそうだったので，
「どうぞごゆっくり。ワインでもお持ちしましょうか。あっ，季節がいいので，中庭に移られてはいかがですか」
　そう言うと，藍子は立ち上がった。

事件file 48

NPO法人のビジネス

上告審：最高裁平成20年9月12日判決・訟月55巻7号2681頁
控訴審：名古屋高裁平成18年3月7日判決・税資256号順号10338
第一審：名古屋地裁平成17年3月24日判決・税資255号順号9973

事件のいきさつ

　高倉が勤める民自興業の社長は，一般の人間が容易にアクセスできない闇サイトを開設し，ハッキングソフトの販売から麻薬や偽造パスポートの仲介まで手を広げていた。ある会議を通じた政界との太いパイプがあり，自らに捜査の手が及ぶとは微塵も思ってもいなかったようだ。決済はすべて足の付きにくい仮想通貨を利用していた。そこで得た利益を会社の粉飾に利用していたのだが，悪事はそれだけに留まらなかった。

　仮想通貨交換サイトに外部から不正アクセスし，通貨交換業者のシステムを操作した上でKYOコインを盗み出していたのである。盗んだコインは，第三者の口座を経由させ，さらに別の口座へと分散させていた。そのKYOコインはプールされ，闇サイトを通じたコミュニティ内で融通されていた。しかも，そのコミュニティには，名の知れた歴代の各大臣らが含まれているという。恐らくここで裏献金も行われていたのだろう。

　タックスヘイブンの関連会社に共同出資した会社もまた，同様の手口で粉飾していたらしい。検察が乗り出してはきたものの，すべての金の流れを把握するには相当の時間が掛かりそうだ。各方面から捜査への圧力も掛かることだろう。

　真生らがそんな闇と格闘している朝，雪は何とも清楚な世界に佇んでいた。関西屈指の紅葉の名所，滋賀県の日吉大社である。比叡山の麓に鎮座するこの大社は，およそ2100年前，崇神天皇7年に創祀され，全国3800余の日吉・日枝・山王神社の総本宮である。平安京の表鬼門（北東）にあたることから，都の魔除・災難除を祈る社として，また天台宗の護法神として今日に至っているとのことである。雪は何とも敬虔な気持ちになりながら，紅葉が色付く

213

　日吉大社を通り抜け，クライアントのNPO法人（特定非営利活動法人）を訪ねてきた。
　介護保険によるデイサービス事業と会員向けに手芸や木工などの教室を運営しているNPO法人ユウユウである。理事長をしている田川から相談を受けていた。
　田川は雪を迎え入れるや否や，すぐに話し出した。
「先生，ご存じのとおり最近では手芸や木工の作品づくりの教室が人気なの。
　会員さんもいろいろな作品ができるのはいいことなんだけど，お家で飾る場所がなくて困られてる方が多いのよ。
　そのことを会員の皆さんと相談してたら，有志がその作品をNPO法人に寄附してくれて，で，手作り市などで，ユウユウの作品として販売することになったのよ」
「それはいいことですね。皆さんもやりがいがあるでしょう」
　田川は，"待ってました"とばかりに，話し続けた。

「そうなの！　作品の割に値段も比較的安いのが好評で今まで３回ほど販売してすべて完売なの。思ってた以上に売れたので，みんなで，これからも継続的にやっていこうという話になって。

　以前，先生から何か新しいことをする時は連絡するようにと言われてたから，今日はお越しいただいたの」

「そうでしたか。それで，売上はどのくらいありますか？」

　そう雪が聞くと，田川は満面の笑みを浮かべる。

「作品の売上は30万円ぐらいになりましたわ」

　と笑顔で言った。

「そんなにあるんですか」

　雪は少し驚きながらも，過去のペット供養訴訟を思い起こしていた。

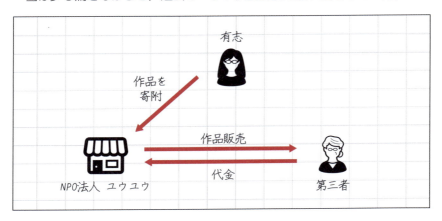

関連事件を学ぶ

　雪が参考になると考えたのは，宗教法人によるペットの葬儀事業が収益事業に該当するかどうかを争った事件である。

(1)事案の概要
　納税者X法人は，宗教法人であり，昭和58年頃より，死亡したペットの葬儀・供養を有料で行っていた（以下「ペット葬祭業」という）。

　X法人が行うペット葬祭業は，約3千坪の敷地内に，ペット専用の火葬場，墓地，納骨堂，待合室を設け，引取りのための自動車を保有していた。

　そして，ペットの重さと3種の火葬の方法との組合せにより8千円から5万円までの料金表が用意され，依頼者はそれに基づき料金を支払っていた。

　さらに，ホームページを開設するなど広報も行って事業を続けていたが，法人税の申告はしてこなかった。

　しかし課税庁Yは，ペット葬祭業の実態から収益事業に該当するとして，平成14年5月20日付けで，平成9年から平成13年までの事業年度について，法人税の決定処分等を行ったため，X法人がその取消しを求めた事件である。

ペット葬儀業
・動物専用の火葬場や墓地等の整備
・合同葬，個別葬，立会葬の3種類
・費用は料金表を作成

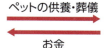

納税者 X法人
（宗教法人）

ペットの供養・葬儀
お金

依頼者

(2)当事者の主張
①納税者X法人の主張
　宗教法人が行うペット葬祭業は宗教的行為であって，課税の対象とはならず，ペット葬祭業から受け取る収入は喜捨等に該当する。

　つまり，僧侶が行う供養について，人の葬儀である供養とペットの葬儀ないし供養を別と考えること自体がおかしいことであり，僧侶が行うこと自体に価値が存在する。

②課税庁Yの主張
　ペット葬祭業は一般の事業者も行っており，X法人も合同葬のメニューや

対象に応じて，それと同様の料金設定を行っている。

　このように目的，内容，周知方法などの外見からすると，一般事業者のそれと同様で競合するものであるから，本件ペット葬祭業は収益事業に該当する。

⑶最高裁（平成20年9月12日判決・訟月55巻7号2681頁）の判示事項

　最高裁は，宗教法人の行う事業が収益事業に該当する否かの判断を示した。

　まず，その判断基準として，宗教法人の行う事業について，「事業が法人税法施行令5条①十号の請負業に該当するか否かについては，事業に伴う財貨の移転が役務の支払として行われる性質のものか，それとも役務の対価ではなく喜捨等の性格を有するものか，また，当該事業が宗教法人以外の一般的に行う事業と競合するものか否かの観点を踏まえた上で，当該事業の目的，内容，態様等の諸事情を社会的通年に照らして総合的に判断する」とした。

　つまり，収益事業に該当するか否かについては，1つ目が役務の提供として対価を得ているか，および2つ目がいわゆるイコール・フィッティング論と呼ばれる民間企業との競争条件の平等という2点の要件をもって判断するとしたのである。

　そこで，この2つの要件を当事案に当てはめている。

　1つ目の役務の提供により対価を得ているかどうかについては，外形的にみると請負業，倉庫業および物品販売業と変わらず，本件ペット葬祭業においては，Xの提示される料金表によりその金額を支払っている形態から，「これらに伴う金員の移転は，上告人の提供する役務等の対価の支払として行われる性質のものとみるのが相当であり，依頼者において宗教法人が行う葬祭等について宗教行為の意味を感じて金員の支払をしたとしても，いわゆる喜捨等の性格を有するとはできない」。

　2つ目のイコール・フィッティングに関しては，「本件ペット葬祭業は，その目的，内容，料金の定め方，周知方法等の諸点において，宗教法人以外の法人が一般的に行う同種の事業と基本的に異なるものではなく，これらの事業と競合するもの」，と判示したのである。

　この2つの要件を検討した結果，納税者X法人が行うペット葬祭業は，法人税法2条十三号の収益事業に該当するとして，その請求を退けた。

関係条文を読む

(1) 法人税法2条十三号《収益事業》

収益事業 販売業，製造業その他の政令で定める事業で，継続して事業場を設けて行われるものをいう。

(2) 法人税法4条①《納税義務》

内国法人は，この法律により，法人税を納める義務がある。ただし，公益法人等又は人格のない社団等については，収益事業を行う場合…限る。

(3) 法人税法5条《内国法人の課税所得の範囲》

内国法人に対しては，各事業年度（連結事業年度…。）の所得について，各事業年度の所得に対する法人税を課する。

(4) 法人税法7条《内国公益法人等の非収益事業所得等の非課税》

内国法人である公益法人等…事業年度の所得のうち収益事業から生じた所得以外の所得については，5条（内国法人の課税所得の範囲）の規定にかかわらず，各事業年度の所得に対する法人税を課さない。

(5) 法人税法施行令5条①《収益事業の範囲》

法人税法2条十三号（定義）に規定する政令で定める事業は，次に掲げる事業（その性質上その事業に付随して行われる行為を含む。）とする。

　一　物品販売業…
　二　不動産販売業…
　十　請負業…
　二十九　医療保健業…
　三十四　労働者派遣業…

(6) 民法632条《請負》

請負は，当事者の一方がある仕事を完成することを約し，相手方がその仕事の結果に対してその報酬を支払うことを約することによって，その効力を生ずる。

(7) 特定非営利活動促進法5条《その他の事業》

① 特定非営利活動法人は，その行う特定非営利活動に係る事業に支障がない限り，当該特定非営利活動に係る事業以外の事業（以下「その他の事業」という。）を行うことができる。この場合において，利益を生じたときは，これを当該特定非営利活動に係る事業のために使用しなければならない。

② その他の事業に関する会計は，当該特定非営利活動法人の行う特定非営利活動に係る事業に関する会計から区分し，特別の会計として経理しなければならない。

主要論点について考える

⑴ 下級審判例を読む
——第一審（名古屋地判平成17年3月24日・税資255号順号9973）および控訴審（名古屋高判平成18年3月7日・税資256号順号10338）——

　名古屋地裁は，収益事業の意義とその判断基準について，公益法人等に対する課税制度と宗教法人，公益法人に対する課税制度の経緯，収益事業概念の解釈の在り方，宗教行為と収益事業性の有無について検討を重ね，収益事業性の有無の判断要素を次のように判示した。

　収益事業「該当性の有無は，当該事業の展開の手法，収受される財貨の額が定まるに至る経緯，その額と給付行為の内容との対応関係，例外の許容性などの具体的諸事情を総合的に考慮し，一般事業者が行う類似事業と比較しつつ，社会通念に従って，果たしてその財貨移転が任意になされる性質のものか，それとも一定の給付行為の内容に応じた債務の履行としてなされるものかを判断して決せられるべき」である。またこれは，「ペット葬祭業だけに妥当するものではなく，針供養や人形供養，おみくじ等の頒布などの宗教的行為にも当てはまる」との見解を示した。

　その上で，「納税者X法人が行う合同葬，一任葬及び立会葬は，いずれも，原告がペットの葬儀を執り行い，ペットの死体を焼却することを約し，他方，ペット供養希望者が『料金表』ないし『供養料』の表題が付された金額表に記載された金員を交付することを約しているのであるから，死体の焼却については請負契約，それ以外については準委任契約の成立要件を充足する」と判示し，納税者Xの請求を棄却した。

　名古屋高裁もまた同様に，納税者Xの控訴を棄却している。

⑵ イコール・フィッティング論について

　イコール・フィッティング論は，宗教法人や公益財団（社団）法人等に対して行う収益事業課税の根拠として用いられており，一般事業者が利益の獲得を目的として行っている事業と同じ類型の（収益）事業から生じた収益に対しては，これらに税制上の便宜を提供すべき根拠がないとする考え方である。

　そのように解さないと課税の公平性を確保することができないとする立場である。この見解では，一般事業者が利益獲得活動を目的としている事業かどうかが収益事業の判定に大きな意味を有することになる。

　本件名古屋地裁判決は，「一般事業者との競争条件の平等化を意味するイコール・フィッティング論が現行課税制度の根拠の一つとなっている」と指摘する。その意味は，「法人税法は，およそ公益法人等であれば，どのような活動によって得た収益であろうと課税しないとする立場に立脚するものではなく，これらの法人等も納税義務者とした上で，本来の非営利活動については課税対象から外すこととするが，一般事業者が利益の獲得を目的として行っている事業と同じ類型の（収益）事業から生じた収益に対しては，これらに税制上の便宜を提供すべき根拠がなく，また課税の公平性の確保の観点から，低率ではある

ものの, 課税対象としている」, というものである。
　これとは逆にイコール・フィッティング論を収益事業課税の一般的な原則とすることについては反対意見も存在している。
　この反対意見は, 現行法人税法施行令5条は, 34業種に該当しない場合であっても, 公共性の高いものについては明文で非課税にしている (例えば, 大学の委任研究。令5条①十号2など)。これに対して宗教団体が行う供養について非課税規定を設けておらず, 本来であるなら課税される余地があるにもかかわらず課税されておらず,「一般業者との競合が存在しない」ことを理由に正当化している。
　供養等の本来的宗教活動は34業種に類似している。ただし明文規定がなく課税対象に含まれる余地があるものの, 現行実務では課税されていない。
　現行法人税法施行令5条をみると, 34業種のどこにも「民間と競合しない場合は除く」等の非課税を合理化する根拠はないとも考えられている (三木義一 (2004年)「宗教法人によるペット供養の非収益事業性」『立命館大学法学』298号, 414頁)。

(3) **参考判例**
① NPOふれあい事業事件 (東京高判平成16年11月17日・税資254号順号9820)
　参考の判例として特定非営利活動法人の福祉サービスの仲介業務が収益事業の請負業, 周旋業に該当するかどうかについて争われた事件 (千葉地判H16.4.2・訟月51巻5号1338頁, 東京高判H16.11.17・税資254号順号9820) がある (石村耕治 (2015年)「ペット葬祭をめぐる宗教法人課税事件の分析」『白鴎法学』第21巻2号, 277頁参照)。
　この事件では, 法人が会員相互間で炊事等のサービス事業を行っており, 会員は, このサービスを利用するため法人からチケットを購入し, 寄附とされる事務運営費を控除した金額をサービス提供者に謝礼として渡していた。この法人の福祉サービスの仲介業務が, 法人税施行令5条①十号で請負業の事務処理の委託を受ける業に該当するかが争われた事件である。
　相互に会員を紹介する業務が, 請負業の範囲を示している法人税基本通達15-1-27にいう「情報の提供」に該当する。
　そして「本件事業は, これに携わる控訴人あるいはその会員の主観的意図や究極の目的を捨象して見た場合, <u>外形的形態としては, 介護保険事業あるいはその周辺のサービスと共通する要素がある</u>」ので,「多額ではないにしても剰余金を取得している」から, 法人税課税がなされるものと判示した。
　ここでは金額の多寡には関わりなく, 当事者の主観は度外視し,「外形的形式」ないし「客観的事業形態」のみから判断する枠組みが採用されている。
② NPO収益事業該当性請求事件 (東京高判平成28年10月25日・LEX/DB25561891, 東京地判平成28年3月29日・LEX/DB25535063)
　これは, 淡水魚であるホンモロコを養殖し, 放流又は販売する事業 (以下「本件ホンモロコ事業」という) および, 生活情報等を掲載した地域情報誌である「シズル」を作成して無料で配布する事業 (以下「本件シズル事業」という) について, 納税者側が収益事業に該当するものと主張した興味深い事件である。以下, 紹介しておこう。

東京地裁は，「農林業等は，法人税法施行令５条①の定める特掲事業には含まれておらず，収益事業に該当しないところ，農産物等をそのまま又は出荷のために最小限必要とされる簡易な加工を加えた上で特定の集荷業者などに売り渡す行為は，農林業等に該当し，収益事業である物品販売業には該当しない」。

「年数回の行事において，帳簿への計上もなくされた販売行為が，継続性のある収益事業（物品販売業）に該当するとはいい難く…不特定多数の者に対し，収益事業としてホンモロコを継続的に販売していた事実を認めるに足りる事実ないし証拠はない」とし，「本件ホンモロコ事業は，収益事業である物品販売業には該当しない」，と結論づけた。

他方，本件シズル事業については，「収益（広告掲載料収入）を目的として継続的に事業を行っていたということができ…収益事業である出版業に該当する」，と判示した。

当該判例に関わって，「黒字を生む収益事業を抱えている公益法人等の場合，公益を促進する赤字の本来事業はむしろ収益事業認定を受けた方が（法人税がかからないという意味で）よりよく公益を促進できることを意味する」。したがって，現行制度は公益を促進するNPO法人等に対して税負担が大きく，反対に，公益を促進しないNPO法人等に対して税負担が小さいという問題が惹起されており，今日の税制は「公益促進的ではない」と批判する論者もいる（髙橋祐介他(2018年)『税法学』580号，98-99頁）。

📖 事件のゆくえ

　雪は，たとえ有志の会員から寄附された作品を手作り市などで販売した場合であっても，結果的にはNPO法人ユウユウの収益になることを判例を用いて丁寧に説明した。

「ということで，手芸・木工教室を運営する一方で，その作品を有志の方から寄附を受けて，ユウユウの作品として販売し，その代金を受領するという行為は，物品販売業に該当するので収益事業になります」

「そうですか。過去に同じようなことがあったのですね。全く知りませんでした。物品販売業として取り扱っても，今までよりも収入が増えて，会員にとっても作品づくりへのやりがいを感じるのですから，よいことをしてるのですよ。先生，それなら今年度の申告はどうなるんですか？」

「理事長，今年度の確定申告では従来からのデイサービス事業と手芸・木工教室に加えて，この作品販売が収益事業になります」

「先生，分かりました。手作り市で販売するのは手間が掛かるんですけど，会員の皆さんが作品を作っている時の真剣な眼差しや作品が売れた時の笑顔のことを思ってこれからも続けていきます」

「そうですね。これからも是非，この地域に住む会員の方々のために尽くされてくださいね」

　田川をねぎらい，雪はNPO法人ユウユウの事務所を出て，真赤に染まった紅葉を鑑賞しながら比叡山鉄道比叡山鉄道線（坂本ケーブル）のケーブル坂本駅へと向かった。

　このケーブルカーは昭和2（1927）年に敷設され，途中駅や橋梁，トンネルがあり，全長は2,025mでケーブルカーでは国内最長である。ほうらい丘駅，もたて山駅と，何とも神秘的な秘境駅を越えて，延暦寺駅まで登っていく。帰路は叡山ロープウェイ，叡山ケーブルを乗り継ぎ，八瀬駅から叡山電鉄で，京都市内の出町柳駅まで戻ることができる。ちょっとした旅行である。

　比叡山・延暦寺。雪がパンフレットを見ると，延暦7（788）年，最澄が薬師如来を本尊とする一乗止観院（根本中堂）を創建，日本の国を鎮め護る寺として朝廷から大きな期待を受け，桓武天皇時代の年号「延暦」を寺号に

賜ったと記されている。

　昭和62（1987）年8月には，世界から仏教，キリスト教，イスラム教，ユダヤ教，ヒンズー教，シーク教，儒教の七大宗教の代表者が集まり，世界平和実現のために対話と祈りを行う「世界宗教サミット－世界宗教者平和の祈りの集い－」を主催し，今も毎年開催されているとのことである。

事件file 49

親子クリニック

控訴審：東京高裁平成3年6月6日判決・税資183号864頁
第一審：千葉地裁平成2年10月31日判決・税資181号206頁

事件のいきさつ

　沙也加は今宵，顧問先のナリタクリニックの院長夫妻に食事に誘われていた。三人ともワインが共通の趣味で，美味しいものを食べながら，ワインを味わうのが至福の時である。

　ナリタクリニックは，産婦人科の医院である。昨今は，出産数の減少もあり，沙也加が顧問として付き合い始めた頃より診療報酬も減ってきている。しかし，成田医師のソフトな対応が妊婦さんたちには評判がよく，安心感を持って任せられるということで，廃業する産婦人科医院が多いなか奮闘している。

「沙也加先生。実はな，嬉しいことがあんねん」

　成田医師は，ワインで赤くなった顔をさらに紅潮させて言った。

「あら，何でしょう。美味しいワインに巡り合ったのですか？」

「いやいや，ロマネ・コンティに巡り合うより嬉しいことや。なあ」

　と，妻の顔を覗き込んだ。

「ええ，それ以上やね」

「あら，何ですか。じらさないで教えてくださいよ」

「娘のはるかが，来年からクリニックを手伝ってくれるんや。しかも，二世帯住宅にして一緒に住もうて言ってくれてるんや」

　成田医師は今年65歳になる。まだまだ現役でがんばるつもりだと言っているが，産婦人科医の仕事はハードで，時々もう辞めようかと愚痴をこぼすこともあった。一人娘のはるかは10年前に医大を卒業し，今は九州の病院で産婦人科医として働いている。不妊治療が専門の病院のようで，そこで知り合った同じく産婦人科の医師と結婚し，二歳の娘がいる。

「よかったですね。はるかさんが帰ってきてくださるなら，成田先生もお仕

事に力が入りますね。はるかさんのご主人も産婦人科医でしたよね。三人で
ナリタクリニックをされるということですか？」

　「そうやなあ。はるかは，今は成田はるかではなく，山田はるかやけど，こ
のあたりではナリタクリニックでする方が，患者さんは集まると思うから，
ナリタクリニックの看板で，三人で協力して診察しようと考えているんや」

　「いいですね」

　「はるかたちは不妊治療が専門で，ぼくがしている出産は扱わないけど，産
婦人科というカテゴリーは一緒やし，患者さん別に収入を分けて申告したら
いいのかなあ。そのあたり，今度相談に乗ってな。沙也加先生」

　「ええ，よろしければ来週にでもお話ししましょう」

関連事件を学ぶ

(1)事案の概要

　納税者Xは，歯科医であり，歯科医院を営んでいる。Xの子Aは，国家試験合格後，Xとともに同医院にて診療に従事しており，昭和57年3月には，A名義の開業届出書を税務署に提出した。Xは，昭和57年および58年の所得税につき，歯科医院の総収入および総費用をAと折半して申告した。

　第一審により認定された事実関係はおよそ次のとおりである。
①X夫婦とA夫婦およびその子は，同一建物の一階と二階に住み分けていた。
②建物の二階には台所，バス，トイレはあるが，独立の出入口はなかった。
③家事はXの妻とAの妻が相互に助け合っていた。
④Aは結婚した当初からXと同居したが，昭和57年3月頃Xが借入れをして，住み分けるため家を改築した。
⑤昭和56年10月から12月の間は，Aは月25万円の給与を受けている旨の届出がなされていたが，実際は，医院の収入から借入金を返済した後XとAで按分しており，按分割合は明確には決められていなかった。
⑥Xは本件住所地において昭和35年から現在まで医院を経営している。
⑦Aが開業にあたり必要とした医療器具，医院改装の費用は，X名義で借り入れられ，その医療器具等の売買契約等における当事者はXである。
⑧返済はX名義の預金口座からなされていた。
⑨借入れにあたり，X所有の土地建物（医院の敷地および建物）に根抵当権が設定されている。
⑩医院の経理上AとXの収支が区分されていなかった。
⑪子のAが同医院の診療に従事して固有の患者が来院するようになり，患者総数が増えたことで医院の収入が飛躍的に増大した。

　そこで課税庁Yは，Aが独立の事業者ではなくXの専従者であり，医院からの事業所得がすべて納税者Xに帰属するものとして，更正処分等を行ったのである。

⑵当事者の主張

①納税者Xの主張

　歯科医院の事業主は，XとAの両者であるとの見解から，Aは，A名義の個人事業開業届を税務署に提出しており，Xから独立して事業所得を申告したものである。

②課税庁Yの主張

　Aは独立の事業者ではなく，収入と費用を折半しての申告はできず，医院からの事業所得はすべてXに帰属する。

　納税者と課税物件（所得）との結び付きのことを帰属というが，長年の父親の単独事業に子供が後から参加した場合，特段の事情のない限り，父親が経営主体で，子供は従業員であるのだから，医院の事業主はXのみであり，医院の事業所得はXに帰属するとした。

⑶東京高裁（平成3年6月6日判決・税資183号864頁）の判示事項

　「親子が相互に協力して一個の事業を営んでいる場合における所得の帰属者が誰であるかは，その収入が何人の勤労によるものであるかではなく，何人の収入に帰したかで判断されるべき問題であって，ある事業による収入は，その経営主体であるものに帰」する（最判S37.3.16・裁判集民59号393頁）。

　「従来父親が単独で経営していた事業に新たにその子が加わった場合においては，特段の事情のない限り，父親が経営主体で子は単なる従業員としてその支配のもとに入ったものと解するのが相当である」として，医院の経営に支配的影響力を及ぼしているのは納税者Xであるとして，その請求を棄却した。

関係条文を読む

(1) 所得税法12条《実質所得者課税の原則》

　資産又は事業から生ずる収益の法律上帰属するとみられる者が単なる名義人であって，その収益を享受せず，その者以外の者がその収益を享受する場合には，その収益は，これを享受する者に帰属するものとして，この法律の規定を適用する。

(2) 所得税法56条《事業から対価を受ける親族がある場合の必要経費の特例》

　居住者と生計を一にする配偶者その他の親族がその居住者の営む…所得を生ずべき事業に従事したこと…により当該事業から対価の支払を受ける場合には，その対価に相当する金額は，その居住者の当該事業に係る…所得の金額の計算上，必要経費に算入しないものとし，かつ，その親族のその対価に係る各種所得の金額の計算上必要経費に算入されるべき金額は，その居住者の当該事業に係る…所得の金額の計算上，必要経費に算入する。この場合において，その親族が支払を受けた対価の額及びその親族のその対価に係る各種所得の金額の計算上必要経費に算入されるべき金額は，当該各種所得の金額の計算上ないものとみなす。

主要論点について考える

(1) 下級審判例を読む

――第一審（千葉地判平成2年10月31日・税資181号206頁）――

　千葉地裁は，認定事実を総合的に考慮すると，納税者Xが「20数年来医院を経営してきたもの」と言える。また子のAが同医院の診療に従事することにより，患者数が増え，固有の患者が来院するようになり，同医院の収入が飛躍的に増大しているとしても，「本件で問題になっている昭和56年から同58年にかけての医院の実態は，Aの医師としての経験が新しく，かつ短いことから言っても，Xの長年の医師としての経験に対する信用力のもとで経営されていたとみる」べきであり，Xが「医院の経営に支配的影響力を有してい」たと言うべきである。

　また，XとAの診療方法及び患者が別であり，いずれの診療による収入か区分することも可能であるとしても，「収入が何人の所得に属するかは，何人の勤労によるかではなく，何人の収入に帰したかによって判断」すべき（最判S37.3.16・裁判集民59号393頁）なので，納税者Xが「医院の経営主体である以上，医院経営による収入は，Xに帰する」ことになる，としてXの請求を棄却している。

(2) 課税物件の帰属

　課税物件の帰属とは，租税法律関係において，課税物件（所得や固定資産などの課税対象）が誰に帰属するのか，つまり，課税物件と納税者の結び付きのことをいう。所得税については，この帰属の問題が多く生じている。

　所得税法上，帰属に関する定めとして，所得税法12条の実質所得者課税の原則がある。

所得税法12条の解釈については，規定の文言が不明確であるがゆえに，その解釈は統一されているとは言えない。「収益を受け取る法律上の真の権利者に帰属するという考え方（法的帰属説）と，収益の実際上（経済上）の享受者に帰属するという考え方（経済的帰属説）の2つがあるとされる。」（髙橋祐介（2016年）『租税判例百選（第6版）』55頁，有斐閣）

⑶所得税法56条の位置付け

　所得税法56条は，本来必要経費として認められるものについて，必要経費でないとみなす規定である。この56条をめぐっては，夫弁護士・妻弁護士事件（最判H16.11.2・訟月51巻10号2615頁）や，夫弁護士・妻税理士事件（最判H17.7.5・税資255号順号10070）という有名な判例があり，第1巻事件file 2「妻ではダメなんですか？」で紹介したとおりである。

　わが国の所得税課税方式は，昭和24年のシャウプ勧告に基づき個人単位方式に移行したが，当該方式によると家族間で所得を分割して，租税の負担を軽減できることになる。56条はこのような租税回避を阻止ないし課税上の弊害を除去するため設けられた規定と言われる。ただしこの規定はもはや，個人を核とする現代社会に合致していないという見解もある。

　56条によると，①「生計を一」にしていること，および②事業所得等を「生ずべき事業に従事したこと…により当該事業から対価の支払を受ける場合」という2つの要件が設定されている。

　また，その親族において「必要経費に算入されるべき金額は，その居住者の…必要経費に算入する」こととなり，その親族が支払を受けた対価の額等は「所得の金額の計算上ないものとみなす」，という措置が施されている。あわせて青色事業専従者に係る必要経費の特例等を定めた57条も参照されたい。

⑷共同事業に対する課税実務と所得税基本通達

　親族同士が共同事業を営んでいる場合，課税実務上，実質所得者課税の原則を根拠として共同事業性を認めず，特定の一人に事業所得をすべて帰属させることが少なくない。

　所得税基本通達12-2は，「事業から生ずる収益を享受する者がだれであるかは，その事業を経営していると認められる者（以下…「事業主」という。）がだれであるかにより判定する」と定める。また同12-5は，生計を一にする親族間の帰属について，「事業の経営方針の決定につき支配的影響力を有すると認められる者を事業主に推定する」とし，さらにその者がだれであるかが明らかでない場合の取扱いについて例示する。

　しかしながら所得税基本通達は，「収益を享受する者の判定基準について定めているものの，具体的な判断要素を示していないため，課税実務においては，所得の帰属の判定に困難を伴うことが多い」のが実情であるとの批判がある（福田義行（2016）「実質所得者課税に関する一考察」『税務大学校論叢』84号，339頁）。

　ところで，法人税法違反被告事件である名古屋地判平成7年12月19日（税資226号2781頁）は不動産取引業に係る共同事業性を認め，その要件として，「当該経済活動を行うことについて相互に意思の連絡があり，その意思決定に各人が主体的に関与するとともに，これを各人が主体的に実現するためにそれぞれの分担又は役割を遂行すること，その活動の結果生じた所得に対する各人の持分割合が合理的に算出できることが必要である」と判示する。あるいは所得税更正処分等取消請求事件である広島地判平成19年5月9日（税

資257号順号10707)は,兄弟による牡蠣養殖業について共同事業性を認め,その収益等は2分の1ずつとする。

そこで次の4要件を満たせば,「親族間であっても共同事業主が否定されることはない」との重要な指摘をする論者もいる。その4要件とは,「①事業を行うことについて相互に意思連絡があること,②その意思決定に各人が主体的に関与すること,③これを実現するために各人がそれぞれの役割分担を遂行すること,④所得の持分割合が合理的に算出できること」,これらである(福田義行,前掲論文,420頁,傍点－筆者)。紙幅の都合上,詳細な検討は別の機会に譲るが,本件関連事件についてこれら4要件の観点から考察することも肝要であろう。

(5) **事業主の判断要素**

所得の人的帰属について,その年度帰属の考え方を用いて,事業主は「法的実質を原則としながらも…法的実質で判断すると不合理となるような場合には,経済的実質により判断す」べきことになる。これを事業所得について具体的にみると,「店舗の賃借や営業許可,クレジット加盟店契約などの名義に加え,出資の状況,資金の調達,収支の管理,従業員に対する指揮監督などを判断要素として,経営主体としての実体を有する者あるいは事業の経営方針につき支配的影響力を有する者に帰属する」ことになり,諸要素を総合的に判断することになる(福田義行,前掲論文,374,346頁)。

本件千葉地裁についてみると,建物の利用状況や構造,それぞれの配偶者の役割,借入や改装の主体,収入の按分方法やその割合,医院の歴史,医療器具や医院改装費の名義,医療器具等の売買契約の当事者,借入金弁済口座の名義人,物上保証人,区分経理の有無,患者数や収入増加の経緯や状況,医師としての経験やそれに対する信用力等を総合的に判断し,医院の経営に支配的影響力を有しているのは父親であると認定した。

また東京高裁は,「本件における事業主基準をより具体化し,その上で世帯の区別や資金の流れ,事業の歴史的経緯を総合考慮して」事業主を判定する枠組みを構築している。これは「ある者が単独事業を行っており,後に家族が参加する場合には,その家族がかなり経営に深く関与したとしても,先の者の単独事業が継続する」判例(たとえば相続税更正処分等取消請求事件である最判S62.10.30・税資160号574頁)と「整合的」であると解されるところである(髙橋祐介,前掲論文,55頁)。

(6) **参考判例**

①宗教法人ラブホテル経営事件(東京地判平成24年9月4日・税資262号順号12029)

本件判例に関わって,法人税及び消費税の帰属主体が争われた事件があるので紹介しておきたい。これは,宗教法人が所有するホテル(1軒を除きいわゆるラブホテル)に係る事業の損益は別法人のものであるとして,その収益事業に係る損益から除外して申告した事件である。

東京地裁(東京地判H24.9.4・税資262号順号12029)は,本件ホテル事業の損益の帰属主体について,法人税も消費税も「担税力に応じた公平な課税を実現するという観点から」,当該事業から生ずる損益や当該資産の譲渡等の対価が「実質的に帰属する主体」が納税義務者となる。

「事業から生ずる損益又は事業として行われた資産の譲渡等の対価が実質的に帰属する主

体については，当該事業に係る経営方針決定や収支管理の状況，当該事業に必要な資産を巡る権利関係，当該事業に関する従業員の雇用関係，当該事業に係る対外的な表示状況等を総合し，実質的かつ客観的に見て，その事業を経営していると認められる者（以下「経営主体」という。）が誰であるかという基準に基づいて判断すべきである」。

このように規範を示した上で，ホテル事業に係る経営方針決定や収支管理の状況，本件ホテル事業に必要な資産を巡る権利関係，本件ホテル事業に関する従業員の雇用関係，本件ホテル事業に係る対外的な表示状況等の事実を「総合して実質的かつ客観的に判断すれば…本件ホテル事業の経営主体は原告である」，として宗教法人による請求を棄却した（傍点―筆者）。

東京高裁（東京高判H25.6.27・税資263号順号12242）も同様の判示をして控訴を棄却し，最高裁（最決H25.12.12・税資263号順号12350）は上告棄却決定をしている。

②名古屋韓国クラブ経営事件（名古屋地判平成15年5月29日・税資253号順号9357）

この事件は，名古屋にある韓国メンバーズクラブの事業収益について，それが経営業務委託者か受託者か，いずれに帰属するのかが争われたものである。

名古屋地裁（名古屋地判H15.5.29・税資253号順号9357）は，「ある税が納税者の担税力に即して課税されるべきことは，租税一般に通ずる基本原理の一つであるところ，法人税は，その営む事業から生ずる所得に着目して課せられる税としての基本的性格を有する…から，納税義務者は，当該事業収益の帰属主体である」。「だれが帰属主体であるかは，基本的には当該事業収益が法律上帰属するか否かによって判断されるが，その者が単なる名義人にすぎない場合は，実質的にこれを享受する者に対して課税される」。

「一般に，ある事業から生ずる収益の帰属者は，その事業を開始し，維持・継続する権限を有する者，すなわち経営者と一致すると考えられるから，事業収益の帰属者がだれであるかは，当該事業が営まれている事業所を巡る権利関係，事業から生じた売上金の管理形態，経費の負担関係，従業員に対する指揮監督状況などを総合して，判断」する。

以上の規範を示した上で，店舗の借主，売上金の管理及び帰属，経費負担状況，飲食店営業及び風俗営業の許可，韓国人芸能人の招へい，会計処理等の実態等を総合的に検討し，事業収益は原告に帰属するものとして，納税者の主張を退けた。

名古屋高裁（名古屋高判H16.1.28・税資253号順号9357）は第一審を支持し，控訴を棄却した。

③浄化槽清掃業務無許可事件（平成26年12月10日裁決・裁集97集１頁）

これは，一般廃棄物処理業や浄化槽清掃業等の無許可営業時における収益について，県や組合が「本件業務の遂行を禁止することなどはなく…本件業務の遂行が不可能となる事情が生じた事実も認められないから，たとえ…許可及び登録を受けていない時期があったとしても，そのことのみをもって…本件業務の主体であったとする…判断が妨げられることはない」とした裁決事例である。

📖 事件のゆくえ

　後日，成田医師は沙也加の好みのバローロを持参して事務所を訪れた。ブルーノ・ジャコーザと記されている伝統的な赤ラベルのそのワインは，バローロのロマネ・コンティとも評される逸品である。
「成田先生，これ，飲みたかったんです。ありがとうございます」
　沙也加は，"どんな味わいなんだろう。これに合う料理は何かな"と顔をほころばせていたが，ミーティングルームでファイルを手にした途端にきりっとした表情に戻り，関連する判例について成田医師に説明した。
「長年の成田先生の信用で患者さんはナリタクリニックに来られるのですから，ナリタクリニックとして3人で協力して医療にあたられたとしても，成田先生にすべての所得が帰属することになりますね。はるかさんとはるかさんのご主人には，給与として渡すこととなります」
「そうか，不妊治療と出産の患者さんは分かれるから，収入は分けやすいと思ってんけど，うまくはいかんなあ」
「そうですね。はるかさんご夫妻と所得を分けたいなら，ナリタクリニック

ではなく，『ヤマダ不妊治療クリニック』を別途立ち上げた方がいいですね。あるいは，ナリタクリニックを個人の医院ではなく，法人成りされるのもいいですね」

「法人成り？」

「ええ，医療法人を設立して，今の個人のクリニックをその医療法人に移行するのです。そうすると，所得が誰に帰属するとかの問題は解決できますよ。それに今は出資持分のない社団医療法人しか設立できないのです。出資分がないので相続の対象にもならず，いろいろ有益だと思います。もちろんリスクもあります。では医療法人化のメリットとデメリットを含めて，設立と運営について概略を説明させていただきますね」

　そういうと沙也加は医療法人化についての説明を加えた。

「なるほどね。そういう手があったのか。これまでのナリタクリニックで一緒にやれなくても，はるかの治療で妊娠した患者さんの出産をぼくがお手伝いできるのは変わらないから，楽しみや。親子連携クリニックやな」

「成田先生，仕事への意欲がますます湧いてきましたね」

「がんばりますわ。二世帯住宅ではるかたちと暮らせるし，それも楽しみやしなっ」

「親御さんが住宅取得資金を贈与した場合の非課税の特例もあります」

「そんなんがあるのか。沙也加先生は頼りになるなあ。また，ワインを一緒に飲もうや。でも今度は唎酒師の沙也加先生に，伏見の銘酒の選定を頼もうかな」

「畏まりました。齊藤酒造さんなどの酒蔵を訪ねて探してまいりますね」

　それを聞いて，成田医師は満面の笑みで帰っていった。

　翌朝，沙也加は東山七条にある智積院の宝物館を訪ね，長谷川等伯の『楓図』に見入っていた。智積院は三十三間堂の東にあり，紅葉で有名な大本山東福寺，楊貴妃観音で有名な御寺泉涌寺とともに，東山三ヶ寺の一つである。この障壁画は桃山時代の最高傑作の一つとも言われる。巨木の力強さに繊細さも感じながら，等伯の息子久蔵の『桜図』との親子競演が一度きりであったことが，沙也加の頭をよぎった。

　等伯，久蔵の親子競演は一度きりであったが，成田親子には長く一緒にやってほしいと沙也加は思った。

事件file 50
固定資産税評価額って信じていいの？

上告審：最高裁平成15年6月26日判決・民集57巻6号723頁
控訴審：東京高裁平成10年5月27日判決・民集57巻6号766頁
第一審：東京地裁平成8年9月11日判決・民集57巻6号743頁

事件のいきさつ

　藍子は，税務顧問先であるミサヤマジュエリー株式会社の女性社長，高倉紗和の自宅に招かれ，昼食後のお茶を楽しんでいた。

　12月上旬は，京都各地で紅葉の見頃となる時期であり，洛北エリアでは三千院，光悦寺，実相院などが多くの観光客で溢れる。紗和社長の自宅は，岩倉の実相院から少しだけ離れた静かなところにある。実相院は床もみじで有名で，床に鮮やかに映し出される紅葉が写真家を魅了している。また平成30（2018）年は明治維新後150年であったので，維新で活躍した岩倉具視の幽棲の旧宅を訪れる人も多かった。

　"150年と一口に言っても，戦前75年，戦後75年。もう戦後ではないのかもね。いろいろ法律ができて戦前に戻るって言う人もいるようだけど，むしろ次の戦争の前なのかもしれないわね"そんなことを思いながら，藍子は両手で包み込んだ茶碗の温かみを感じていた。

　「それにしても立派なお宅…，お庭も広くて，居ながらにして紅葉が楽しめるって，ほんと優雅ですわ」

　紗和は，庭園の木々に目をやりながら

　「こうやって自然を感じながらお茶をいただくと心が落ち着くの。いつも慌ただしく時間が過ぎ去っていくから，たまには立ち止まって静かに物事を考えることも必要なのよね。ここには，5年ほど前まで別棟の建物があったんだけど，使うことがなかったから，取り壊してお庭にしたのよ。その時は，大きなトラックとかがたくさん来てホコリもすごくて大変だったけど，すっきりしたし，綺麗になってよかったわ」

　縁側の向こう側では，鮮やかに紅葉した木々の葉が柔らかな日差しに照らされて，わずかな風に揺れている…。

事件 file 50

固定資産税評価額って信じていいの？

　紗和は，ふと思い出した。
「そう言えば，もうすぐ固定資産税の納付をしないといけないのよ。固定資産税って，いつも納税通知書と納付書がきて，そのまま何の疑いもなく支払っているんだけど，どうやって計算されているのか，素人にはよく分からないのよね」
「そうですね，基本的には固定資産の価格に標準税率1.4％を乗じて算定されるのですが…」
　藍子は，以前に事務所の勉強会で，固定資産税をテーマに調べた際に目にしていた，総務省から公表された調査結果を頭に思い浮かべていた[1]。
「少し前のデータですが，例えば土地の場合，納税義務者は２千９百万人ほどいるのですが，そのうち４万４千人ほどが課税誤りなどで，税額修正をされているという結果が出ているんですよ」
「人数で言われると，それなりに事例があるのね」

MEMO

1　平成24年８月28日総務省「固定資産税及び都市計画税に係る税額修正の状況調査結果」

「そうなんですよ。税額修正といっても増額修正と減額修正があるんですが，平成21年度から平成23年度にかけては，減額修正の割合が，土地は68％，家屋は59.5％と減額修正の方が多いんです」

紗和が興味深そうに藍子に問いかけた。

「どんな理由で税額修正になるの？」

「税額修正の要因としては，土地も家屋も共に評価額の修正が一番多くて，その次に，土地は，負担調整阻止や特例措置の適用の修正，それと，現況地目の修正などがありました。家屋については，家屋滅失の未反映や新増築家屋の未反映などが多かったと思います」

「評価額の修正といっても，評価額自体は，不動産鑑定士とか市町村によって，しっかりと計算されているんじゃないのかしら」

「基本的にはそうなんですが，実際のところは，例えば家屋なんかは，市町村が現況を確認して評価額を見直したりしていますが，国内にある家屋の現況変化をつぶさに捕捉することは実務的にできないこともありますし，また，市町村の担当者が，調べてきた内容をシステムに入力する時に誤ってしまうなどの人為的なミスもあったりするので，時々，そういった誤りによる固定資産税の還付事例などがニュースになったこともありましたね」

「そうなんだ。固定資産税なんて納税通知書が送られてくるから，てっきりそのまま信用して支払っていたけど，もしかしたら，間違っている可能性もあるということね」

「昭和25年に現行の地方税法が制定されて，それによって固定資産税が創設されたんですが，おもしろいことに，計算のベースとなる固定資産の価格，すなわち『適正な時価』とは何か？について，その概念が判例として明示されたのは，ついこの前のことなんですよ」

「なぜなの？」

「やはり，固定資産税が賦課課税方式であること，つまり，市町村側が，複雑な計算を行って，一方的に固定資産の価格を仮定して税額を通知してくる方式なので，納税者側にとっては，それが誤りだとして不服を申し立てるようなことが難しかったことが原因じゃないかと思うんです」

そう言いながら，平成15年に最高裁で示された固定資産税にかかる適正な時価を思い出していた。

関連事件を学ぶ

(1) 事案の概要

Xは，東京都千代田区にある土地の所有者である。固定資産税の課税に関して，本件土地の平成6年度の価格（約12.6億円）が東京都知事により決定され，東京都千代田区都税事務所長によって土地課税台帳に登録された。

ところが，この登録価格は平成5年度価格（約1.3億円）の約9.2倍であり，時価を超える違法な価格であるとして，Xは，東京都固定資産評価審査委員会Yに対して審査の申出をしたところ，Yは，本件土地について，追加的な補正等を加味した結果，再度の価格決定（約11億円）（以下「本件価格決定」という）をした。

しかしXはその価格に不服があるとして，本件価格決定のうち平成5年度価格を超える部分の取消しを求めたところ，第一審（東京地判H8.9.11・民集57巻6号743頁）は，本件価格決定のうち適正な時価を超える部分について取り消した。Yはさらに控訴したが，東京高裁（東京高判H10.5.27・民集57巻6号766頁）がこれを棄却した事案である。

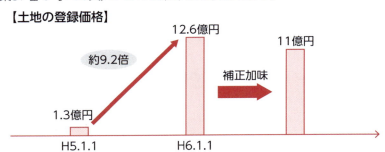

(2) 当事者の主張

① 納税者Xの主張

Yによる本件価格決定に基づく登録価格は，適正な時価を反映したものではなく，違法であると主張した。適正な時価を反映していない理由として，評価時点が平成6年度の賦課期日（平成6年1月1日）ではなく，1年前の平成5年1月1日とされており，その後の賦課期日までの時価下落の状況が反映されていないこと，さらに，いわゆる「7割評価通達」等に従った評価

方法自体に違法性があると主張した。

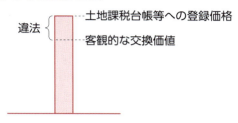

② 審査委員会Yの主張

　固定資産評価基準，7割評価通達を取り込んだ取扱要領等（以下「評価基準等」という）は，法の趣旨に合致した合理的根拠を有するものであり，これに基づいて算定した本件価格決定に基づく登録価格は，適正な時価を反映したものであり違法性はないと主張した。

　特に，「市町村における固定資産の価格の評価事務には相当の期間を要する。これらの評価事務の手続的な制約を考慮すると，法は，賦課期日から評価事務に要する合理的な期間をさかのぼった時点の時価を基準として賦課期日における当該土地の価格とすることを当然に予定しているもの」とし，平成5年1月1日を評価時点としたことについての合理性を主張している。

(3) 最高裁（平成15年6月26日判決・民集57巻6号723頁）の判示事項
① 固定資産税における「適正な時価」の意義

　土地に対する固定資産税の性格について「土地の資産価値に着目し，その所有という事実に担税力を認めて課する一種の財産税であって，個々の土地の収益性の有無にかかわらず，その所有者に対して課するものである」とした上で，適正な時価の意義を「正常な条件の下に成立する当該土地の取引価格，すなわち，客観的な交換価値」であると判示した。

②「適正な時価」の算定基準日

　地方税「法410条は，市町村長…が，固定資産の価格等を毎年2月末日までに決定しなければならないと規定するところ，大量に存する固定資産の評価事務に要する期間を考慮して賦課期日からさかのぼった時点を価格調査基準日とし，同日の標準宅地の価格を賦課期日における価格の算定資料とすること自体は，法の禁止するところということはできない」と，固定資産の評

価に係る実務面に配慮を示している。

　他方，「法349条①の文言からすれば，同項所定の固定資産税の課税標準である固定資産の価格である適正な時価が，基準年度に係る賦課期日におけるものを意味することは明らかであり，他の時点の価格をもって土地課税台帳等に登録すべきものと解する根拠はない」として，飽くまでも「基準年度における賦課期日」が適正な時価の算定基準日になると判示した。

③「固定資産評価基準による評価額」と「適正な時価」との関係について

　地方税「法は，固定資産の評価の基準並びに評価の実施の方法及び手続を自治大臣の告示である評価基準にゆだね（法388条①），市町村長は，評価基準によって，固定資産の価格を決定しなければならない（法403条①）」と定めており，その趣旨は「全国一律の統一的な評価基準による評価によって，各市町村全体の評価の均衡を図り，評価に関与する者の個人差に基づく評価の不均衡を解消するため」とされている。

　しかしながら，「適正な時価」の意義は，上述したとおり「客観的な交換価値」であり，法は「適正な時価を算定するための技術的かつ細目的な基準の定めを自治大臣の告示に委任したものであって，賦課期日における客観的な交換価値を上回る価格を算定することまでもゆだねたものではない」とされた。

　以上から「土地課税台帳等に登録された価格が賦課期日における当該土地の客観的な交換価値を上回れば，当該価格の決定は違法となる」と判示した。

　このように最高裁は，「適正な時価」の意義を明確にするとともに評価基準等の合理性を示した上で，登録価格が賦課期日における対象土地の客観的な交換価値を上回るときは，その限度で登録価格の決定は違法であるとする第一審（東京地判H8.9.11・民集57巻6号743頁）および控訴審（東京高判H10.5.27・民集57巻6号766頁）を支持し，審査委員会Yによる上告を棄却した。

関係条文を読む

（1）地方税法341条五号《固定資産税に関する用語の意義》

　固定資産税について，次の各号に掲げる用語の意義は，それぞれ当該各号に定めるとこ

ろによる。
　　五　価格　適正な時価をいう。
(2)地方税法349条①《土地又は家屋に対して課する固定資産税の課税標準》
　基準年度に係る賦課期日に所在する土地又は家屋（以下「基準年度の土地又は家屋」という。）に対して課する基準年度の固定資産税の課税標準は，当該土地又は家屋の基準年度に係る賦課期日における価格（以下「基準年度の価格」という。）で土地課税台帳若しくは土地補充課税台帳（以下「土地課税台帳等」という。）又は家屋課税台帳若しくは家屋補充課税台帳（以下「家屋課税台帳等」という。）に登録されたものとする。
(3)地方税法349条の2《償却資産に対して課する固定資産税の課税標準》
　償却資産に対して課する固定資産税の課税標準は，賦課期日における当該償却資産の価格で償却資産課税台帳に登録されたものとする。
(4)地方税法388条①《固定資産税に係る総務大臣の任務》
　総務大臣は，固定資産の評価の基準並びに評価の実施の方法及び手続（以下「固定資産評価基準」という。）を定め，これを告示しなければならない。この場合において，固定資産評価基準には，その細目に関する事項について道府県知事が定めなければならない旨を定めることができる。
(5)地方税法403条①《固定資産の評価に関する事務に従事する市町村の職員の任務》
　市町村長は，389条又は743条の規定によつて道府県知事又は総務大臣が固定資産を評価する場合を除く外，388条①の固定資産評価基準によつて，固定資産の価格を決定しなければならない。
(6)旧地方税法410条《固定資産の価格等の決定等》
　市町村長は，前条④に規定する評価調書を受理した場合においては，これに基いて固定資産の価格等を毎年2月末日までに決定しなければならない。
（現行の地方税法410条では，「毎年3月31日までに決定」と改正されている。）

主要論点について考える

(1)下級審判例を読む
　　──第一審（東京地判平成8年9月11日・民集57巻6号743頁）および控訴審（東京高判平成10年5月27日・民集57巻6号766頁）──
　東京地裁は，「適正な時価」の算定基準日と価格調査基準日の関係について，第一審では「賦課期日における…価格評定については，賦課期日からこれらの評価事務に要する相当な期間をさかのぼった時点を価格調査の基準日として行うことを法」は禁止していない。
　これは，市町村長の価格決定を賦課期日の約2か月後にあたる2月末日までに行うべきもの（法410条）とされており「大量に存在する課税対象となる固定資産につき『適正な時価』を算定する諸手続を考慮すると，約2か月間のうちに評価事務のすべてを行うことは困難である」という実務的な側面を考慮したものである。

一方で，「価格調査の基準日における価格…をもって賦課期日における価格とみなすことまでを許容するもの」ではないとし，価格調査基準日において導かれた価格が，そのまま賦課期日における価格にならない。

　その前提で，「価格調査の基準日における価格」が「賦課期日における適正な時価を上回ると見込まれるときは，予め想定される価格下落率を折り込んで各固定資産の価格評定事務を遂行することが可能であり，かかる事務処理を法あるいは評価基準が禁止しているものでもない」と判示した。

⑵固定資産税の性質（財産税or収益税）と適正な時価

　「固定資産税は…固定資産の所有者…に対して，資産の所有という事実に着目して課税される財産税であり，資産から生ずる現実の収益に着目して課税される収益税とは異なる」という立場を明確にしている。

　「資産が土地の場合には，土地の所有という事実に着目して課税するのであって，個々の所有者が現実に土地から収益を得ているか否か，土地が用益権又は担保権の目的となっているか否か，収益の帰属が何人にあるかを問わず，賦課期日における所有者を納税義務者として，その更地価格に着目して，課税される」。

　本件東京地裁は，このような固定資産税の性質を基礎にして「土地の『適正な時価』…とは，正常な条件の下に成立する当該土地の取引価格，すなわち，客観的な交換価値（以下「客観的時価」という）」とした。

⑶7割評価通達の内容と背景

　「7割評価通達」とは，平成6年度の評価替えにあたり，自治事務次官から各都道府県知事宛に発出された「取扱通達を一部改正する旨の通知（平成4年1月22日自治固第3号）」のことをいう。

　この通知によると，土地の評価は売買実例価額から求める正常売買価格に基づいて適正な時価を評定する方法によるものであるとしていた従前の規定に，宅地の評価にあたっては，地価公示法による地価公示価格，国土利用計画法施行令による都道府県地価調査価格および不動産鑑定士又は不動産鑑定士補による鑑定評価から求められた価格を活用することとし，これらの価格を一定割合（当分の間この割合を7割程度とする。）を目途とする旨が付け加えられている。

　「7割評価通達は，現実の宅地の評価額が地価公示価格等を大幅に下回っている実態を踏まえ，納税者に有利となる地価公示価格等を下回る範囲内で7割程度という割合を定めたものである。

　また，7割程度という割合は，土地研究委員会が，（1）平成2年に建築された家屋についての取得価額に対する評価割合が6割から7割程度であったこと，（2）昭和50年代初頭から中頃にかけての地価安定期においては，地価公示価格に対する評価割合が…6割から7割程度であったことなどの調査結果に基づいて，平成6年度の評価替えにおいては，地価公示価格の7割の水準を目途として土地の評価を行うのが妥当とする旨の提言を行い，中央固定資産評価審議会も右提言を了承したことから定められた割合であって，合理的な理由がある」（東京地判H8.9.11・民集57巻6号743頁，「1被告の主張」）とされており，

241

第一審においても「7割評価通達には合理性があり、これに従った評価は適法というべき」と判示している。

(4) 登録価格の違法に関する判断の枠組み

本件東京地裁は、「登録価格の違法に関する判断は、次の判断順序に従うべき」とする。

①基準適合性

「評価方法の選定、標準宅地の選定、標準宅地の価格と基準宅地の価格との均衡及び標準宅地の評価額から対象土地への比準の方式が評価基準及び市町村長の補正に関する基準（取扱要領等）に従ったものであるかどうか」

②基準の一般的合理性

「右評価基準等が一般的に合理性を有するかどうか」

③標準宅地の価額の適正さ

「評価基準による評価の基礎となる数値、すなわち、標準宅地の価格が賦課期日における適正な時価であるかどうか」

上記を前提として、東京地裁は以下のケース別に考え方を判示しているので紹介する。

（ⅰ）評価基準による評価＜客観的時価のケース

評価基準による評価の違法性については「評価基準による評価が複数の評価要素の積み重ねを通じて結論において『適正な時価』に接近する方法であることからすると、評価基準に定める個別的評価要素が具体的な土地の特殊性に照らして適切さを欠くとみえる場合があるとしても、一般的に合理的とされる評価基準による評価が客観的時価を超えないときは、これを違法とすることはできない」とし「評価基準による評価が客観的時価との不一致の程度の個別的差異を許容していることに照らせば、右事情があるとしても、なお、評価基準等に合致した右評価は公平の原則に適合するものというべきである」とされている。

（ⅱ）評価基準による評価＞客観的時価のケース

「第一から第三までの点が立証されたとしても、結果としての登録価格が賦課期日における対象土地の客観的時価を上回るときは、評価基準等は当該土地の具体的な『適正な時価』の評定方法として機能せず、法が客観的時価の算定方法を委任した趣旨を全うしていないことになるから、登録価格が賦課期日における対象土地の客観的時価を上回るときは、その限度で登録価格の決定は違法である」とされている。

(5) 固定資産税に不服がある場合の争い方

①不服申立手段

固定資産税の登録価格に関して、納税者に不服がある場合には、以下のような不服申立手段が法定されており、登録価格に対する不服申立ては、次の手続によってのみ行うことができる（地方税法432条③、同法434条②参照）。

> ・納税者は，固定資産評価審査委員会に対して審査の申出をする（地方税法432条
> ①）。
>
> ↓
>
> ・固定資産評価審査委員会が，上記申出について棄却決定を下した等の場合にお
> いて，納税者がその決定に不服があるときには，当該「決定」を取消の対象とし
> て，取消の訴えを提起することができる（地方税法434条①）（以下「固定資産
> 評価審査決定取消訴訟」という）。

②固定資産評価審査決定取消訴訟における審理対象の変化について

　　固定資産評価審査決定取消訴訟の審理において，どのような観点から検討されるの
かということについては，「納税者側が独自に作成した鑑定意見書を提出した上で，『当
該登録価格は，当該土地の客観的な交換価値よりも高い』という訴訟追行がなされる
ことが多かった…これは，最高裁（最判H15.6.26・民集57巻6号723頁）判決の『土
地課税台帳等に登録された価格が賦課期日における当該土地の客観的な交換価値を上
回れば，当該価格の決定は違法となる。』との判示が過度に一人歩きしてきたことが
原因であると思われる」（沼井英明（2014年）『日本不動産学会誌』第27巻第4号，
93頁）。

　　しかし，最高裁（最判H25.7.12・民集67巻6号1255頁）において，「賦課期日にお
ける登録価格が評価基準によって決定される価格を上回る場合には，同期日における
当該土地の客観的な交換価値としての適正な時価を上回るか否かにかかわらず，その
登録価格の決定は違法となる」と判示された。

　　これを受けて，「納税者からすれば，鑑定意見書の提出よりも，当該登録価格が評
価基準によって決定される価格かの検討が先決ということになろう…それゆえ，今後
の固定資産評価審査決定取消訴訟は，『登録価格と適正な時価の大小』ではなく『登録
価格と評価基準によって決定される価格の大小』に審理の中心がシフトするものと思
われる」（沼井英明，前掲書，93頁）。

　　なお，最高裁（最判H25.7.12・民集67巻6号1255頁）において，千葉勝美裁判官は，
補足意見として以下のように指摘している。

　　「鑑定意見書等によっていきなり登録価格より低い価格をそれが適正な時価であると
摘示された場合，その鑑定意見書等による評価の方法が一般に是認できるもので，そ
れにより算出された価格が上記の客観的な交換価値として評価し得るものと見ること
ができるときであったとしても，当該算出価格を上回る登録価格が当然に適正な時価
を超えるものとして違法になるということにはならない」。

📖 事件のゆくえ

　ミサヤマジュエリー社の決算を前にして，藍子は，会社を訪問して紗和社長と打合せをしていた。
「当期は米中等の世界情勢や増税等の影響で，消費者の不安感が募ったせいか，売上げが伸び悩んだの。今期の利益の着地見込は，当初想定したほど芳しくはないわ。前期比減収減益となるのだけれど，金融機関への影響とかは大丈夫かしら？」
　藍子は紗和と共に，過去の売上げや利益，純資産等の推移を分析しながら，今後の事業の方向性について検討していた。
「確かに厳しい環境にはありますが，半年前に練りに練った事業計画では，事業体制の見直しや余計な経費の削減が織り込まれていて，一時的に売上高が少なくなっても，それを吸収できるだけの利益体質になるように想定しています。しかも，年間でみると落ち込んでいますが，この数か月は持ち直して前年同月を越えて回復していますから，心配しなくてもいいですよ。金融機関も紗和社長の経営努力をきっと評価してくれますよ」
「そうね。いつも冷静に見てくれてありがとう。気分転換にオーガニックの中国茶でもいかが」
「はい。ありがとうございます」
　有言実行の紗和の行動力に藍子は感心しながら，少しでも彼女の役に立てないかと，先日話題になった固定資産税について自分なりに調べていた。
「ところで，先日の固定資産税のことなんですが」
「何か分かったの？」
「少し調べてみたんです。最高裁は，固定資産税評価額がその不動産の客観的な交換価値を上回れば違法と判示しています。とはいえ，固定資産税評価額は相場より低く設定されていることが少なくありません。概算ですが，紗和社長の個人不動産も会社の不動産も，路線価や近隣の取引事例より低く，客観的な交換価値と比較して高いということはありませんでした。
　またお預かりした固定資産税の課税明細書や不動産登記簿などを見比べてみたところ，家屋番号などすべて整合しているので書類上も問題ないと思うのですが，一つ気になっていることがありまして」

「何かしら？」

「先日，ご自宅にお伺いした時に，以前は庭の部分に建物が建っていたと仰ってましたが，その建物の滅失登記はされましたか」

「たぶん，そういうことはしていなかったと思うわ」

「そうですか。それなら，この不動産登記簿には，取り壊した建物も含まれていることになるので，固定資産税もそれに対して掛かっていることになりますね」

「なるほど，そうかもしれないわ」

「本来なら，建物を取り壊したら，その分，家屋部分の固定資産税が安くなるんですが，いわゆる家屋滅失について，固定資産税の計算に反映されていない状態ではないかと思うんです」

「そう言えば，建物を撤去する前と後で，固定資産税はあまり変わっていなかったと思うわ。ということは，もしかして払いすぎていた分が戻ってくるのかしら」

そう言う紗和に対して，苦い表情で藍子は説明を続けた。

「ただ，それほど甘くはないんです。建物を解体すると家屋に対する固定資産税は下がるんですが，逆に，土地に対する固定資産税が上がることがほとんどで，トータルでは上がってしまうことが多いんです」

「えっ，それって，どういうことなの？」

「土地に対する固定資産税は，そこに家屋が立っている場合，住宅用地として土地に掛かる固定資産税が軽減されるという特例が存在するんですが，その家屋がなくなると，その軽減特例の適用がなくなって固定資産税が上がってしまうんです。このケースも具体的に算定してみないと分かりませんが，おそらく総額では税額が増えてしまう可能性があります。とはいえ，滅失登記は法律上の義務なので対処しておいた方がいいですね」

「そうなのね。世の中，そんなに甘くないわね。何か，甘いものでも食べたくなってきたわ。打合せはこれくらいにして，もう３時だし，デザートを食べに行きましょうよ。すぐそこに美味しいパンケーキ屋さんができたのよ。

そうそう，登記の件は藍子さんにお任せするわ。司法書士に連絡していただけるかしら」

固定資産税が結局高くなりそうで，藍子は少々複雑な心境であったが，男前な紗和の様子を見て胸を撫で下ろした。

事件 file 51

給与と報酬との境目

上告審：最高裁昭和56年 4 月24日判決・民集35巻 3 号672頁
控訴審：東京高裁昭和51年10月18日判決・行集27巻10号1639頁
第一審：横浜地裁昭和50年 4 月 1 日判決・行集26巻 4 号483頁

📖 事件のいきさつ

　12月13日は古くから正月の準備に取りかかる日とされ，事始めと呼ばれてきた。とくに祇園の事始めは有名で，京舞家元井上八千代師宅に祇園甲部の芸舞妓が挨拶に訪れるのである。
　真生がお祝いに駆けつけていた時，久しぶりに高倉から電話があった。せっかくだから，と祇園町南のお茶屋バーで落ち合うことにした。小さいながらも整った中庭を背景に，はんなりした女性がサーブしてくれる。生粋の京都人らしく，耳に届く京都弁が何とも心地よい。
　高倉の再就職が決まったという。思ったより元気そうな声で安心した。元来の好奇心と責任感からしばらく会社に残っていたが，民自興業の会社再生は難しく，事業継続自体を断念する結果となっていた。
「あの社長はいったい何をしたかったんだろうなぁ」
　高倉は少し寂しそうだった。
「若くして有名になった社長だからプライドも守りたかっただろうしね。人間って，思っているよりはるかに合理的な生き物じゃないからなぁ」
「だな」
　高倉はそうとだけ答えると，ウイスキーを流し込んだ。真生はそんな高倉を見ながら，その向こうに到着した客の方を何気に眺めていた。なんと，見覚えのある女性が着物姿で，しかも，見知らぬ若い男性にエスコートされて入ってきた。
「あら，真生先生。いらしてたんですか。こんばんは」
　カウンターの反対側に案内されたが，
「先生，お隣でもよろしいですか」
　そう言うと真生の横に座ってしまった。エスコートしてきたはずの男性の

方が気後れしているようだ。

「おじゃまします」

「こちら西谷さん。こちらは真生先生。うちの事務所のボスね。では，お相伴にあずかります」

　沙也加が二人を互いに紹介すると，さっそく真生が持ち込んだ伏見の銘酒【一吟】を飲むことにした。西谷はこの祇園で数軒の飲食店を経営している。

「やっぱり美味しいですね。これ。久々よ。で，相談ってどうしたの？」

　沙也加が切り出した。テーブルに置かれた，ほんのりと温められた豆餅をすすめながら促した。

「今度新たに祇園にクラブをオープンさせようと思っています。同業者に話を聞いたら，ホステスは自営業者となるので，支払は給与じゃなく外注費になるらしいとか。支払については，特別な源泉徴収が必要と聞いたんですけど，新しい事業形態になるので一度教えてもらいたくて」[1]

　沙也加は，これは契約形態を正確に理解しないといけないと思って聞き始めた。

「どのような仕組みにするのかしら。もう少し詳しく聞かせてくれる？」

「ホステスの人気は容姿だけではなく，話や人柄によるところも大きいから，ぼくが直接面接して採用の可否を決めるつもりです。いい娘が集まるように，接客1時間あたりの報酬は，指名本数によって変動させようかと思っています」

　"相変わらず若いのになかなか丁寧に話すわね"，そう思いながら沙也加は問いかけた。

「で，指名が取れなかった場合はどうするの？」

「最低保証制度は設けて，ただ働きということにはしないつもりです。でも，シフト管理はしたいから，タイムカードで出勤日や出勤時間を管理して，遅刻や欠勤にはペナルティーを科すつもりです」

　沙也加は，"給与になるのではないか"と思いつつ，さらに質問を繰り返し

MEMO

1　第1巻事件file23「友人の訪問」参照。

た。
「お客様の代金の回収責任はホステスが負担するの？」
「代金の回収責任を負担させたら，不安に思って応募してくる娘が集まらないと思いますし，気持ちよく働いてもらうためにも回収責任を負わせるつもりはありません」
「今のお話を聞くと，給与になると思うわ。だから，外注費ではなく他の従業員さんと同様に給与として所得税の源泉を控除することになるので，利用している給与計算ソフトを利用するだけでいいと思うわぁ。つまりこういうことね」
　沙也加は簡単な図を丸いコースターの裏に描いて示した。

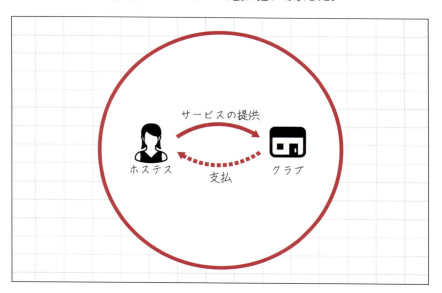

　西谷は不思議そうに沙也加に尋ねる。
「同業者からは業務委託だから業者への支払と同じで，源泉徴収の仕方が違うだけと聞いていたんですが。給与計算の手間が省けると考えていました。それで給与と報酬との境目はどこにあるのですか？」
「そうね。いろいろ問題になった事例があるんだけど，分かりやすそうなのを明日事務所で紹介するわ。ここでは暗いしね」
「話は付いたのか。なら，ピエモンテのネッビオーロを飲もうか」

事件 file 51

給与と報酬との境目

　真生はそう言うと，すでに用意されていた 7 個のグラスに注ぎ分けた。
「みんなの明日に乾杯」
　ちょうどその時，宮川町のとし純らが真生を訪ねてきた。
「こんばんは。おおきに。おにいさん。おねえさん」
「よっ，久しぶり」

　"天津風（あまつかぜ）　雲の通ひ路　吹き閉ぢよ　をとめの姿　しばしとどめむ"

　そう願いながら，総勢七人の賑やかな会は深夜まで続いた。

関連事件を学ぶ

(1)事案の概要

弁護士事務所を営む納税者Xは、訴外会社数社と法律相談に応じることを内容とする顧問契約を口頭で締結した。各社はいずれもXに対して、給与ではなく弁護士業務に関する報酬として、10％の源泉徴収を行った上で、顧問料を毎月定額で支払っていた。

しかしXは、これらの報酬が給与所得であるとして確定申告を行った。それに対して税務署長は、これを事業所得として認定し更正処分を行った。Xはこれを不服として審査請求を経て、更正処分の取消しを求めて提訴した。

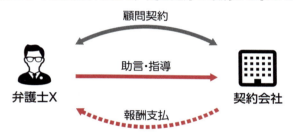

(2)当事者の主張

①納税者Xの主張

顧問契約は、会社の求める事項につき意見を述べることであり、「如何なる問題につき意見を求めるか、求めて得た意見を如何に役立てるかは顧問会社の権能に属するので、その契約は民法623条の雇傭の条件を充足する」。したがって、継続的労務供給契約（顧問契約）に基づき定時に定額支払われる報酬は給与所得である。

②課税庁Yの主張

給与所得と事業所得との本質的差異は、報酬と対価関係に立つ労務の提供が他人の指揮命令に服して専属的になされるか否かにある。独立的、継続的に営む弁護士業務の一環としてなされたと評価される顧問料収入は、給与所得ではなく事業所得である。

⑶最高裁（昭和56年４月24日判決・民集35巻３号672頁）の判示事項

　最高裁は所得区分について，「租税負担の公平を図るため，所得を事業所得，給与所得等に分類し，その種類に応じた課税を定めている所得税法の趣旨，目的に照らし，当該業務ないし労務及び所得の態様等を考察しなければならない」と判示した。

　そして，事業所得または給与所得になるかの一応の判断基準として，「事業所得とは，自己の計算と危険において独立して営まれ，営利性，有償性を有しかつ，反覆継続して遂行する意思と社会的地位とが客観的に認められる業務から生ずる所得をいい，これに対し，給与所得とは雇傭契約又はこれに類する原因に基づき使用者の指揮命令に服して提供した労務の対価として使用者から受ける給付をいう」と判示した。

　また給与所得については，「とりわけ，給与支給者との関係において何らかの空間的，時間的な拘束を受け，継続的ないし断続的に労務又は役務の提供があり，その対価として支給されるものであるかどうかが重視されなければならない」と判示した。

　この基準に基づき，最高裁は下級審が認定した次の６つの事実を基に，Ｘの業務は自己の計算と危険において独立して継続的に営む弁護士業務の一態様であるので，顧問料収入は事業所得にあたるとした。

　すなわち，①自己の名による法律事務所を有し，使用人を擁して継続的に弁護士業を営んでいること，

　②各顧問契約において負担している債務は法律相談等に応ずることであり，弁護士業の業務と同一の内容であること，

　③契約には勤務時間，勤務場所に係る定めがなく，常時数社と締結されている状態であること，

　④契約履行の態様は，依頼のあった都度専ら口頭で法律相談等に応ずるというものであること，

　⑤顧問料は弁護士の業務に関する報酬に該当するものとして，所得税を源泉徴収していること，

　⑥社会保険料の源泉徴収を行っていないこと，これらである。

関係条文を読む

(1) 所得税法27条《事業所得》

　事業所得とは，農業，漁業，製造業，卸売業，小売業，サービス業その他の事業で政令で定めるものから生ずる所得（山林所得又は譲渡所得に該当するものを除く。）をいう。

(2) 所得税法28条《給与所得》

　給与所得とは，俸給，給料，賃金，歳費及び賞与並びにこれらの性質を有する給与（以下この条において「給与等」という。）に係る所得をいう。

(3) 所得税法204条《源泉徴収義務》

① 　居住者に対し国内において次に掲げる報酬若しくは料金，契約金又は賞金の支払をする者は，その支払の際，その報酬若しくは料金，契約金又は賞金について所得税を徴収し，その徴収の日の属する月の翌月10日までに，これを国に納付しなければならない。

　六 　…客に接待をして遊興若しくは飲食をさせるものにおいて客に侍してその接待をすることを業務とするホステスその他の者…のその業務に関する報酬又は料金

② 　前項の規定は，次に掲げるものについては，適用しない。

　一 　前項に規定する報酬若しくは料金，契約金又は賞金のうち，28条①（給与所得）に規定する給与等…

主要論点について考える

(1) 下級審判例を読む

　——第一審（横浜地判昭和50年4月1日・行集26巻4号483頁）および控訴審（東京高判昭和51年10月18日・行集27巻10号1639頁）——

　第一審では，事業所得の判断基準について，「所得税法27条にいう事業とは，<u>自己の危険と計算において独立に営まれる業務で営利性有償性を有し，かつ反復継続して遂行する意思と社会的地位とが客観的に認められるもの</u>と解せられ，事業所得とは右事業から生ずる所得（山林所得又は譲渡所得に該当するものは除く。）である」と判示した。

　次に給与所得についての判断基準について，「所得税法28条にいう給与等とは<u>雇傭契約又はこれに類する原因に基づき使用者の指揮命令に服し，これに従属して提供した労務の対価として使用者から支払を受ける給付</u>と解され，給与所得とは右給与等に係る所得である」と判断基準を示した。

　その上で上述の複数の事実を認定し，「弁護士業における一般顧客の求めに応じ，自己の危険と計算に基づき，幾社との間でも本件と同様の内容，態様の顧問契約を締結することができ，…<u>弁護士業そのものを営んでいるというべきであって，…本来の弁護士業の一経営方法にすぎない</u>」とし事業所得に該当するというべきであると判断した。

　Xの給与所得に該当するとする主張については，「労務の提供（相談等に応ずること）が，…<u>指揮命令に服しているといえる程度に時間的又は場所的に拘束されているとは認められ</u>

ない」としてXの主張を退けた。

(2)当該判例の意義と現状

　当該判例はその後の事業所得と給与所得の判断基準として，実務上大きな影響を与えている。しかし，就業形態の多様化に伴い，「独立性」「従属性」の評価について新たな判断が示されているので紹介しておこう。

　これは業務委託契約を締結した塾講師・家庭教師に対する報酬について，委託者が給与として源泉徴収を行わなかったこと等について，源泉所得税の要否について争った事案である。

　「非独立性」は認められるものの，「従属性」の有無については微妙な事例であったため，「従属性」の内容や「従属性」が給与所得にとって必要不可欠な要件であるか否かが問題となった（宮崎綾望（2015年）「教育機関等に派遣する講師及び家庭教師に対する報酬が給与所得に該当するとされた事例」『法学セミナー増刊　速報判例解説vol.17 新・判例解説Watch』234頁，日本評論社）。

　この点について，第一審である東京地裁（東京地判H25.4.26・税資263号順号12210）は，本件最高裁（最判S56.4.24・民集35巻3号672頁）を引用しつつ，それは「飽くまでも『判断の一応の基準』にとどまるものであって，…給与所得に該当するための必要要件を示したものではない」と指摘した。その上で，国会議員の歳費や会社の代表取締役の役員報酬を例示し，「労務の提供等が使用者の指揮命令を受けこれに服してされるものであること（労務の提供等の従属性）は，当該労務の提供等の対価が給与所得に該当するための必要要件とはいえない」と判断した。

　控訴審である東京高裁（東京高判H25.10.23・税資263号順号12319）においても原審を一部補足し，給与所得該当性の判断として「当事者の意思ないし認識，当該労務の提供や支払の具体的態様等を考察して客観的，実質的に判断すべきことを前提として…，従属性が認められる場合の労務提供の対価については給与所得該当性を肯定し得るとしても，…従属性をもって当該対価が給与所得に当たるための必要要件であるとするものではない」と判示した。

　このことは，「給与所得に該当することが明らかな国会議員の歳費や会社の代表取締役の役員報酬・役員賞与などは，これらの者の労務の提供が従属的なものとはいい難く，従属性を必要要件とする解釈は，…所得税法28条1項の解釈として採り得ない」とし原告の控訴を退けた。この判断については，最高裁（最判H27.7.7・税資265号順号12690）も支持し確定した。

　このように，近似の裁判例においては，「独立性」と「従属性」とを区分し，「非独立性」を重視するようになってきている。これは就業形態の多様化に伴って「従属性」が希薄化しているためと指摘される（奥谷健（2016年）『租税判例百選（第6版）』73頁，有斐閣）。

(3)参考判例

①親会社ストックオプション事件（最判平成17年1月25日・民集59巻1号64頁）

　上述のとおり，昭和56年最高裁判決は「独立性を有しないことが給与所得に該当することを示した事例」であり，非独立性が重視されている。このような流れは親会社ストック

オプション事件に承継されていると指摘される（酒井克彦（2017年）「所得税法における給与所得該当性のメルクマール」『中央ロー・ジャーナル』第14巻第1号，87頁）。以下，紹介しておこう。

これは，「米国法人の子会社である日本法人の代表取締役が親会社である米国法人から付与されたいわゆるストックオプションを行使して得た利益が所得税法28条1項所定の給与所得に当たるとされた事例」である（判示事項）。

このストックオプションは，持ち株比率100％の親会社が人事権等の経営全般を掌握した状況下で，親会社の意向に従う経営を遂行する執行役員等に対する精勤の動機付けのために提供され，しかも当該者のみが行使でき，譲渡・移転はできないものである。

したがってこのストックオプションは，親会社の意向のとおり「職務を遂行したことに対する対価としての性質を有する経済的利益」であって，「本件権利行使益は，雇用契約又はこれに類する原因に基づき提供された非独立的な労務の対価として給付されたもの」であるから，所得税法28条①の給与所得に当たると判示された。

このように「非独立的な労務の対価という点が，給与所得該当性の要件」と考えられているものと指摘される（酒井克彦，前掲論文，88頁）。

②りんご生産組合事件（最判平成13年7月13日・税資251号順号8946）

ところで，民法上の組合の組合員が，その組合の事業にかかる作業に従事して支払を受けた収入について，従属性を給与所得の必要要件として，給与所得に該当するとされた有名なりんご生産組合事件がある。この事件は第一審は給与所得と判断し，控訴審は逆に事業所得と判断したものである。ここでは最高裁判例のみを紹介しておこう。

「民法上の組合の組合員が組合の事業に従事したことにつき組合から金員の支払を受けた場合，当該支払が組合の事業から生じた利益の分配に該当するのか，所得税法28条1項の給与所得に係る給与等の支払に該当するのかは，当該支払の原因となった法律関係についての組合及び組合員の意思ないし認識，当該労務の提供や支払の具体的態様等を考察して客観的，実質的に判断すべきものであって，組合員に対する金員の支払であるからといって当該支払が当然に利益の分配に該当することになるものではない。」

最高裁はこのような規範を示した上で，この組合においては，当該組合員らは「管理者の作業指示に従って作業に従事し」，タイムカードで管理され，給与の支給方法や金額水準等が一般作業員に対する労務費と同じであって，組合の経営成績等とは無関係に支払われていた等々の事実を総合的に検討し，当該金員は，「組合員に対する組合の利益の分配」とみることはできず，給与所得に該当すると判示した。

③債務免除益給与事件（最判平成27年10月8日・税資265号順号12732）

さらに，農産物（青果物等）やその加工品の取扱業を行う権利能力のない社団の理事長及び専務理事の地位にあった者が，当該社団からの借入金債務の免除（48億円）を受けることにより得た利益は給与に該当するとされた事例がある。

最高裁は，昭和56年と平成17年の最高裁判決を引用し，「所得税法28条1項にいう給与所得は，自己の計算又は危険において独立して行われる業務等から生ずるものではなく，雇用契約又はこれに類する原因に基づき提供した労務又は役務の対価として受ける給付を

いう」とし，さらに「同項にいう賞与又は賞与の性質を有する給与とは，上記の給付のうち功労への報償等の観点をも考慮して臨時的に付与される給付であって，その給付には金銭のみならず金銭以外の物や経済的な利益も含まれる」，との規範を示した。

その上で，組合が理事長に対し多額の貸付けを繰り返し行ったのは，同人が「理事長及び専務理事の地位にある者としてその職務を行っていたことによるものとみる」べきであって，同人の申入れを受けて「本件債務免除に応ずるに当たっては…理事長及び専務理事としての貢献についての評価が考慮された」。すなわち本件免除益は，同人が「自己の計算又は危険において独立して行った業務等により生じたものではなく」，同人が「雇用契約に類する原因に基づき提供した役務の対価として…功労への報償等の観点をも考慮して臨時的に付与された給付」である。したがって本件債務免除益は，所得税法28条１項にいう賞与又は賞与の性質を有する給与に該当すると判示した。

このように理事長，専務理事等の役員について，その「従属性」を認めた判断である（酒井克彦，前掲論文，92頁）。

④日本フィルハーモニー交響楽団ヴァイオリン演奏家事件（東京地判昭和43年4月25日・税資52号731頁）

最後に，日本フィルハーモニー交響楽団ヴァイオリン演奏家の収入が事業所得か給与所得かが争われた事件を紹介しておこう。その「労務内容が自主的で専門的であってもその提供の態様が使用者の指揮命令に服するのであれば，その労務の対価は給与所得にあたる」とした有名な判例である（佐藤英明（2009年）『スタンダード所得税法』145頁，弘文堂）。

東京地裁は，「給与所得は，雇傭またはこれに類する原因にもとづき非独立的に提供される労務の対価として受ける報酬および実質的にこれに準ずべき給付を意味するものであって，報酬と対価関係に立つ労務の提供が，自己の危険と計算とによらず他人の指揮命令に服してなされる点に，事業所得との本質的な差異がある。したがって，提供される労務の内容自体が事業経営者のそれと異ならず，かつ，精神的，独創的なもの，あるいは特殊高度な技能を要するもので，労務内容につき本人にある程度自主性が認められる場合であっても，その労務が雇傭契約等にもとづき他人の指揮命令の下に提供され，その対価として得られた報酬もしくはこれに準ずるものであるかぎり，給与所得に該当する」。

さらに，「音楽演奏家は，自己の使用する楽器や演奏会用の特殊な服装等を自ら用意するのが普通であり，また技量向上のための研究費等も必要であるなどのことから，職業費ともいうべきものが一般の勤労者より多くかかり，それが給与所得控除額を上廻る場合もありうることは否定できない」としながらも，「法は所得の発生態様ないし性質の如何によって所得の種類を分類しているのであり，必要経費の多寡を所得分類の基準としたものとは解されないから…給与の支給を受ける者の支出する経費が右の控除額を超えるからといって，それだけで給与所得者に当らないとすることはできない」，と判示した。

このような判例の動向について論者によれば，「非独立要件を論じているとしても，その実，従属性要件を認定している事例が多い」，あるいは，「地位アプローチには，従属性要件を求めるものと，非独立性要件を求めるものとがあ」る。結局，上述のように非独立性要件が重視されてきてはいるが，従属性要件が消滅したわけではなく，また，従属性要

件と非独立性要件とが同じレベルで判断されているのではない。すなわち，りんご生産組合事件や日本フィルハーモニー交響楽団ヴァイオリン演奏家事件のように，従属性要件を充足すればただちに給与所得に該当する。他方，親会社ストックオプション事件のように，従属性要件を充足しなくても，非独立性要件を充足すれば給与所得に該当するという整理ができるとの指摘もなされている（酒井克彦，前掲論文，95-98頁）。

⑷ **給与該当性を否定した事例**

昭和56年最高裁判例に示された規範に基づき考えた場合，ホステスに対する報酬は一般的には給与になる可能性が高い。他方，ホステスとの雇用関係を否定した東京地裁（東京地判H27.11.5・判時2300号121頁）の判例を紹介する。

ホステスが勤務先のクラブから契約解除を通知されたところ，雇用契約の解除は解雇権の濫用として無効であり，労働者としての地位確認を求め提訴した案件である。

この件について裁判所は，①指揮命令・時間的場所的拘束の有無について，会社はクラブへの来店勧誘の手段や対象について指示指導を行っておらず，出勤日・出勤時間をほぼ自由に決めることができたこと，②報酬の労働対価性について，顧客の売上にのみに基づいて計算されており，出勤日数に全く比例していないことを認定した。

その上で，他のホステスとの待遇の相違，社会保険料の加入をしていないこと等を総合的に判断して，「指揮監督下において労働し，その対価として賃金の支払を受ける旨の労働契約であったと評価することは困難であり，（ホステスは）労働基準法及び労働契約法上の労働者に該当しない」とされた。

⑸ **ホステス等に支払う源泉徴収について**

国税庁のタックスアンサー「No. 2807ホステス等に支払う報酬・料金」に，源泉徴収の方法等が記載されているので紹介しておきたい。

「ホステス等に報酬・料金を支払うときは，所得税及び復興特別所得税を源泉徴収しなければなりません。ただし，その内容が給与等に該当する場合には，給与等として源泉徴収すべき所得税及び復興特別所得税の額を計算します」，というものである。

このように，給与に該当する場合に給与として源泉徴収を行う旨が示されており，ホステスに対して支払われる代金が常に報酬料金に該当するものではない。

事件のゆくえ

　翌日沙也加は西谷に，税務上の取扱いを説明した。

「西谷君，昨日の想定だとホステスは，お店の指揮命令に従っているので，労働の対価として報酬を得ていることになるわ。

　例えば，タイムカードで勤怠管理をしようとしていること，指名本数にかかわらず報酬が支払われること，代金の回収責任を負担しないことなんかがそうね。仮に，成果配分賞与なんかを出していてもね。なので，給与として源泉徴収する必要があるわ」

　沙也加の説明に対して，西谷は質問する。

「だとすれば，外注費として扱うにはどういう仕組みにすればいいのですか？」

「お店と雇用関係のないことが必要だわ。つまり，実質的な指揮監督下にない状況ね。なので少なくとも，報酬は出勤日数に影響させず，顧客ごとの売上に対応させて計算するとか，出勤は彼女らの自由に任せるとか，ということね」

「ありがとうございます。税金の問題だけでなく，実質的なお店の運営の面からもどのような仕組みがいいのか，しっかり考えてみます」

　いよいよ祇園にクラブを開店させた西谷が訪ねてきた。

「たくさんのお祝いをありがとうございました。真生先生にも頂戴して。もちろん，貴重なアドバイスも」

「どういたしまして。経営の方は順調みたいね。いろいろ噂を聞いてますよ」

「さすが，沙也加姉さん。耳が早いですね」

「『姉さん』はやめてよ」

「では，『姉御』の方がいいですか？」

「もう！　好きにしなさい！」

「で，沙也加姉さん。そうなんです。おかげさまで，レベルの高いホステスを揃えてスタートすることができました。結局，社会保険労務士と相談して基本の雇用体系は，彼女らを従業員として労働法規に合致する仕組みにしました。"給与と職務内容が明瞭だから"と，いい娘たちが集まってくれて。

　また，雇用契約ということで，シフト管理を適切に行えるようになりまし

た。健康管理や，源泉徴収票の発行，年末調整など手間が掛かるかもしれませんが，沙也加姉さん，よろしくお願いします」
「そのあたりのことは，各専門家を紹介するので，よく相談するといいわ」
「そのうち，特定の上客さんが付いて売上げが伸び，それに見合う報酬の方が高額となるホステスも出てきそうです。なので，相応の対策をしておかないと，他店から引き抜かれるかもしれません」
「その場合，契約によってしっかり分けて，彼女らをサポートした方がいいわよ。トップクラスの人を育てるのは難しいけど頑張ってね」
　沙也加は，お店の未来を情熱的に語る西谷を見ながら励ました。
「沙也加姉さん。今度，うちの社外取締役になっていただけませんか。是非。それに，いつでもうちを使ってくださいよ。どんな演出もしますから。お任せください」
「そうね。ありがとう，考えとくわ」
　西谷の言葉にそう生返事をしながら，沙也加は取締役の重い法的責任や，社外取締役の給与所得該当性について思索に耽っていた。

事件file 52

消費税を含めるの？

上告審：最高裁平成17年2月1日判決・民集59巻2号245頁
上告審：最高裁平成17年1月25日（上告棄却）決定・税資255号順号9910
控訴審：東京高裁平成12年1月13日判決・民集59巻2号307頁
第一審：東京地裁平成11年1月29日判決・民集59巻2号296頁

📖 事件のいきさつ

「うー，今日も寒いわー」

雪は四条通沿いにある顧問先の会社を出た後，ぼそっと呟いた。京都の冬はとにかく寒い。山に囲まれた盆地のため，地面に近いところにたまった冷気に逃げ場がなくなることから「底冷え」と呼ばれる。その寒さのなか，雪は新しく生まれ変わった南座のまねきを眺めていた。歌舞伎発祥の地で約400年にわたり歌舞伎を上演してきた南座。その吉例顔見世興行が新しい南座で3年ぶりにスタートを切っていたのである。

「雪先輩じゃないですか？ お久しぶりです」

声を掛けてきたのは，雪が大学時代に所属したサークルで後輩だった太郎だ。

「太郎君，お久しぶり。ホント久しぶりねえ。元気にしてた？」

「ええ。大学卒業後，一般企業に就職したんですけど，3年前に一念発起してこのすぐそばに雑貨屋をオープンさせたんですよ」

「へー，すごいやん。立派なオーナー様やね」

「ありがたいことに1年目から順調に売上げは伸びていますよ。雪先輩，少しの

時間,税金について相談に乗ってもらえませんか。ランチご馳走しますので」
「ラッキー。私も今からお昼食べようと思ってたから,ちょうどよかったわ。そしたら,あそこの角のうどん屋へ行こ」
　店に入ると先客で席が埋まっており,さらに数人並んでいた。
「もうお昼やから結構混んでるなあ。けど外は寒いやろ。なかで座って待ってられるし,ここにしよ。寒いし,鍋焼きうどん食べていこうよ」
「雪先輩がそうおっしゃるなら,ぼくは言うことを聞きますよ」
　二人は待合に座ったところで,雪は太郎に尋ねた。
「で,税金の相談って何なの。どうしたん?」
「実は先週,税務調査があったんですよ。その時に3年前の売上げが1,000万円を超えているので,去年の分から消費税の申告が必要とか言われてしまいまして…。いろいろ説明を受けたのですが,よく分からなくて。どういうことですか?」
「消費税は,その課税期間の基準期間における課税売上高が1,000万円を超えている場合,納税が義務付けられているのよ。基準期間における課税売上高とは,個人事業者の場合は原則として前々年の課税売上高,法人の場合は原則として前々事業年度の課税売上高のことを指すのよ。だから,3年前の課税売上高が1,000万円を超えているってことじゃないの」
　雪が軽く返答すると,太郎は少し怒りながら言い返してきた。
「商工会議所の開業セミナーで簿記を習った時に,売上げと消費税を別の勘定科目で仕訳することを学んだので,店をオープンさせてからずっと,売上げと仮受消費税とに分けて仕訳してきたんです。それで,1年目の売上げを合計したら900万円だったので,2年後も消費税は払わなくてもよいと思い込んでいました」
「まぁまぁ,落ち着いて。ということは,消費税を税抜きで処理していたのね」
「店でも値札の記載は消費税の金額は別で記載しているんです。例えば10,800円の商品やったら『10,800円(本体10,000円,消費税額等800円)』というような感じで。だから,ぼくの感覚としては売上高の合計と言われると消費税を控除した金額なんですよ。税務調査の後,インターネットで検索したら消費税の処理は税抜処理と税込処理があって,税抜処理の場合,消費

事件 file 52

消費税を含めるの？

税の金額を含まずに計算すると書いてありました。ぼくも税抜処理で会計処理しているのだから売上高の合計も税抜きの金額で計算するのが正しいと思うんです。税務署の言っていること，おかしくないですか？」

太郎の話を聞きながら，雪はある判例を思い出していた。

〈免税事業者の判定は?〉

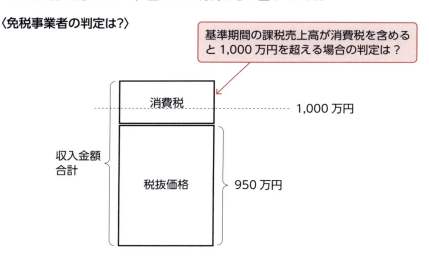

261

関連事件を学ぶ

(1)事案の概要

　以前に免税事業者であった納税者X社が，基準期間の実際の売上総額が3,000万円超えていたものの，基準期間の売上総額から当該売上総額に含まれる消費税相当額を控除すると3,000万円以下となるため，引き続き免税事業者であると考え消費税の申告をしなかった（注：当時は消費税の納税義務が免除される課税売上高の上限は3,000万円であった。平成15年度の税制改正より現行の1,000万円以下に引き下げ）。

　これに対して，課税庁Yは免除された消費税相当額を控除できず，納税者X社は課税事業者に該当するとして無申告加算税の賦課決定等を行った。そこで，当該処分の取消しを求めて争われた事件である。

〈免税事業者の判定は？〉

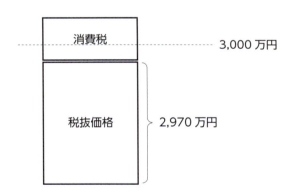

(2)当事者の主張

①納税者X社の主張

　消費税法（以下「法」という）9条①は，「基準期間における課税売上高が3,000万円以下である者については，消費税を納める義務を免除する」と規定しており，この課税売上高とは，同条②によれば，「基準期間中における課税資産の譲渡等の対価の額（法28条①に規定する対価の額をいう。）から税抜対価の返還等の金額を控除した残額をいう」としている。

そして，法28条①は，「課税資産の譲渡等の対価の額とは課税資産の譲渡等につき課されるべき消費税に相当する額を含まないものとする」としているため，基準期間において課税事業者であったか免税事業者であったかにかかわらず，売上高から課されるべき消費税に相当する額を控除した金額をもって，免税事業者にあたるかどうかを判定すべきである。

②課税庁Ｙの主張

免税事業者には，申告を前提とする消費税の納付義務（法48条，49条）は発生しないため，免税事業者の行う資産の譲渡等の対価の額の中には免税事業者が納付すべき消費税額に相当する額は含まれていない。したがって，免税事業者における基準期間の課税売上高の計算においては，除外されるべき消費税額に相当する額は存しないこととなる。

以上より，免税事業者における基準期間の課税売上高の計算において，売上総額から控除すべき消費税額に相当する額はない。

⑶最高裁（平成17年２月１日判決・民集59巻２号245頁）の判示事項

①消費税法９条の趣旨

「法９条①に規定する『基準期間における課税売上高』とは，事業者が小規模事業者として消費税の納税義務を免除されるべきものに当たるかどうかを決定する基準であり，事業者の取引の規模を測定し，把握するためのものにほかならない。ところで，資産の譲渡等を課税の対象とする消費税の課税標準は，事業者が行う課税資産の譲渡等の対価の額であり（法28条①），売上高と同様の概念であって，事業者が行う取引の規模を直接示すものである。そこで，法９条②一号は，上記の課税売上高の意義について，消費税の課税標準を定める法28条①の規定するところに基づいてこれを定義している」のである。

②消費税法28条①の趣旨

「法28条①の趣旨は，課税資産の譲渡等の対価として収受された金銭等の額の中には，当該資産の譲渡等の相手方に転嫁された消費税に相当するものが含まれることから，課税標準を定めるに当たって上記のとおりこれを控除することが相当であるというものである。したがって，消費税の納税義務を負わず，課税資産の譲渡等の相手方に対して自らに課される消費税に相当す

263

る額を転嫁すべき立場にない免税事業者については，消費税相当額を上記のとおり控除することは，法の予定しないところ」である。

③あてはめ

　上記①②の趣旨，目的に照らせば，法9条②に規定する「『基準期間における課税売上高』を算定するに当たり，課税資産の譲渡等の対価の額に含まないものとされる『課されるべき消費税に相当する額』とは，基準期間に当たる課税期間について事業者に現実に課されることとなる消費税の額をいい，事業者が同条①に該当するとして納税義務を免除される消費税の額を含まないと解するのが相当である」と判示し，納税者による上告を棄却した。

関係条文を読む

(1) 消費税法9条《小規模事業者に係る納税義務の免除》

① 事業者のうち，その課税期間に係る基準期間における課税売上高が1,000万円以下である者については，……，消費税を納める義務を免除する……。
② 前項に規定する基準期間における課税売上高とは，次の各号に掲げる事業者の区分に応じ当該各号に定める金額をいう。
　一　個人事業者及び基準期間が1年である法人　基準期間中に国内において行つた課税資産の譲渡等の対価の額……の合計額……。

(2) 消費税法28条①《課税標準》

　課税資産の譲渡等に係る消費税の課税標準は，課税資産の譲渡等の対価の額（対価として収受し，又は収受すべき一切の金銭又は金銭以外の物若しくは権利その他経済的な利益の額とし，課税資産の譲渡等につき課されるべき消費税額及び当該消費税額を課税標準として課されるべき地方消費税額に相当する額を含まないものとする…）とする……。

主要論点について考える

(1) 下級審判例を読む

　──第一審（東京地判平成11年1月29日・民集59巻2号296頁）および控訴審（東京高判平成12年1月13日・民集59巻2号307頁）──

　第一審は，「免税事業者の行った課税資産の譲渡等につき課されるべき消費税が存在しない以上，基準期間において免税事業者であった者の売上総額から除外すべき消費税に相当する額も存在しない」として，納税者X社の請求を退けた。

　控訴審もまた，「消費税の性格上，事業者が納付義務を負う消費税は，取引の相手方に

転嫁されることが予定されており，その額が売上高に含まれているから，事業規模を判断するに当たっては，消費税相当額を控除した，いわば実質的な売上高を基準とした」ものであり，「いったん納税義務が発生し事後的に消滅するのであるから，免税事業者の場合も課されるべき消費税が存在するという控訴人の主張は，法の文理からみて採用することができない」として納税者X社の控訴を棄却した。

⑵消費税法基本通達1-4-5＜基準期間が免税事業者であった場合の課税売上高＞

　当該事件に関連する基本通達としては消費税法基本通達1-4-5がある。当該通達は，課税期間の基準期間において免税事業者であるときは，課税資産の譲渡等について消費税等を納める義務が免除されているのであるから，免税期間における課税売上高は，課税資産の譲渡等に伴って収受し，または収受すべき金銭等の全額とすることを念のため明らかにしたものである。通達は以下のとおりである。

　「基準期間である課税期間において免税事業者であった事業者が，当該基準期間である課税期間中に国内において行った課税資産の譲渡等については消費税等が課されていない。したがって，その事業者の基準期間における課税売上高の算定に当たっては，免税事業者であった基準期間である課税期間中に当該事業者が国内において行った課税資産の譲渡等に伴って収受し，または収受すべき金銭等の全額が当該事業者のその基準期間における課税売上高となることに留意する。（平9課消2-5により改正）」

⑶参考判例

　本件関連事件を引用している裁判例として，東京高判（H23.11.24・税資261号順号11814）およびその下級審である新潟地判（H23.6.2・税資261号順号11695）がある。

　これは，消費税法基本通達1-4-5は消費税法違反の通達であって，税務署長がこの通達を適用し納税義務判定をした行為は違法として，国家損害賠償を求めた事案である。

　新潟地判は，納税者が「消費税法9条①に該当するとして，課税期間に係る基準期間において課税資産の譲渡等につき消費税を納める義務を免除された場合に，同法9条②，28条①を適用して当該基準期間における課税売上高を算定するに当たっては，免除される消費税相当額を控除することなく，課税資産の譲渡等の対価の額を算定すべきであ」って，本件通達は適法とした。東京高裁および最高裁も同様に，納税者の請求を棄却している。

⑷本件の争点に関する見解について

　免税事業者該当性の判定にかかる基準期間における課税売上高の算定にあたって，消費税相当額を控除することの是非については，賛否2つの見解がある。

　最高裁はこの点について，消費税制の趣旨，消費税法9条②の趣旨解釈，および，これが同法28条①の「課税資産の譲渡等の対価の額」を引用した趣旨等から，「基準期間における課税売上高の算定に当たり消費税相当額を…控除することはできないとする」否定説を採ることを明らかにしたものと評価される（森英明（2008年）『最高裁判所判例解説民事篇平成17年度（上）』116-132頁，法曹会）。

⑸本件の残された課題

　本件判決にかかわって論者によれば，次の3つの課題が残されていると指摘されるところである（田中治（2016年）『租税判例百選（第6版）』166頁，有斐閣）。

　本件の争点は，課税期間に係る基準期間において免税事業者であった者について，当該課税期間に免税事業者に該当するか否かを判断する場合，基準期間における課税売上高の算定にあたり，課税資産の譲渡等について「課されるべき消費税に相当する額」を控除すべきか否かであるが，学説では控除説（湖東京至（1997年）『消費税法の研究』107頁等，信山社）と非控除説（山本守之（1997年）『新法令・新通達による事例からみた消費税の実務（増補版）』4頁等，税務研究会出版局）とに分かれてきた。

　論者によれば，本判決によって裁判上は非控除説で決着がついたとはいえ，本判決の論理にはなお不透明な部分もあり，以下の理論上検討されるべき課題が残されているとしている。

① 消費税法9条にいう事業規模とは何か。消費税法28条にいう課税標準が，当該事業者の事業規模を示すといい得るかどうかは疑問が残る。

② 課税事業者は，本体価格と消費税額とを別々に受領しているのか，それとも，代価として一体的に受領しているのか。

③ 本判決は，免税事業者は消費税を転嫁すべき「立場にない」とするが，「立場にない」というのは規範論として意味を持つかどうか。

事件のゆくえ

「お待たせしました。こちらの席へどうぞ」

　二人は席に着くとすぐに注文を済ませ，話を続けた。

「えー，でも，何か納得できませんよ。消費税の会計処理は税抜処理と税込処理が選べるんですよね。うちは開業してから一貫して税抜処理をしてきたのに，税込処理で計算したら売上げが1,000万円を超えてますっていきなり言われても困るじゃないですか。まあ，雪先輩に当たっても仕方がないんですけど…」

　太郎の話を聞いていると注文したうどんが配られてきた。

「わー，やっぱりここの鍋焼きうどんは美味しそうやわあ。けど，『免税事業者』というのに，税込処理とか税抜処理とか，あると思う？」

「え，どういうことですか？」

「それより，そろそろいただこうよ。せっかくのおうどんが冷めてしまうわ。食べながら話そ」

「あ，ホンマや」

「そもそも，太郎君の開業1年目は消費税を納めないことがあらかじめ決まってたんやから，預かっている消費税もなければ，支払っている消費税もないってことよ。だから，免税事業者の間は消費税の会計処理に選択の余地はなくて，受け取った売上金額をそのまま売上高として会計処理することになるのよね」

　太郎は少し考えてから話し出した。

「税込処理とか税抜処理は，消費税を納める義務がある人らの話であって，うちのように，消費税を納める義務のない者には関係ないってことか…。雪先輩の説明だと納得できますね」

「そういうことだね」

「ぼくは開業当初からコストを抑えるため，給与計算や経理も一人でやってきたんですけど，正直分からないことだらけなんです。なので，今後は雪先輩にお願いすることはできませんか？　今回の税務調査でほかにもいろいろと指摘されてしまいましたし」

「もちろんいいわよ。続きは事務所で話しましょうか。よく似た事件もある

から，紹介するわ」
「ありがとうございます。開業してから商売をするのに，会計や税金の知識がすごく必要だなあって痛感しているんです。けれど，素人のぼくからしたら仕組みがものすごく複雑で専門用語もいっぱいあるじゃないですか。なのに，学生時代にほとんどそういったことを勉強する機会がなかったですから。じゃあ，これからは"雪先生"って呼ばせてもらいますね」
「太郎君に"先生"って言われるのも変な感じよね。これまでどおり，"先輩"でいいわ」
　二人は鍋焼きうどんを食べ終えると，足早に事務所に向かった。

事件 file 53

会長の懇親会費用

上告審：最高裁平成26年1月17日決定（不受理）・税資264号順号12387
控訴審：東京高裁平成24年9月19日判決・判時2170号20頁
第一審：東京地裁平成23年8月9日判決・判時2145号17頁

事件のいきさつ

　12月21日，終い弘法と呼ばれる1年最後の弘法さんの縁日が東寺の境内で開かれ，多くの人で賑わう。正月用品を露店で買い，正月の準備を進めるといよいよ今年も後わずかという実感が湧いてくる。事務所で終い弘法の話をしていると宮大工士[1]の山口誠二氏が，秘書の佐々木と確定申告の打合せのため沙也加の下を訪ねてきた。

　山口は15人の宮大工士を抱える工務店の経営者である。歯に衣を着せぬ物言いと大きな声が特徴的である。宮大工士は日本古来より綿々と建築に係る技術を伝承する者が有する国家資格である。彼は国内のみならず，世界の歴史と建築物に造詣が深く，真摯に建築物に向かい合う姿勢から人望が厚い。数年前同士らより懇願され，彼らの強制加入団体である日本宮大工士会会長を務めることになった。

「沙也加さん，ご無沙汰しています」

「棟梁お顔を拝見するのはおおよそ1年ぶりです」

「今年は会長をやらせてもらっているので会務やら，他の団体との会合，懇親やら忙しくて…」

「大変でしょうね。本当は給料でももらいたいですよね」

「でも，日本の宮大工士のために，誰かがやらないとな」

「今回の確定申告では，会長としての経費について，いろいろ沙也加さんに

MEMO

1　この国家資格はフィクションである。なお，宮大工の技術は「伝統建築工匠の技――木造建造物を受け継ぐための伝統技術――」として，国連教育科学文化機関（ユネスコ）無形文化遺産の候補となっている（日本経済新聞，2018年2月7日）。

269

確認したいと思っているんです」
　佐々木が次のメモを広げながら口を開いた。

---

　①日本宮大工士会役員会後の懇親会費用
　②地域宮大工士会との懇親会費用
　③他士業との意見交換会・懇親会費用
　④日本宮大工士会職員との懇親会費用
　⑤日本宮大工士会会長選挙の慰労会費用

「ここに書いてあるのが，会長として活動したものの支払なのですが，どこまで経費に計上できるのかなと思いまして」
　山口が口を挟んだ。
「事務所で一旦立て替えてもらってるんだけど，事務所とは関係ないから経費にはしないつもりなんです。でも，佐々木君が一度先生に相談しましょう，と言うので，ね。いくらなんでも，会長としての出費を事務所の経費にするのは無理がありますよな」
「棟梁，そうでもないんです」
　そう言うと沙也加は，弁護士会の役員としての活動に係る懇親会費用等が弁護士事務所の経費として認められるか否かが争われた事件について，説明を始めた。

事件 file 53

会長の懇親会費用

📖 関連事件を学ぶ

⑴事案の概要

　Ｚ弁護士会会長や日本弁護士連合会（以下「日弁連」という）の役員を務めた弁護士である納税者Ｘが，役員としての活動に伴い支出した懇親会費等を事業所得の金額の計算上必要経費に算入するなどして所得税および消費税等の確定申告をしたところ更正処分等を受け，その取消しを求めた事案である。

　　～必要経費か否かが争われた経費～

・日弁連等における委員会や理事会等の後の懇親会費

・弁護士会職員との懇親会費

・日弁連事務次長の父親への香典

・日弁連副会長立候補活動費用

⑵当事者の主張

①納税者Ｘの主張

　所得税法37条では必要経費について「その年における販売費，一般管理費その他これらの所得を生ずべき業務について生じた費用」（以下「一般対応の必要経費」という）としているところ，弁護士はその業務全体が「所得を生ずべき業務」にあたる。弁護士にとって弁護士会や日弁連の会務活動は，弁護士業務のために必要かつ不可欠なものであり，その役員等としての活動も弁護士の事業活動そのものである。

　そして，所得税法37条に定める必要経費のうち，いわゆる一般対応の必要経費については，その文言および性質上，支出と収入の直接関連性は必要とされていないから，会務活動に伴う支出はいずれも必要経費に該当する。

②課税庁Ｙの主張

　所得税法37条の一般対応の必要経費に該当するか否かは，「当該事業の業務内容，当該支出の相手方，当該支出の内容等の個別具体的な諸事情から社会通念に従って客観的に判断して，当該事業の業務と直接関係を持ち，かつ，専ら業務の遂行上必要といえるかによって判断すべきであ」る。ここで，「事業所得を生み出す弁護士としての事業とは…営利を目的として対価を得て継

271

続的に一般の法律事務を行う活動をいう」。

　弁護士は弁護士会に入会することは義務付けられているが，役員になることまでは義務付けられていない。弁護士会等の役員としての活動は，弁護士会等に帰属するもので，弁護士個人が事業所得を得るための事業活動と同一視することはできない。

　したがって，Xが弁護士会等の役員等として支出した費用は，弁護士としての事業と直接関係はなく，かつ弁護士としての事業の遂行上必要な支出でもないため必要経費に該当しない。

(3) 東京高裁（平成24年9月19日判決・判時2170号20頁）の判示事項

　東京高裁は，弁護士会や日弁連の役員等としての活動も弁護士の事業活動そのものであるとするXの主張に対して，「弁護士会等と個々の弁護士は異なる人格であり，弁護士会等の機関を構成する弁護士がその権限内でした行為の効果は，弁護士会等に帰属するものであるから，控訴人が弁護士会等の役員等として行う活動は，…社会通念上，控訴人の『事業所得を生ずべき業務』に該当すると認めることはできない」として，その主張を退けた。

　その活動が事業所得を生ずべき業務に該当しない場合であっても，「当該支出が所得を生ずべき業務の遂行上必要であ」る場合には，一般対応の必要経費に該当すると判断すべきであるとした。

　さらに，「弁護士会等の活動は，弁護士に対する社会的信頼を維持して弁護士業務の改善に資するものであり，弁護士として行う事業所得を生ずべき業務に密接に関係するとともに，会員である弁護士がいわば義務的に多くの経済的負担を負うことにより成り立っている」。

　したがって，「弁護士が人格の異なる弁護士会等の役員等としての活動に要した費用であっても，弁護士会等の役員等の業務の遂行上必要な支出であったということができるのであれば，その弁護士としての事業所得の一般対応の必要経費に該当する」とした。

　その上で次の各支出に対して個別に検討がなされた。
　①所属する弁護士会等または他の弁護士会等の公式行事後に催される懇親会等
　②弁護士会等の業務に関係する他の団体との協議会後に催される懇親会等

③自らが構成員である弁護士会等の機関である会議体の会議後に，その構成員に参加を呼びかけて催される懇親会等

④弁護士会等の執行部の一員として，その職員や，会務の執行に必要な事務処理をすることを目的とする委員会を構成する委員に参加を呼びかけて催される懇親会等

上記①〜④に関して「出席することは，それらの会議体や弁護士会等の執行部の円滑な運営に資するものであるから，これらの懇親会等が特定の集団の円滑な運営に資するものとして社会一般でも行われている行事に相当するものであって，その費用の額も過大であるとはいえないときは，社会通念上，その役員等の業務の遂行上必要な支出」に該当するとして，必要経費算入を認めた。

一方で，上記の懇親会後に開催された二次会に出席した費用に関しては，「二次会への出席は，個人的な知己との交際や旧交を温めるといった側面を含むといわざるを得ず，仮に業務の遂行上必要な部分が含まれていたとしても，その部分を明らかに区分することができると認めるに足りる証拠はない」として必要経費算入は認められないとした。

なお，弁護士会会長または日弁連副会長に立候補するために不可欠な費用は事業所得を生ずべき不可欠な費用に該当するが，投票を呼びかける活動などの費用は必要経費にあたらない。また，日弁連事務次長の父親への香典も必要経費には該当しないとされた。

課税庁Yは，これに対して最高裁に上告を申し立てたが受理されなかった。

関係条文を読む

(1)所得税法27条《事業所得》

① 事業所得とは…サービス業…で政令で定めるものから生ずる所得…をいう。

② 事業所得の金額は，その年中の事業所得に係る総収入金額から必要経費を控除した金額とする。

(2)所得税法37条①《必要経費》

その年分の…事業所得の金額…の計算上必要経費に算入すべき金額は，別段の定めがあるものを除き，これらの所得の総収入金額に係る売上原価その他当該総収入金額を得るため直接に要した費用の額及びその年における販売費，一般管理費その他これらの所得を生ずべき業務について生じた費用（償却費以外の費用でその年において債務の確定しないも

のを除く。）の額とする。
(3)所得税法45条①《家事関連費等の必要経費不算入等》
　居住者が支出し又は納付する次に掲げるものの額は，その者の…事業所得の金額…の計算上，必要経費に算入しない。
　一　家事上の経費及びこれに関連する経費で政令で定めるもの
(4)所得税法施行令96条《家事関連費》
　法45条①一号（必要経費とされない家事関連費）に規定する政令で定める経費は，次に掲げる経費以外の経費とする。
　一　家事上の経費に関連する経費の主たる部分が…事業所得…を生ずべき業務の遂行上必要であり，かつ，その必要である部分を明らかに区分することができる場合における当該部分に相当する経費
　二　前号に掲げるもののほか，青色申告書を提出することにつき税務署長の承認を受けている居住者に係る家事上の経費に関連する経費のうち，取引の記録等に基づいて…事業所得…を生ずべき業務の遂行上直接必要であつたことが明らかにされる部分の金額に相当する経費

主要論点について考える

(1)下級審判例を読む
　──第一審（東京地判平成23年8月9日・判時2145号17頁）の判示事項──
　第一審は，所得税法37条の一般対応の必要経費に該当するか否かの判断にあたって「当該支出が所得を生ずべき事業と直接関係し，かつ当該業務の遂行上必要であることを要する」と判示した。
(2)所得税法37条の一般対応の必要経費の該当性について
　所得税法37条では必要経費について「その年における販売費，一般管理費その他これらの所得を生ずべき業務について生じた費用」として一般対応の必要経費を定義している。
　いうまでもなく，「ある支出が必要経費として控除されうるためには，それが事業活動と直接の関連をもち，事業の遂行上必要な費用でなければならない」。ただし，それは「必要な」経費であればよいのか，それとも「通常かつ必要」な経費でなければならないのか議論がある。この点についてわが国所得税法は，「『通常』の要件が規定されていないから，必要な経費であれば」よく，したがって，違法ないし不法な支出も必要経費に該当することになる（金子弘（2017年）『租税法（第22版）』298頁，弘文堂）（第1巻事件file 1「ポーカーゲーム」参照）。
　ところが本件第一審は，「当該支出が所得を生ずべき事業と直接関係し，かつ当該業務の遂行上必要であることを要すると解するのが相当である」とし，①事業と直接関係する②業務の遂行上必要であることの2つの要件が必要であるとして，直接性と必要性とを要求した。

他方東京高裁は，事業との直接関係までは求めず，当該支出が業務の遂行上必要であれば一般対応の必要経費に該当するとして，必要性要件のみでよいと判示した。

　そこで必要経費に該当するかどうかは，業務の遂行上必要な支出か否かを個別に検討することになった。本件弁護士会等の活動目的や運営形態から，その活動が弁護士業に不可欠な活動であることや，その運営は弁護士個々人の義務的な経済負担から成り立っていることから，その役員としての活動に係る支出は，過大な部分を除き業務の遂行上必要な支出であると判断されたのである。

⑶家事費と必要経費

　本件事件のように，「酒食を伴う懇親会は，その性格上，個人的な（費消の）側面を含むことから，そのために支出した懇親会費は，一般的には家事費としての性格を有するもの」である。したがって，所得税法45条にいう「家事費」に該当し，必要経費に該当しないとされる（水野忠恒（2015年）『大系租税法』272頁，中央経済社）。

　実務上，家事費か必要経費かで問題となるのが，事務所（店舗）と自宅とが同一建物である場合や，普通乗用車を共用している場合である。①主たる部分（通説では50%以上）が業務の遂行上必要，かつ，②必要部分を明らかに区分できる場合は必要経費算入が認められる（所得税法施行令96条，水野忠恒，前掲書，272頁）。

⑷関連判例

　家事費を巡って争われた東京地判H25.10.17（税資263号順号12311）を紹介しておこう。

　東京地裁は，「家事関連費のうち必要経費に算入することを認めるためには，当該金額が〔1〕事業所得等を生ずべき業務の遂行上必要であること，及び，〔2〕その必要な部分の金額が明確に区分されていることの二つの要件を満たしていれば足りる」，と規範を示した。

　その上で，居住スペースと共用となる地代家賃や水道光熱費について，「本件住宅のうち本件各業務の遂行のために必要であり，その部分を明確に区分することのできる場合には必要経費に算入することができる」が，「本件住宅のうち本件各業務の遂行のために使用されるいわば専用スペースとして使用されていた部分はなく，リビング等が本件各業務に使用されていた実態も明らかではないから，本件水道光熱費についても，本件各業務の遂行のために必要な部分として明確に区分することができるものはなく，必要経費に算入することはできない」と判示した。

　他方，地方自治体に対し売上減少に係る損害賠償を求めるための弁護士費用について，その1／2に相当する額を必要経費と認めた。

📔 事件のゆくえ

沙也加は，佐々木のメモを指差しながら必要経費となる旨を説明した。

```
①日本宮大工士会役員会後の懇親会費用
②地域宮大工士会との懇親会費用
③他士業との意見交換会・懇親会費用
④日本宮大工士会職員との懇親会費用
⑤日本宮大工士会会長選挙の慰労会費用
```

「この①〜④については，日本宮大工士会の運営に必要な経費です。ただ，会長のことですので二次会以降の費用も結構ありますよね。二次会以降の経費は除いておいてくださいね」
「はい。先生」
　山口は笑みを浮かべながら言った。
「あと⑤の選挙後の懇親会は，会長選挙で尽力いただいた方々の慰労会ですね。しかも，これはお一人で負担されてますよね」
「はい」
「これに関しては，残念ながら必要経費になりません」
「分かりました。でも，随分多く経費に計上できるんですね。先生，やっぱり聞いておいてよかったです」
「ところで，真生先生は？」
「ごめんなさい。今，出かけております」

　真生は，釈放された元経理部長の三条が竹雄の墓前に花を供えたいと言うので，同行した。約1年前の事故のせいだろうか，三条は杖を突いている。
「海外の関連会社を通じた取引を不審に思って私なりに調べていたんです。仮想通貨が利用されているという情報を得たのですが，行き詰まってしまって。そんな時，KYOコインの開発者だという竹雄さんを探し出したんです。最初は否定されましたが，自分の開発したもので犯罪が行われるということが許せなかったのでしょう。調査に協力してくれました。

でもこんなことになってしまって…本当に申し訳ございませんでした」

事件 file 53 会長の懇親会費用

事件file 54

違法に収集された証拠

上告審：最高裁平成16年1月20日決定・刑集58巻1号26頁
控訴審：高松高裁平成15年3月13日判決・判時1845号149頁
第一審：松山地裁平成13年11月22日判決・刑集58巻1号47頁

事件のいきさつ

　新年を迎え，真生，沙也加，藍子，雪と弁護士の陽子が，晴れやかな着物姿で事務所に揃った。
「明けましておめでとうございます」
　互いに新年の挨拶を交わし，沙也加おすすめのシャンパン，アンリ・ジローを酌み交わしたところで，真生が声を掛けた。
「では，行こうか。車も来たことだし」
　毎年恒例の八坂神社と伏見稲荷大社への参拝である。車内でドライバーが説明してくれる。
「伏見稲荷大社は外国人の人気ナンバーワンなんですよ。あの千本鳥居が神秘的で魅力があるとかで」
　初詣を終え事務所に着くと，真生の眼に人影が映った。"こんな時に来る無粋な奴らはあいつらだろう"そう思いながらも振る舞い酒を用意した。
「おめでとうさん」
　やはり，京都府警組織犯罪対策第2課の南川だった。だが，いつもと少し様子が違う。なんと大西ではなく，女性と一緒なのだ。
「昨年もよう世話になったな。おかげでいろいろ，けりが付いたわ」
「そやろっ，感謝してやぁ」
　相変わらずの南川節である。
「ところで藍子先生」
「どうされたんですか，いきなり」
「さっそくやけど，こいつ紹介するわ。9課の裕美君だ。ある事件を追っかけとるんやけど，行き詰まってて少し知恵を借りたい，と言うもんでね。連れてきたんやわぁ。まだ若いんやけど，将来伸びよると思うし，よろしゅう

事件 file 54

違法に収集された証拠

頼むわぁ」
「藍子先生」
　裕美がまじめな顔で話し始めた。
「今，京都駅西側の再開発を巡ってある議員絡みの事件を探っています」
「贈収賄事件ですか」
　すかさず，藍子が口を挟んだ。
「よくお分かりで。そうなんです。なかなかどうにも尻尾を掴めなくて。で，贈賄企業の方から迫ろうと思っています。簿外取引で得た金を贈賄資金にしているようなのですが，どうすれば証拠を掴めると思いますか？」
「なら，捜索差押え令状とってガサ入れしたらダメなんですか？　何と言っても，国家権力でしょう」
　雪が口を開いた。陽子弁護士の指導が功を奏し，雪も少しは刑事訴訟の世界に慣れてきたようだ。
「それはそうなんですが…確実な証拠を掴むまでは大ごとにしたくないんです。恐らく上の方で忖度して，ストップが掛かると思うので」
「なるほどねぇ。そういうことなら…」
　と，いきなりのハードな質問に戸惑いながらも，藍子らは会計や税務の面から掌握できるであろうことをいろいろと伝えた。真生は相変わらず，南川と楽しそうに伏見の酒を酌み交わしている。二人とも，女たちの話をしっか

279

りと聞いているのだろうが，およそそんなそぶりは見せない。
　裕美の質問が続く。
「で，先生。まずは税務署に動いてもらうってわけにはいかないんでしょうか。そしたら，何か証拠が簡単に掴めそうな気がするんです」
「こういうことですね。その会社については，簿外取引に関わって脱税の嫌疑もあるのですね」
　藍子は簡単な図を手帳に描き示した。

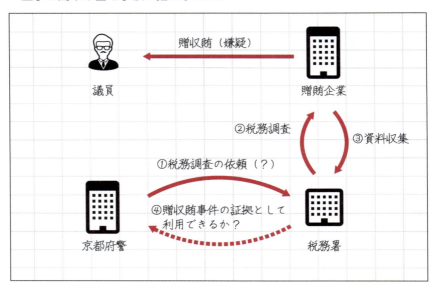

「大ごとになるので，直接，私たちから税務署に依頼するわけにはいかないんですが…。先生方からお願いしてもらうわけにはいかないんでしょうか？」
　裕美のリクエストに対して，"件の判例と違法収集証拠絡みの判例を説明してあげとくのがよさそうね"と思い解説することにした。
「ちょうどいいわ。これは，私たちにとっても大切なテーマですから，みんなで考えましょう」
　藍子はそう言うと，雪らと新春勉強会を始める準備を整えた。

関連事件を学ぶ

　藍子が説明を予定しているのは，最決H16.1.20（刑集58巻1号26頁）である。次のような事件であった。

(1)事案の概要

　これは砂利採取・販売事業等を営む被告会社2社および被告人（代表者・実質的経営者，以下，Xとする）による約3億円の法人税逋脱についての刑事事件である。一審で法人は7,500万円の罰金，代表者X（実質的経営者）は2年6か月の懲役（執行猶予付）の罪責となり，高裁ではXの控訴が棄却され，最高裁ではXの上告が棄却されて刑が確定している。

　本件脱税が発覚した経緯は次の図表のとおりである。

　公訴事実を立証する証拠が，税務調査のための質問検査権を犯則調査の手段として行使し違法に収集されたものであるとして，当該証拠の証拠能力を争った事件である。

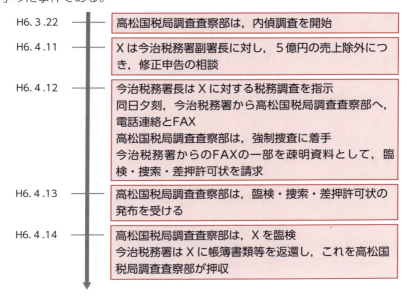

H6.3.22	高松国税局調査査察部は，内偵調査を開始
H6.4.11	Xは今治税務署副署長に対し，5億円の売上除外につき，修正申告の相談
H6.4.12	今治税務署長はXに対する税務調査を指示 同日夕刻，今治税務署から高松国税局調査査察部へ，電話連絡とFAX 高松国税局調査査察部は，強制捜査に着手 今治税務署からのFAXの一部を疎明資料として，臨検・捜索・差押許可状を請求
H6.4.13	高松国税局調査査察部は，臨検・捜索・差押許可状の発布を受ける
H6.4.14	高松国税局調査査察部は，Xを臨検 今治税務署はXに帳簿書類等を返還し，これを高松国税局調査査察部が押収

⑵当事者の主張
①納税者Xの主張
　本件では税務調査が犯則調査の手段として行使され，犯則調査を有利に進めるための手段として利用されている。このような犯則調査は法人税法156条（旧法，現在は国税通則法74条の8）及び163条並びに憲法31条，35条及び38条に違反する。また本件臨検・捜索・差押許可状の執行以降に収集された検察官請求証拠等はすべて上記各法条に違反するから，違法収集証拠に該当する。

②検察官Yの主張
　本件税務調査が本件犯則調査の端緒となったとしても，そのこと自体から本件犯則調査は違法とならない。本件税務調査および犯則調査手続はいずれも適法なものであって，本件公訴の提起を無効とすべき点はなく，また各証拠はいずれも違法収集証拠に該当せず証拠能力を有する。

⑶最高裁（平成16年1月20日決定・刑集58巻1号26頁）の判示事項
①規範
　法人税法156条（旧法，現在は国税通則法74条の8）によると，「質問又は検査の権限は，犯罪の証拠資料を取得収集し，保全するためなど，犯則事件の調査あるいは捜査のための手段として行使することは許されない」。
　「しかしながら，上記質問又は検査の権限の行使に当たって，取得収集される証拠資料が後に犯則事件の証拠として利用されることが想定できたとしても，そのことによって直ちに，上記質問又は検査の権限が犯則事件の調査あるいは捜査のための手段として行使されたことにはならない」。

②あてはめ
　「本件では，上記質問又は検査の権限の行使に当たって，取得収集される証拠資料が後に犯則事件の証拠として利用されることが想定できたにとどまり，上記質問又は検査の権限が犯則事件の調査あるいは捜査のための手段として行使されたものとみるべき根拠はないから，その権限の行使に違法はな」い。

③結論
　「上記質問又は検査の権限の行使及びそれから派生する手続により取得収集された証拠資料の証拠能力を肯定」できる。

事件file **54**

違法に収集された証拠

関係条文を読む

⑴国税通則法74条の2①《当該職員の所得税等に関する調査に係る質問検査権，旧法人税法153条～155条》

　国税庁，国税局若しくは税務署（以下「国税庁等」という。）…は，所得税，法人税…に関する調査について必要があるときは，…質問し，その者の事業に関する帳簿書類その他の物件…を検査し，又は当該物件…の提示若しくは提出を求めることができる。

⑵国税通則法74条の8《権限の解釈，旧法人税法156条》

　74条の2から前条まで（当該職員の質問検査権等）の規定による当該職員の権限は，犯罪捜査のために認められたものと解してはならない。

⑶憲法31条（法定手続きの保障）

　何人も，法律の定める手続によらなければ，その生命若しくは自由を奪われ，又はその他の刑罰を科せられない。

⑷憲法35条①（住居等の不可侵）

　何人も，その住居，書類及び所持品について，侵入，捜索及び押収を受けることのない権利は，33条の場合を除いては，正当な理由に基いて発せられ，且つ捜索する場所及び押収する物を明示する令状がなければ，侵されない。

⑸憲法38条（不利益供述，自白の証拠能力）

① 　何人も，自己に不利益な供述を強要されない。

③ 　何人も，自己に不利益な唯一の証拠が本人の自白である場合には，有罪とされ，又は刑罰を科せられない。

主要論点について考える

⑴下級審判例を読む

　――第一審（松山地裁平成13年11月22日判決・刑集58巻1号47頁）および控訴審（高松高裁平成15年3月13日判決・判時1845号149頁）――

　松山地裁（松山地判H13.11.22）は法人税法156条（現国税通則法74条の2）について，最判S51.7.9（裁判集刑201号137頁）を前提に，これは「適法な税務調査中に犯則事件が探知された場合に，これが端緒となって収税官吏による犯則事件としての調査に移行することをも禁ずる趣旨のもの」ではない。「したがって，本件税務調査が本件犯則調査の端緒となったとしても，そのこと自体から本件犯則調査が違法とされるものではない」。

　「本件犯則調査手続について，少なくとも憲法35条及び38条の趣旨を没却するような本件税務調査結果の利用の事実はなかった」から，「本件税務調査及び犯則調査手続はいずれも適法なものであった」と判示した。

　高松高裁（高松高判H15.3.13）は本件税務調査について，「（ア）…調査査察部の職員が，証拠資料を保全するために何らかの手段を講じるように…今治税務署の職員に依頼し，そ

283

れに同税務署職員が応じたか，（イ）…同税務署職員の側が自主的にそうしたことを慮って，調査査察部の犯則調査に協力する意図の下，証拠資料の保全を図るために，税務調査を行ったかのいずれかである可能性を排除することができない」と認定し，当該「税務調査の手続は，質問検査の権限を犯則調査又は犯罪捜査のための手段として行使したものと一面で評することができるから，本件の税務調査は，法人税法156条に違反する」と判示した。

その上で，「本件の税務調査の手続が法人税法156条に違反するものである以上，その手続及びそれに派生する手続により得られた証拠の刑事手続における証拠能力の有無について検討する必要があるところ，その検討に当たっては，本件の税務調査の手続に，刑事手続における令状主義の原則を定めた憲法35条や黙秘権を定めた同法38条の趣旨などを没却するような重大な違法があり，この手続及びそれに派生する手続により得られた書証や証拠物を証拠として許容することが，将来におけるそうした違法な手続を抑制する見地から相当でないと認められるかどうかを考察すべきである」。

この点について，本件税務調査の「手続に令状主義違反や黙秘権侵害はなかった上に，その手続自体の法規からの逸脱の度合いも実質的には小さかった…から，その違法はいまだ重大なものであるとはいえず，また，本件のほ脱事案としての重大性…等をも考慮に入れると…証拠の証拠能力はこれを肯定」できると結論付けて，一審判決を維持したのである。

(2) 学説紹介

質問検査権の行使によって取得収集された資料を犯則調査に利用できるか，について，次のような5説がある（山口雅髙（2007年）『最高裁判所判例解説刑事篇平成16年度』48-52頁，法曹会）。

① 証拠能力なし，かつ刑事責任追及のための利用は禁止。
② ①，ただし重加算税賦課決定時を除く。
③ ①，かつ犯則調査での利用も禁止。
④ 証拠能力について一律排除せず。
⑤ 証拠能力あり。

山口によると，各学説の共通点は，「質問検査権を犯則調査，犯罪捜査のための手段として行使することは違法であり，そのような方法で取得収集された証拠資料の証拠能力は否定される」ことにある。また，裁判例からすると，「税務調査で取得収集された資料のうち，少なくともその一部は，犯則調査に移行するための端緒として利用することが許される余地がある」と指摘される（山口雅髙，前掲論文，52頁）。

(3) 参考判例

税務調査と犯則調査との関係については，最大判S47.11.22（刑集26巻9号554頁），最決S51.7.9（裁判集刑201号137頁）などがある。以下整理しておきたい。

①最大判昭和47年11月22日・刑集26巻9号554頁

最大判S47.11.22は，税務調査について「所得税の公平確実な賦課徴収のために必要な資料を収集することを目的とする手続であつて，その性質上，刑事責任の追及を目的とする手続ではない。また，右検査の結果過少申告の事実が明らかとなり，ひいて所得税逋脱の事実の発覚にもつながるという可能性が考えられないわけではないが，そうであるから

といつて，右検査が，実質上，刑事責任追及のための資料の取得収集に直接結びつく作用を一般的に有するものと認めるべきことにはならない」。

しかも，検査拒否に対する罰則（1年以下の懲役または20万円以下の罰金，現在は1年以下の懲役又は50万円以下の罰金，国税通則法127条本文，二号）について，「行政上の義務違反に対する制裁として必ずしも軽微なものとはいえないにしても，その作用する強制の度合いは，それが検査の相手方の自由な意思をいちじるしく拘束して，実質上，直接的物理的な強制と同視すべき程度にまで達しているものとは，いまだ認めがたい」。「国家財政の基本となる徴税権の適正な運用を確保し，所得税の公平確実な賦課徴収を図るという公益上の目的を実現するために…実効性のある検査制度が」必要である。このような税務調査の「目的，必要性にかんがみれば，右の程度の強制は，実効性確保の手段として，あながち不均衡，不合理なもの」ではない。

ただし，「憲法35条①の規定は，本来，主として刑事責任追及の手続における強制について，それが司法権による事前の抑制の下におかれるべきことを保障した趣旨であるが，当該手続が刑事責任追及を目的とするものでないとの理由のみで，その手続における一切の強制が当然に右規定による保障の枠外にあると判断することは相当ではない」，と判示した。

すなわち，質問検査権には憲法38条①の保障が及ぶのであり，「質問検査権が，犯則調査のための証拠資料を獲得するための手段として行使されたのであれば，令状主義及び黙秘権の保障が潜脱され，許されない間接強制を契機として，証拠資料が取得収集されたことになる」のである（山口雅髙，前掲論文，45頁）。

②最決昭和51年7月9日・裁判集刑201号137頁

最高裁は，上述の最大判S44.11.22を前提に，憲法38条①違反について，「法人税法156条が，税務調査中に犯則事件が探知された場合に，これが端緒となつて収税官吏による犯則事件としての調査に移行することをも禁ずる趣旨のもの」ではない，と判示する。

換言すれば，「税務調査で取得収集されたすべての資料を犯則調査に利用できることを判示したもの」ではない（山口雅髙，前掲論文，47頁，傍点－筆者）。

(4)違法収集証拠と証拠排除について

刑事訴訟法は証拠物の収集手続に違法があった場合，その証拠能力については規定していない。従来，証拠物の収集手続に違法があっても，証拠物それ自体の性質や形状は不変なのであるから，証拠としての価値に変わりはなく，証拠能力を認めるべきと考えられてきた。

しかしながら，適正手続の保障を求める憲法の精神からすると，違法に収集された証拠の証拠能力は否定されるべき，との考え方が広く普及してきているところである（三井誠他（2005年）『入門刑事手続法（第3版）』204-205頁，有斐閣参照）。

そこで我が国においては，適正手続の保障や令状主義の精神をないがしろにする重大な違法があり，その排除により将来の違法捜査を抑止することが必要と認められる場合に限って，当該証拠が排除されることになる。とはいえ論者によれば，多くの事案では捜査手続に違法があるとしながらも，重大な違法とは認めず，証拠能力を肯定されている。

　また具体的に考慮されるのは，①違反した法規の重大性，②違反態様の悪辣制，③被告人の利益を直接侵害した程度，④捜査官の法軽視の態度の強弱，⑤当該捜査方法が将来繰り返される確率，⑥当該事案の重大性とその証拠構造における当該証拠の重要性，⑦手続の違法と証拠収集の因果性の程度などと指摘されているところである（池田修他（2007年）『刑事訴訟法講義（第2版）』407-411頁，東京大学出版会参照）。

　違法収集証拠としてその証拠能力が否定された事例を紹介しておこう。最判H15.2.14・刑集57巻2号121頁である。次のように判示された。

　「本件逮捕には，逮捕時に逮捕状の呈示がなく，逮捕状の緊急執行もされていない…という手続的な違法があるが，それにとどまらず，警察官は，その手続的な違法を糊塗するため，前記のとおり，逮捕状へ虚偽事項を記入し，内容虚偽の捜査報告書を作成し，更には，公判廷において事実と反する証言をしているのであって，本件の経緯全体を通して表れたこのような警察官の態度を総合的に考慮すれば，本件逮捕手続の違法の程度は，令状主義の精神を潜脱し，没却するような重大なものであると評価されてもやむを得ないものといわざるを得ない。そして，このような違法な逮捕に密接に関連する証拠を許容することは，将来における違法捜査抑制の見地からも相当でないと認められるから，その証拠能力を否定すべきである」，というものである。

　池田によると，「捜査官の令状主義潜脱の意図が顕著であった場合には，違法捜査抑止の必要性が高まる」，と指摘されるところである（池田修他，前掲書，412頁）。

　またこの点に関わって，原判決が本件調査について法人税法156条に違反し，憲法上の保障（憲法35条が保障する令状主義，憲法38条が保障する黙秘権）が没却されるとしながら，しかし「違法の程度が低い」として当該証拠の証拠能力を肯定したことについて，「異論なく受け入れられるものではない」と強く批判される（山口雅髙，前掲論文，59頁）。

事件のゆくえ

　藍子は裕美に過去の判例を解説した。藍子らはすでにグラスを片手に持っている。

「そうですか，なるほどねぇ」

　そう答えた裕美は何かに閃いたようだった。裕美が説明資料を見ながら話を続けた。

「私たちの捜査と違って，税務調査って，徴税権の適正運用の確保や公平確実な賦課徴収という特別な目的があるのですね。それに税務調査で取得収集されたすべての資料を犯則調査に利用することはできないとしても，その一部は利用できるんですね」

　なるほど，南川が推薦するだけあって理解が早い。

「それに違法収集証拠が排除されているケースを考えると，税務調査をお願いしてもいいのかもですね。ただ大ごとになってしまって，捜査にストップが掛かるのが心配なんです。なので，真生先生のルートからそれとなくお願いしてもらうことはできませんか？」

　その瞬間，映画ファンの雪が口を開いた。

「うわぁ，まさに『アンタッチャブル』の世界みたいね。エリオット・ネス役のケビン・コスナー，好きだったなぁ」

「ジム・マローン役のショーン・コネリーもね」

　沙也加がそれに合わせた。

「まっ，映画の話は夜にしましょう。というか【SCALETTA】のシェフにお願いして，お店で新春映画鑑賞会しましょうよ。ダウンロードしとくわ」

　そこまで沙也加が言いかけた時，真生が口を挟んできた。

「いやいや，いくら証拠排除されないからといって，俺ら資格者が出しゃばるわけにはいかんわな。なぁ，大西。こんな時は，あっちのラインを使おう」

「分かった分かった」

　男性二人の何とも意味深な，あるいは意味不明な会話に，女性らは戸惑っている。弁護士の陽子が切り出した。

「ねっ，裕美さん。今の日本，そんなに回りくどい方法を取らなくてもいいんじゃないの？」

　裕美の理解を超えているようで，目を見開いている。陽子が続けた。
「贈収賄や法人税法，消費税法，所得税法違反事件は，今や，いわゆる共謀罪[1]で対処できるでしょ。平成29（2017）年7月11日に施行されているのですから。これまでのように実行行為がなくても，『準備行為』があるだけで罪を問えるのでしょ。しかもその『準備行為』や対象者，対象団体は曖昧なままなのですから。あとは捜査機関の尋問の腕次第じゃないかしら」
「そうなんですか？」
　裕美が不思議そうな顔をしている。
「まだ運用方法が決まっていないのかもね。国内外や国連からの批判もあるからねぇ。それに現役与党議員を対象にするのは，バツが悪いでしょうしね。それこそ，ストップが掛かるわね。ごめんなさい」
　そう語る陽子に，今度は藍子が全員に話しかけた。
「これからは税務調査の手法も変わるかもね。今までは脱税や租税回避行為等の実行行為の存在が前提となっていたけど，これからは『準備行為』で罪責が問えるからねぇ。しかも，虚偽有価証券報告書等の提出に係る金融証品取引法違反（同法6条の2別表第3，11号）や会社法違反（別表86号），民事再生法・会社更生法・破産法等違反（別表81号，84号，85号）なども，対象犯罪に入ってるからね。私たちの業務に密接に関係してくるわよ」
　陽子がさらに説明を加えた。
「本当に気を付けて業務をしていかないと，クライアントの自白次第でいつ共謀罪の共犯，共同正犯や教唆，幇助（刑法60条～62条）に問われるか分かりませんよ。まっ，その時はすぐに助けに駆けつけるわ」
　裕美が口を開いた。
「先生方どうぞご安心ください。その時は私や南川も応援に回ります。何より先生方の人脈があれば大丈夫でしょうけれど」
「そうね。でも，いよいよ，人脈次第の世の中になってしまった，というこ

MEMO

1　組織的な犯罪の処罰及び犯罪収益の規制等に関する法律6条の2，別表第3，2号タ，52号，53号，66号

事件file 54

違法に収集された証拠

となのね」
　藍子の言葉に皆大きく頷いた。
「ごめん。ちょっと湿っぽい話になってしまったわね。では，改めて新年の乾杯をしましょう。藍子さんらが田植えをして，酒米から丹精込めて作ったお酒が届いてるのよ。
　はい。ラベルに注目っ。これはなんと，京滋の公認会計士チーム，京滋会のオリジナルブランド『飛翔』って名前のお酒です」
　そう言うと，陽子は杯を持ち，真生に乾杯を促した。
「明けましておめでとうございます。皆さん，今年も元気に笑顔で，よろしくお願いいたします！」

事件file 55
騙された投資家の責任

上告審：最高裁平成18年4月20日判決・民集60巻4号1611頁
控訴審：東京高裁平成16年9月29日判決・民集60巻4号1710頁
第一審：東京地裁平成15年6月27日判決・民集60巻4号1657頁

📖 事件のいきさつ

　六角が真生の車に乗りたいと言うので，助手席に乗せて京都の街を二人でドライブした。自分から乗せろと言っておきながら，乗り心地が悪いだのうるさいだのさんざん悪態ついた後黙り込んでしまった。家に送り届けると，六角が口を開いた。
「あんたの親父さんは元気か？」
「おかげさまで何とか」
「あんたのお母さんは，ほんまきれいな人やった」
「母を知ってるんですか？」
　六角によると，近所に生け花を習いにきていた若い頃の真生の母親に一目ぼれしたらしい。六角は，彼女が亡くなったことを知って大層嘆き，真生の

父親を恨んだ。

「あっ，もしかして名刺を渡した時に親父の息子だって気付いたんじゃないですか。だからぼくのこと嫌ってたんだ」

そんなことは知らんといった表情で六角が話を続けた。

「あんたもそろそろ身を固めたらどうや」

「いろいろと人生ややこしくて，ね。この歳になると，そう簡単にはいかなくて」

「そりゃ，過去いろいろあったやろさかいな。そやけど，あんたの傍にはいつも酸いも甘いも噛み分けとる素敵な弁護士の姉さんがおるやないか」

そう言うといたずらっぽく微笑んだ。これが真生の見た最初で最後の六角の笑顔だった。真生が彼を送り届けて事務所に戻ると，藍子と雪は事務所で談笑していた。

「藍子先輩，昨日，都七福神巡りに行ってきたんですよ」

「新春に巡拝すると，功徳が大きいといわれているんだよね。どこだっけ？」

「赤山禅院（福禄寿），妙円寺（大黒天），行願寺（寿老人），京都ゑびす神社（恵比寿神），六波羅蜜寺（弁財天），東寺（毘沙門天），萬福寺（布袋尊）ですよ。1月は定期観光バスが出ているので，気楽に行けるんです」

そんな話をしていると，顧問先の社長である吉井が事務所を訪ねてきた。彼は普段は明るく冗談もよく言うが，なぜか今日に限って元気がなかったため，雪は気分転換を兼ねて昨日廻ってきた七福神の話をした。

「私もあやかりたいものです。ところで雪先生，会社以外の事で相談というか，話があるんです」

「どうされたんですか？」

「実は以前に，小野という人物から，いい投資案件があると言われまして。小野は投資会社の社員で，投資内容は未公開株，それで投資した金額が2年で5倍になるという話なんです」

雪は何とも言えない表情をしながら吉井を見つめる。

「大丈夫ですか？　最近，儲け話を装った話が多いですから」

「私ももちろん分かっていましたから，話だけでも聞こうと思って行ってきたんです。

最初は信じてなかったんですけど，話を聞いているうちに魅力的な話だと

思いまして。投資金額として1,000万円を彼に預けました。そしたらなんとあっという間に1,500万円になって返ってきたんですわ！　これはいけると思うて次は2,000万円預けましたわ。何や今回の儲けに税金が掛かるとかで別に100万円も預けて…。」

　雪は驚いた表情を見せ，話の続きを聞く。

「合計2,100万円ですか。その後どうなりましたか？」

　吉井はため息をついた。

「最初はちょくちょく投資状況に関する連絡があったんですけど，ある時から何の連絡もなくなりまして…。で，その後，この投資案件に関するテレビ報道がされたんです。連絡先が書いてあったので電話すると，投資金額が返ってくる可能性がほとんどないとかで。どうも，破産したらしく」

「そうなんですか。破産したのなら，確かに返ってくる可能性は低いですね」

「ですかね。会社以外の個人的な投資なので，雪先生には相談しなかったのですが，事前にしておけばよかったです」

　吉井は，悔しそうな顔をしていた。雪は伝えるかどうか悩みながら吉井に告げた。

「社長，申し上げにくいのですが，連絡が途絶えたとはいえ，一度は500万円の利益が出ているので，確定申告が必要になります…」

　吉井はとても驚いている。

「合計2,100万円返ってこないのに，さらに税金も払うんですか？」

　雪は一瞬考え込んだ。

「社長，一度もないと言いたいのですが。確か昔にあったと思います」

「やはり投資で利益が出たら税金を払う必要があると思うのですが，今回みたいに納税資金として渡したのに，その税金を払って納めていない場合にペナルティはあるのですか？　昔，会社の税務調査の際，払った税金が少ないと言われて，過少申告加算税という追加の税金を払った記憶があるのですが」

　吉井の質問を聞きながら，雪は"あれは税理士を信頼しすぎた納税者が，無申告を理由に，過少申告加算税や重加算税を掛けられた酷い事件だったわね"，とある判例を思い出していた。

事件file 55

騙された投資家の責任

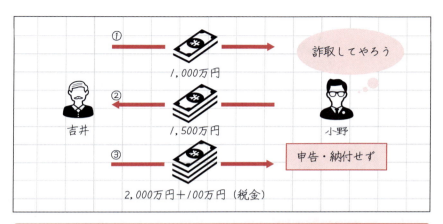

関連事件を学ぶ

⑴事案の概要

　納税者Xは平成8年に居住用財産である土地建物を譲渡して、新たにマンションを購入し転居した。

　当該物件の譲渡に係る所得税の確定申告に際して税務署に相談に行き、職員から税額が800万円であると言われ、また長男Bからも同様の説明を受けた。しかし、計算方法や申告書の記載方法が分からなかったため、Bの妻とともにP税理士に相談した。

　P税理士はその程度だろうとしながらも、自分に依頼すれば税金は550万円になると説明した。Xおよび夫Aらは専門家であるP税理士を信頼して申告を依頼した。

　しかし、P税理士は当初から預かった納税資金を詐取するつもりであり、課税譲渡所得金額および納付税額を0円として虚偽の確定申告書を提出した。それについてXも全く知らなかった。その後P税理士は詐取嫌疑で逮捕され実刑判決を受けた。

　その後、課税庁YはXに対して調査に着手し、その際の税額に関する重加算税や過少申告加算税について争いになった。

　重加算税については、第一審から最高裁まで納税者Xが勝訴したため課されなかったが、過少申告加算税については、第一審および第二審はXが勝訴し、最高裁では課税庁Yが勝訴した。

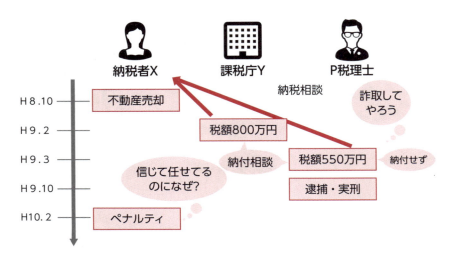

(2)当事者の主張

①納税者Xの主張

　P税理士に確定申告手続を依頼した際に脱税の意図はなく，専門家であるP税理士を信頼して適正な申告を依頼し，脱税を行っていた事実も知らなかったため，過少申告加算税を納税する必要はない。

②課税庁Yの主張

　過少申告加算税は，期限内に申告したがその後誤りが発覚し，自主的に修正申告を行ったり，更正処分を受けたことによって，本来納めるべきであった税金に加えてペナルティ・罰金として追加で払う税金である。納税者がどんな事情であれ，本来納めるべき税金が少なかった場合，当然に過少申告加算税が課される。

(3)最高裁（平成18年4月20日判決・民集60巻4号1611頁）の判示事項

　「過少申告加算税は，過少申告による納税義務違反があれば，原則としてその違反者に対して課され，当初から適法に申告し納税した納税者との間の客観的不公平の実質的な是正を図って適正な申告納税の実現するためにあるものであり，主観的責任の追及という意味での制裁的な要素は重加算税に比して少ないものである」と過少申告加算税について判示した。

　「国税通則法65条④は正当な理由があると認められる場合は，過少申告加

算税は課さないとしているが，真に納税者の責めに帰することができない客観的な事情がある場合」である。

　本件については，納税者Xは税務署職員や長男Bから税額は800万円と言われながら，550万円で済むとのP税理士の言葉を信じて，それ以上の調査や確認をすることなく，申告書の控えや納税の領収書の交付をP税理士に要求したり，税務署に問い合わせしていなかったため，この点はXに落ち度が見受けられる。

　以上から，国税通則法65条④にいう正当な理由があるとは認められず，過少申告加算税について支払は免れないと判示した。

関係条文を読む

⑴国税通則法65条《過少申告加算税》

① 　期限内申告書…が提出された場合において，修正申告書の提出又は更正があつたときは，当該納税者に対し，その修正申告又は更正に基づき納付すべき税額に100分の10の割合を乗じて計算した金額に相当する過少申告加算税を課する。

④ 　①又は②に規定する納付すべき税額の計算の基礎となつた事実のうちにその修正申告又は更正前の税額の計算の基礎とされていなかつたことについて正当な理由があると認められるものがある場合には，これらの項に規定する納付すべき税額からその正当な理由があると認められる事実に基づく税額として政令で定めるところにより計算した金額を控除して，これらの項の規定を適用する。

主要論点について考える

⑴下級審判例を読む

　——第一審（東京地判平成15年6月27日・民集60巻4号1657頁）および控訴審（東京高判平成16年9月29日・民集60巻4号1710頁）——

　東京地裁は，納税者Xは正規の国家資格を有するP税理士を全面的に信頼して適正な申告手続をするよう依頼したのであり，不正な申告をしようとしていたのではない。

　一方，Xが委任以降何ら報告を求めず，申告書の控えの交付を受けていないことなどを指摘し，P税理士の監督に過失があったと課税庁Yは主張するが，「Xらに何ら税務上の知識がなく，国家資格を有する専門家たる税理士に委任した以上，その事務のすべてをまかせ，先方から連絡がない以上は，催促がましく連絡をとらないことこそがエチケットにかなうと考えること」も理解できる。

295

　また東京高裁は，納税者Xは税務相談等を通じて周到に納税額を確認したが，「難解な申告手続への危惧から専門家の助力を得るため，P税理士に委任したもので，脱税の実績を知らず，同税理士への委任について，非難されるべき動機や事情を見出すことはできず，その選任又は監督に過失があると認めることもできない。また，P税理士の詐欺行為を長年放置してきた当局の責任」は重い。

　納税者Xに落ち度はなく，P税理士により確定申告書を提出され多額の金員までだまし取られたのであり，本件確定申告に際し帰責性のない事情によって，本件各特例の適用を受けることができなかった。

　以上から，東京地裁，東京高裁ともに，過少申告加算税を課すことは認められないと判示した。

(2)過少申告加算税における正当な理由

　国税通則法65条④にいう「正当な理由があると認められる」場合とは，①真に納税者に帰責できない客観的事情があり，かつ②過少申告加算税の趣旨に照らして，納税者に過少申告加算税を賦課することが不当または酷になる場合とされる。また②の趣旨とは，当初から適法に申告・納税した者とのバランスを図って適正な申告納税を実現することである。

　納税申告手続を委任された税理士が納税者に無断で虚偽の記載をした確定申告書を提出するなどして過少申告をした場合，税務署職員等から示された税額よりも相当低い税額で済むとのP税理士の言葉を信じてそれ以上の調査確認をせず，確定申告書の内容を確認しなかったなど，納税者Xに落ち度があると認められる。

　また，確定申告書を受理した税務署職員がP税理士による脱税行為に加担した事実は認められない。

(3)重加算税制度の趣旨と本判例との関連

　過少申告をした納税者が申告金額について，全部または一部を隠ぺいしたり仮装した場合，その納税者に対して重加算税を課することとされている。

　重加算税制度は過少申告加算税より重い制裁を課して，悪質な納税義務違反を防止し，適切な納税の実現を確保するためのものである。

　では，本判例のように納税者の申告業務を委託された第三者や，その他の者が隠ぺいや仮装行為を行った場合にでも，納税者本人に対して重加算税を課することができるのであろうか。

　この点に関する代表的な学説は以下のとおりである。

　①適用肯定説

　　　第三者が行った隠ぺいや仮装に関して，納税者が認識できるか否かを問わずに，重加算税を課するという説

　②利害関係が同一の集団に属する者の行為について，適用肯定説

　　　納税者と第三者の利害関係が同一の集団に属する場合，第三者が行った隠ぺいや仮装に関して，納税者が認識できるか否かを問わずに，重加算税を課するという説

　③過少申告の事実認識必要説

　　　客観的にみて，納税者が過少申告の事実を知らなかったと認められる場合には，重

加算税が課されないとする説

④総合的判断説

　　第三者の地位や権限，目的を考慮して納税者の行為と同視できる場合には，重加算税を課すという説。②の説に近い説と言われる。

⑤隠ぺい仮装した申告をしないように注意を払うべきとする説

　　隠ぺい仮装した申告をしないように注意を払うべきだが，その注意を払わなかった場合に，重加算税を課すという説

⑥認識必要説

　　納税者が第三者の隠ぺい仮装を認識している場合にのみ，重加算税を課すという説

　本判例のように，税理士に税務申告を依頼したケースにおいては，税務申告は高度で専門的な知識が必要であり，納税者が税理士を監督するのは通常困難であることから，適切な申告につき監督すべきという納税者の落ち度だけでは足らずに，当該税理士が隠ぺい仮装を行うことを認識でき，または容易に認識することができる場合にのみ重加算税を課すと判示したため，⑥の認識必要説に近いと考えられる（川神裕（2009年）『最高裁判所判例解説民事篇平成18年度』591-600頁，法曹会）。

⑷加算税・延滞税の種類

　ここでは，参考までに申告や納付を期限までに行わないと課されるペナルティをあげておく。①加算税と②延滞税がある。

①加算税

（ⅰ）無申告加算税

　申告書を申告期限までに提出しなかった場合に課される税金である。

　納付すべき税額に対して50万円までは15％（期限後申告書が調査通知以後に提出され，かつ，その提出が調査による更正又は決定を予知してされたものでない場合は10％，短期間に繰り返して無申告の場合は25％），50万円を超える部分は20％（同15％，同30％）の割合を乗じて計算した金額となる。なお自主的に期限後申告をした場合には，5％の割合を乗じて計算した金額に軽減される。

（ⅱ）過少申告加算税

　申告期限内に提出された申告書に記載された納税額が過少であった場合に課される税金である。新たに納めることになった税金10％（修正申告書が調査通知以後に提出され，かつ，その提出が調査による更正又は決定を予知してされたものでない場合は5％）相当額が課される。ただし，新たに納める税金が当初の申告納税額と50万円とのいずれか多い金額を超えている場合，その超えている部分については15％（同10％）になる。なお，自主的に修正申告をすれば，過少申告加算税は掛からない。

（ⅲ）不納付加算税

　源泉所得税を納付期限までに納付しなかった場合に課される税金である。納付すべき税額に対して10％の割合を乗じて計算した金額となる。ただし，税務署からの告知を受ける前に自主的に納付した場合には，5％の割合を乗じた計算した金額に軽減される。

（ⅳ）重加算税

　事実を仮装隠ぺいし申告を行わなかった場合，または仮装に基づいて過少申告を行った場合に課される税金である。無申告加算税，過少申告加算税，不納付加算税に代わって課される。過少申告加算税に代えて課す場合は，新たに納めることになった税金の35％（短期間に繰り返して仮装隠蔽が行われた場合は45％）相当額が課される。不納付加算税に代えて課す場合は，納付すべき税額に対して35％（同45％）の割合を乗じて計算した金額となる。無申告加算税に代えて課す場合は，納付すべき税額に対して40％（同50％）の割合を乗じて計算した金額となる。

②延滞税

　延滞税は各種税金が期限までに納付されない場合に，法定納期限の翌日から納付する日までの日数に応じて課される追加課税で，いわゆる利息に相当する税金である。次のような場合には延滞税が課される。

・申告などで確定した税額を法定納期限までに完納しないとき
・期限後申告書または修正申告書を提出した場合で，納付しなければならない税額があるとき
・更正または決定の処分を受けた場合で，納付しなければならない税額があるとき

　いずれの場合も，法定納期限の翌日から納付する日までの日数に応じた延滞税を納付しなければならない。なお，延滞税は本税だけを対象として課されるものであり，加算税などに対しては課されない。

事件のゆくえ

　雪は，税理士が納税資金を詐取した事例を話した。吉井は驚いた表情を見せた。

　「そんなことが過去にあったんですね。まさか税理士が納税資金を盗るとは」

　「しかも，過少申告加算税というペナルティについて，税務署の主張を認めた判決も正直驚きです。信頼して税理士に任せるもんでしょ？

　会計・税務に関する内容って正直分からないことが多いし，聞いてもたぶん意味不明だし。なのにペナルティを課されてもなぁ。正直私でも任せっきりになると思います。分からないと言って，先生に何回も会計・税務のことを聞くと，信頼されていないと思われるかもしれないし。

　ところで，私が小野に渡した2,100万円は，税金面で考慮されるのですか？このままだと泣き寝入りになってしまいます」

　吉井は訴えるような表情で雪を見つめている。

　「社長個人で貸されているので，所得税の範囲になります。関係があるとしたら雑損控除ですが，災害，盗難，横領の場合にのみ適用され，詐欺は含まれないですね」

　「先生，今回の私の場合だとどう判断されますか？」

　「法律の専門家ではないので即答はできませんが，預けたのですから，横領として整理できるかどうか弁護士に聞いてみますね。何よりまず2,100万円の回収策を考えましょう」

　「よろしくお願いします」

　そして話が一段落した後，もう一度念を押しておこうと思い，雪は口を開いた。

　「社長，私たちの仕事は顧問先との信頼関係を基に成り立っています。ですので，個人的なことでも何でも結構ですので，気軽に相談くださいね」

　「雪先生，その想いは十分に分かっています。先生を信頼していますし，今回のことも事前に相談しておけばよかった」

　そういう吉井に雪は優しく語りかけた。

　「回収まで長い道のりになると思いますが，一緒に乗り切っていきましょう！」

事件file 56

みらいのコスト

上告審：最高裁平成16年10月29日判決・刑集58巻7号697頁
控訴審：東京高裁平成12年10月20日判決・刑集58巻7号865頁
第一審：水戸地裁平成11年5月31日判決・刑集58巻7号813頁

📖 事件のいきさつ

　沙也加は，滋賀県にある八日市インターチェンジを目指して愛車を飛ばしていた。その少し先には，境内に約千本のもみじが植わる紅葉の名所「湖東三山」がある。それは天台宗寺院の西明寺，金剛輪寺，百済寺の三寺である。西明寺には頭に十二支の動物の顔を乗せたユーモラスな十二神将が，金剛輪寺は浄土の世界へ導かれるという「血染めの紅葉」がある。また百済寺は聖徳太子による創建と伝わる。

　今日は八日市ゴルフ倶楽部で，株式会社ミノベの美濃部社長夫妻とラウンドの予定である。ミノベ社は，大手の株式会社名古屋自動車の孫請会社であり，自動車のエンジン部品を製造している。沙也加と美濃部社長夫妻は午前中のラウンドを終え，近江牛のステーキランチを味わっていた。

「楽しいラウンドでしたね。やはり社長にも専務にも，まだまだ及びませんわ。ところで社長，当期も安定した業績ですので，いい決算を迎えられそうですね」

「名古屋自動車が好調なのでね」

　その時，経理担当専務である佳子夫人が，困った表情を浮かべ，話し出した。

「決算が好調なのはいいのですが，期末直前に名古屋自動車に納入するエンジン部品があったため，その製造に必要な原材料を最近中国から輸入し始めたんです」

「何か問題があるのですか？」

　社長は，佳子夫人の話を引き受けて話し始めた。

「その会社は，当初の約定価格で支払った後，毎回単価訂正として5％の上乗せの請求をしてくるんです。できればうちとしては，そんな請求は突っぱ

事件file 56

みらいのコスト

ねたいところなんですが，今後継続して原材料を購入していく予定の会社でもありますし，何より他社に比べて品質がいいんですよ。
　仮に申告期限までに上乗せ請求が来ない場合であっても，5％の追加請求見込額は当期の売上原価に含めることができるんでしょうか？」
「後日お伺いし，その点についてお答えしたいと思いますわ」

301

関連事件を学ぶ

(1) 事案の概要

納税者X社は、宅地開発に伴う公共工事の負担金について、周辺住民から反対運動が起こったなどの事情で当該工事が中断されていたことから、その支出を行っていなかった。

事実上、その負担金を支出せざるを得ない立場にあることおよび近い将来に支出することが相当程度の確実性をもって見込まれる事情があることから、当該負担金を売上原価として損金の額に算入できるかが争われた刑事事件である。

(2) 当事者の主張

①納税者X社の主張

X社が宅地開発を行うにあたり負担することとなった公共工事の負担金は、売上原価の額として損金に算入することができる。

②検察官Yの主張

X社が宅地開発を行うにあたり負担することとなった公共工事の負担金は、売上原価の額として損金に算入することができない。

(3) 最高裁（平成16年10月29日判決・刑集58巻7号697頁）の判示事項

X社が、A市内の土地を造成し宅地として販売するにあたり、「A市から都市計画法上の同意権を背景として」開発区域外の排水路の改修工事を行うよう指導された場合において、「事実上その費用を支出せざるを得ない立場に置かれていたこと」、同工事を請け負わせる建設会社にX社が支出すべき費用の額を見積もらせるなど、上記土地の販売に係る収益の額を益金の額に算入した事業年度の終了時点において「既にその支出を見込んでいたこと」などの事実関係がある。

このような事実関係においては、本件見積金額は、「当該事業年度終了の日までに当該費用に係る債務が確定していないときであっても、法人税法22条③一号にいう『当該事業年度の収益に係る売上原価』の額として当該事業年度の損金の額に算入することができる」と判示し、控訴審の判決を破棄

し，控訴審に差し戻された。

関係条文を読む

⑴法人税法22条③《各事業年度の所得の計算》

内国法人の各事業年度の所得の金額の計算上当該事業年度の損金の額に算入すべき金額は，別段の定めがあるものを除き，次に掲げる額とする。

一　当該事業年度の収益に係る売上原価，完成工事原価その他これらに準ずる原価の額

二　前号に掲げるもののほか，当該事業年度の販売費，一般管理費その他の費用（償却費以外の費用で当該事業年度終了の日までに債務の確定しないものを除く。）の額

主要論点について考える

⑴下級審判例を読む

── 第一審（水戸地判平成11年5月31日・刑集58巻7号813頁）および控訴審（東京高判平成12年10月20日・刑集58巻7号865頁）──

第一審および控訴審は，共に公共工事の負担金は売上原価とすることができず，ほ脱税額の計算に含まれるとの見解を示した。

判決理由で，第一審は「X社とA市との間に同工事に関して権利義務関係が成立していなかった」と述べたのに対して，控訴審は「負担金を売上原価に計上することができるためには，その支払が債務として確定したこと，すなわち，その義務内容が客観的，一義的に明白で，費用を見積もることができる程度に特定されていることを要する」と判示したのである。

⑵本判決と債務確定について

本判決においては，債務の確定しない支出の見込みであっても，支出が相当程度の確実性をもって見込まれ，かつ，その金額を適正に見積もることが可能であるときは，売上原価として損金に算入できることを示している。

具体的には，宅地開発区域の外にある排水路改修の実施にかかる費用が問題となった。この費用は，宅地販売収益との対応が希薄なため，宅地の売上原価になるかどうかは検討の余地があった。仮に宅地販売収益との直接の対応関係が認められない場合には，損金算入されるかどうかは債務確定要件が必要となってくるため，損金算入が認められなかった可能性もある。

最高裁は，当期の売上原価とするためには，支出が相当程度確実性をもって見込まれ，かつ，その金額を適正に見積もることが可能であることを要求したのである（岡村忠生（2016年）『租税判例百選（第6版）』104頁，有斐閣）。以下，説明していこう。

⑶法人税法22条③の概要について

周知のように，法人税法22条③一号は売上原価等（以下「1号原価」という）について定

め，同③二号は，「前号に掲げるもののほか」との断りを置いた上で，販売費および一般管理費（以下「2号販管費」という）について規定する。

本件で問題となったのは，この1号原価にの解釈についてである。これを2号販管費の規定と比較検討すると，次の点が明らかになるとされる（平木正洋（2007年）『最高裁判所判例解説刑事篇平成16年度』508頁，法曹会）。

① 1号原価は，客体的個別的に収益に対応する費用（収益対応費用）であって，かつ，債務確定基準を採用していないものである。

② 他方2号販管費は，期間的に収益に対応する費用（期間対応費用）であって，かつ，債務確定基準を採用しているものである。

(4)「債務確定基準」と法人税基本通達2-2-12

まず，「債務の確定の判定」について定めた法人税基本通達2-2-12を紹介しておこう。

「法22条③二号《損金の額に算入される販売費等》の償却費以外の費用で当該事業年度終了の日までに債務が確定しているものとは，別に定めるものを除き，次に掲げる要件の全てに該当するものとする。

（ⅰ）当該事業年度終了の日までに当該費用に係る債務が成立していること。

（ⅱ）当該事業年度終了の日までに当該債務に基づいて具体的な給付をすべき原因となる事実が発生していること。

（ⅲ）当該事業年度終了の日までにその金額を合理的に算定することができるものであること。」

この（ⅰ）の「債務の成立」については，「給付内容が債権成立時に具体的に確定している必要はないが，履行時までに確定し得るだけの標準が定まっていなければなら」ず，また（ⅱ）の「給付原因たる事実の発生」については，「条件付き債務において条件が成就していない場合には，給付原因たる事実が発生したとは認められない」，とされている（平木正洋，前掲論文，509頁）。

(5) 1号原価（売上原価等）と債務確定基準との関係について

1号原価について，原判決は上述の債務確定基準三要件のうち，（ⅰ）の「債務の成立」要件を求めているといえよう。しかしながら1号原価は，2号販管費と異なって，「売上原価の年度帰属を判断する基準として」，「債務確定基準を採用しなければならない理論的必然性はない」。また，債務確定基準を採用すると，適正な期間損益計算を阻害することになる，と指摘されるところである。

さらに，「売上原価等が確定していない場合の見積り」について規定する法人税基本通達2-2-1や，「造成団地の分譲の場合の売上原価の額」について規定する同通達2-2-2をみても，1号原価について債務確定基準が採用されていないことがわかる（平木正洋，前掲論文，512頁）。

すなわち，同通達2-2-1は，1号原価「となるべき費用の額の全部又は一部が当該事業年度終了の日までに確定していない場合には，同日の現況によりその金額を適正に見積るものとする」，というように規定する。また同通達2-2-1は，2事業年度以上にわたって分譲する場合，「その分譲に係る売上原価の額の計算について」，「工事原価の見積額」を利用

することを規定するのである。

⑹売上原価の年度帰属の判定基準について

以上のとおり、1号原価（売上原価等）の年度帰属については、債務が未確定であっても、①「近い将来にこれを支出することが相当程度の確実性をもって見込まれており」、かつ②「その金額を適正に見積もることが可能」であれば、その見積金額を1号原価として当該事業年度の損金の額に算入することができるのである。

しかもこのような基準の採用により、①売上高に売上原価を対応させて、適正な期間損益計算を確保、および②会計報告の客観性確保という、企業会計との調整を図ることも可能になる、と指摘される（平木正洋、前掲論文、512頁）。

⑺売上原価の年度帰属の判定基準に関する裁判例

売上原価の年度帰属の判定基準に関する最高裁判例はないが、下級審判例としては、①大阪地判S57.11.17（判時1076号45頁）、および②東京高判H8.4.17（税資218号1498頁）がある。

①の大阪地裁は、採石業者が土地所有者との約定に基づき採石作業完了時に支出する自然環境の回復に要する費用は売上原価にあたるとして、採石の進行に応じて工事原価の見積り計上を認めたのである。

②の東京高判は、未施工の水道工事に要する費用の原価算入の可否について、「単に計算上見積りが可能というだけでは足りず、<u>当該法人に当該事業年度の末日で収益に対応する未施工工事を施工する意思があり、その金額の見積りが可能な程度に債務の内容が確定していることが必要である</u>」、旨判示している。

この東京高判については、「顧客との間で水道工事の着工及び完成時期につき具体的な取決めをしておらず、かつ、請負業者に同工事を発注していなかったにもかかわらず、近い将来同工事を施工することが予定されていた点を重視して、同工事に要する費用を売上原価として計上することを認めた」ものであり、「債務の内容の確定」という表現を用いているものの、「売上原価の年度帰属の判断基準として債務確定基準を採用してはいない」、と説明される（平木正洋、前掲論文、513頁）。

なお、過年度の売上原価を巡る期間帰属や損金算入の可否等については、事件file33「むかしのコスト」を参照されたい。

⑻本判決の意義と射程について

以上要約すると、次のような事情がある場合、工事代金等につきその債務が未確定であっても、見積金額を1号原価としてそれを損金の額に算入することができる。すなわち、

①A市は、都市計画法上の同意権を背景として、X社に対し雨水排水路改修工事を行うよう求めたものであって、X社は、事実上その費用を支出せざるを得ない立場に置かれていたこと

②同工事の内容等は、A市側の方針の変更に伴い変遷しているものの、X社が支出すべき費用の額は変わらなかったこと

③X社は建設会社にこれを見積もらせるなど、本件事業年度末までの時点において既にその支出を見込んでいたこと

④以上の事実関係から，X社が「近い将来に上記費用を支出することが相当程度の確実性をもって見込まれており」，かつ，「その金額を適正に見積もることが可能であった」，これらである（平木正洋，前掲論文，516頁）。

📖 事件のゆくえ

「先日のゴルフではありがとうございました。さすがにプロのトーナメントにも使われるコースでしたね。気持ちよくラウンドさせていただきました」

そして沙也加は先日のゴルフ場のレストランでの質問に対する参考の判例を一通り説明した。

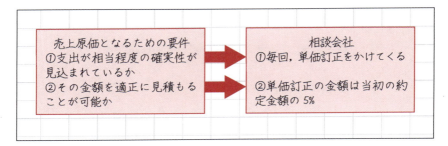

「とすると，この二つの要件があれば購入した原材料について，追加請求見込額を売上原価に含めることができるのですね」

「はい。このような場合には，債務が未確定であっても，その見積金額を売上原価として，損金の額に算入することができます。以前は売上原価等について，販売費および一般管理費と同様に，厳格な債務確定が求められる，という説もあったようですが，最近では企業会計との整合性を強く意識するようになったようです。裁判例だけでなく通達を見ても，このような動向をサポートしているのが分かります」

この言葉を受けて佳子夫人はほっとしたようだった。沙也加はさらに続けた。

「ご案内のように法人税法上，引当金制度は消えゆきつつあると言われています。でも本件のように，将来の費用ともいえるようなものを計上しえる枠組みが残されている，あるいは企業会計との関わりのなかで新たに創造されつつあるのかもしれませんね。その政策的意味も含めて，これからもよく注視していく必要がある領域です」

その後二人は，佳子夫人のパリ旅行と，彼女が現地でオーダーしているバッグの製作状況について雑談し，沙也加は京都へ向けて愛車を飛ばした。すで

に真生たちは式が始まるのを待っていた。

　愛は六角から受け継いだ資産を寄付したいと真生らに相談した。会計の発展に役立ててほしいと六角が遺言を残したのだ。故人の遺志に沿うべく，子供たちに会計のおもしろさや意義を伝えるための財団を設立することとなった。今日はその発足式だ。愛が真生に六角の手紙を手渡した。
「あれ，泣いてるの？」
「今日は花粉が多いからな」
　そう言うと，真生はその手紙を繰り返し読みながら鼻をすすった。

事件 file 56

みらいのコスト

前略

真生　様

直接伝えるべきか迷ったが　照れくさいから手紙を書くことにした

愛のこと　心より感謝している

本当に有難う

それと　親父さんによろしくな

そして　おめでとう　いつか　あんたら　そうなるやろうから

先に祝いを述べておく

よければ上賀茂神社を使ってくれ　宮司に頼んどいたから

ほな　さいなら

草々

六角　善五郎

309

事件file 57

係争中の差額賃料

上告審：最高裁昭和53年 2 月24日判決・民集32巻 1 号43頁
控訴審：仙台高裁昭和50年 9 月29日判決・民集32巻 1 号70頁
第一審：仙台地裁昭和45年 7 月15日判決・民集32巻 1 号64頁

事件のいきさつ

　2 月 2 日から 3 日にかけて，京都の寺社では節分祭が行われる。吉田神社では鬼やらいと呼ばれる追儺式，廬山寺の鬼法楽，平安神宮，聖護院などでも鬼が暴れる。赤鬼は貪欲，青鬼は怒り，黄鬼は愚痴を表しているが，その鬼たちを退散させる行事である。また花街では伝統行事の一つ，「お化け」が催される。

事件 file **57**

係争中の差額賃料

　藍子は事務所から歩いて行ける廬山寺の鬼法楽を見た後，決算前の打合せのため烏丸屋の女将を訪ねた。

　烏丸屋は，三条西洞院という地で五代続くものの，京都では新興の部類に入る和菓子屋である。パティシエ出身の女将が企画した和三盆パウンドケーキは，テレビで活躍するモデルや女優のおすすめとしてマスコミに頻繁に取り上げられている。

　この日は節分祭の影響なのか，お店のなかは大勢の人で賑わっていた。晴天時に雪が風に舞うようにちらちらと降ることを"風花"というらしい。そんなことを考えながら藍子は通された応接間で待っていると，女将ではなく社長の烏丸が現れた。

「藍子ちゃん。ちょっとええか。例の地代振り込まれたで」

　烏丸屋は中京区の大地主でもあり，マンションの経営や不動産賃貸も手広く行っている。ここ数年は和菓子屋の経営は女将に任せ，烏丸は専ら不動産業に専念している。藍子は，強引で押しの強い烏丸が少々苦手であった。

「あの地代値上げの訴訟の件ですか。先方は控訴したのですよね」

　烏丸は，大阪資本のお好み焼きチェーン運営会社「（株）なんぼでっか」に駐車場として貸している烏丸錦の土地賃料増額の件で，ここ数年揉めていた。そして，増額賃料の不払を理由に，土地明渡しと増額賃料相当額の損害金の支払を求める訴えを提起していたのである。そしてつい先日，烏丸の主張が認められ，延滞賃料の支払を命じた仮執行宣言を付した判決を得ることができたのであった。しかしながら，相手方は仮執行宣言判決に基づく差押えを回避するために，延滞賃料の支払を行う一方で，控訴をして現在も係属中である。

「相手さんも控訴してきたし，受け取ったお金は一旦預り金として処理しといたらええんやろ？」

「社長，この場合は受領した年度の収入として申告しないといけないんです。今年の確定申告での所得になります」

　烏丸はむっとした表情で脂ぎった大きな顔を藍子に近付けてきた。

「まだ判決が確定してへんやろ。後から返さんとあかんようなったらどうすんのや」

　"この圧迫感が苦手なのよね"と表情には出さず，藍子は判例を丁寧に説明

311

した。

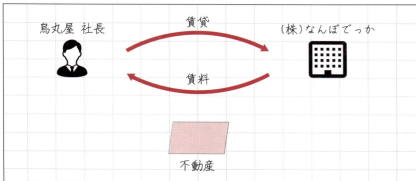

①烏丸屋社長は，(株)なんぼでっかに地代の値上げを請求したが，(株)なんぼでっかは受け入れてくれなかった。
②烏丸屋社長は，増額賃料の不払を理由に土地明渡しと賃料相当の損害金の支払の訴えを提起した。
③裁判で延滞賃料の支払と仮執行宣言付き判決を受けた。
④(株)なんぼでっかは，延滞賃料の支払をした上で控訴した。
　烏丸屋社長は延滞賃料を受け取った。

関連事件を学ぶ

⑴事案の概要

　納税者Xは訴外Aに対し，X所有の土地を賃貸していた。その賃料を増額する旨の意思表示を行い，賃料請求の訴えを提起した。さらにXは，賃料不払を理由に賃貸借契約解除の意思表示を行い，この解除を原因とする建物収去土地明渡しおよび賃料相当額の損害金の支払を求める訴えを提起した。

　その後裁判所はAに対し，土地上の建物を収去して土地をXに明け渡す旨を命ずると共に，延滞賃料および契約解除後の賃料相当額の損害金の支払を命じ，かつ，担保を条件とする仮執行宣言を付した判決をした。なおXはAから，この事件が上告審に係属中に959万円，710万円の各支払を受けた。

　以上の経緯を時系列でまとめると以下の図のとおりになる。

S27. 1	→	1 坪あたり 280 円で X が A に土地を賃貸
S30. 8	→	X が A に 1 坪あたり 2,000 円に賃料増額の意思表示
S32. 1 .8	→	X は賃料請求の訴えを提起
S32.10. 6	→	X は賃料未払を理由に A との賃貸借契約解除の意思表示
S32.10. 7	→	X は建物収去土地明渡および賃料相当額の損賠賠償請求の訴えを提起
S35.11.18	→	地裁は X の訴えを認め仮執行宣言付きの判決→A は高裁に控訴
S37. 5 .28	→	高裁は X の訴えを認め仮執行宣言付きの判決→A は最高裁に上告
S37. 中	→	A は X に約 959 万円の支払
S39. 中	→	A は X に約 710 万円の支払
S40. 2 .19	→	最高裁は上告棄却，判決確定

　課税庁Yは，Xが昭和37年と昭和39年に受領した本件各金員は，それを受領した各年分の収入金額として計上されるべきであるとして，昭和37年分および39年分の所得税にかかる更正処分等をした。

　本案件は収入の帰属年度に関して，権利確定基準と管理支配基準の2つの基準について争われた事案である。

(2) 当事者の主張

①納税者Xの主張

Aから受領した金員は昭和40年2月の前に，一時的な預託金の趣旨として受領したものであり，確定的な支払ではない。そのため，Xの各年分（昭和37年および昭和39年）における現実の収入となすべきものでない。

②課税庁Yの主張

AはXに対し控訴審判決言渡（昭和37年5月28日）の後に金員の支払をした。所得計算の基礎となる収入金額につき所得税法10条①（現所得税法36条①）の規定する「収入すべき金額」とは，収入すべき権利が確定した金額によるものと解されるが，その確定の時期は，所得を生ずべき権利の実現の可能性が高度で，その経済的利益を享受しうるに至った時期と解すべきである。

よって，本件の場合は各支払の時期をもって収入すべき権利が確定したものとみるべきである。

(3) 最高裁（昭和53年2月24日判決・民集32巻1号43頁）の判示事項

最高裁は，旧所得税法10条①（現所得税法36条①）」が「収入金額の計算について『収入すべき金額』によるとしていることから考えると，同法は，現実の収入がなくても，その収入の原因となる権利が確定した場合には，その時点で所得の実現があったものとして右権利確定の時期の属する年分の課税所得を計算するという建前（いわゆる権利確定主義）を採用している」として，所得税法が権利確定基準（権利確定主義）を採用していることを述べた。

そして，「収入の原因となる権利が確定する時期はそれぞれの権利の特質を考慮し決定されるべきものであるが，賃料増額請求にかかる増額賃料債権については，それが賃借人により争われた場合には，原則として，右債権の存在を認める裁判が確定した時にその権利が確定する」として，原則として裁判が確定した時が「権利が確定」した時とした。

さらに，権利確定基準（権利確定主義）を採用したのは，「課税にあたって常に現実収入のときまで課税することができないとしたのでは，納税者の恣意を許し，課税の公平を期しがたいので，徴税政策上の技術的見地から，収入の原因となる権利の確定した時期をとらえて課税することとしたもの」と

し，「係争中であっても，これに関しすでに金員を収受し，所得の実現があったとみることができる状態が生じたときには，その時期の属する年分の収入金額として所得を計算すべきものであることは当然」であり，「債権者は，未確定とはいえ請求権があると判断され執行力を付与された判決に基づき有効に金員を取得…によりすでに所得が実現されたものとみる」べきと判示したのである。

関係条文を読む

(1)所得税法36条①（旧10条①）《収入金額》

　その年分の各種所得の金額の計算上収入金額とすべき金額…は，別段の定めがあるものを除き，その年において収入すべき金額…とする。

主要論点について考える

(1)下級審判例を読む

　──第一審（仙台地判昭和45年7月15日・民集32巻1号64頁）および控訴審（仙台高判昭和50年9月29日・民集32巻1号70頁）──

　第一審は，「仮執行宣言付判決の言渡があつたのみでは，いまだ所得税法上の権利の確定があったとみることはできない」として仮執行宣言があっただけでは確定時期にならないとし，「現実の支払があった場合は，課税対象となるべき経済的利益を享受しうることが確実であり，かつ担税力に欠けるところはないからその時点をもつて収入すべき権利が確定したと認めることができる」。現実に支払があった時点で権利が確定するとし，原告Xの主張を退けた。

　仙台高裁は，「仮執行宣言に基づく給付にかかるものである以上，…仮の弁済であって，他日本案判決が破棄されないことを解除条件とする暫定的なものにすぎ」ず，課税庁Y主張のように，「金員の支払をもって権利確定とみることはできず」，「いずれも第2審判決の確定した昭和40年2月19日に確定したものというべき」と判示した。こうして仮執行宣言付の控訴審判決に基づいて支払われたものは飽くまでも仮の弁済と判断し，地裁判決を取り消したのである。

(2)権利確定基準と管理支配基準

　本判決は，収入の年度帰属に関する二つの基準，すなわち，権利確定基準と管理支配基準についての判例である。

　本判決では，まず所得税法が権利確定基準を採用することを述べながら，権利義務の確定時期については，「それぞれの権利の特質を考慮し決定されるべきもの」とした上で，「す

でに金員を収容し，所得の実現があったとみることができる状態」の場合，権利確定基準の例外として管理支配基準を採用することとした。

すなわち，本件のように仮執行判決に基づいて収受した金員は，未確定とはいえ判決に基づいて金員を取得し，これを自由に処分できるのであるから，管理支配基準を採用して収受した金額を収入として所得の実現があったとしたのである。

「いわば，債権者が金額を支配しうる段階で課税できるということを認めたのであり」，権利確定基準（権利確定主義）に関する「従来の法的基準に代えて，管理支配基準というべきものを採用」したのである（水野忠恒（2015年）『大系租税法』259頁，中央経済社）。

しかし，具体的にどのような場合にこの管理支配基準が適用されるのかということがポイントであるが，本判決はこの問題について「それぞれの権利の特質を考慮し決定すべき」として一般的な指針を明確には示していない。

なお，管理支配基準で所得を認識し，課税された後に，上級審において取消変更の可能性がないわけではない。この点につき最高裁では「仮に上級審において…判決の取消変更により仮執行の宣言が効力を失った場合には…返還すべきこととなる…所得の金額は…計算上なかったものとみなされ，更正の請求により救済を受けることができるのであるから，なんら不都合は生じない」と述べている。

管理支配基準，すなわち「現実の管理支配」に着目して，「収入すべき金額」であると判断される事例には二つのケースがある。

その一つは，収入を受ける法的な権利はまだ確定していないが，それを受領した者が完全な支配・管理を及ぼしているケースであり，もう一つは違法な所得に関するケースである（第1巻事件file 1「ポーカーゲーム」参照）。

(3) **参考判例**

権利確定基準（権利確定主義）が争点となった事件（最判H10.11.10・判時1661号29頁）を概観しておこう。

駐留米軍用地として使用するため，納税者の所有する土地について，土地収用法の規定に基づき使用期間を10年とする使用の裁決がされた。土地に対する補償金全額を受領した納税者が，その補償金の所得としての計上時期について，その全額を受領した日の属する年度の所得とするのか，実際に使用された期間に対応してその年分の所得として計上するかで争われた事例である。

第一審は納税者の主張が認められ，各年分の所得として計上すべきものとされたが，控訴審で逆転された。

控訴審では，「収入の原因となる権利の確定とは，収入の原因となる法律関係が成立し，この法律関係に基づく収入を事実上支配管理しうる事実の生じたことをいい，将来における不確定な事情によって，権利の全部又は一部が消滅することなく，終局的に確定していることまでも要するものではない」とした。さらに「国から本件損失補償金の一括支払を受けているというのであるから，被控訴人らは，右支払を受けた日以後は，本件損失補償金全額を事実上支配管理しうる状況に至ったというべき」と判示して，収入の年度帰属に管理支配基準を採用した。

最高裁においても，「その払渡しを受けた日の属する年における収入とすべき」として原審を支持した。

⑷権利確定基準（権利確定主義）の具体的適用と所得税基本通達

既述のように，裁判例の多くは権利確定基準（権利確定主義）を採用しているが，「権利の確定」という基準は「かなり抽象的で，どのような事情（事実）があれば『収入すべき権利』が『確定』したといえるかは…明らかではない」，と指摘されるところである（佐藤英明（2009年）『スタンダード所得税法』225頁，弘文堂）。

課税実務においては，所得税基本通達（36-2～36-14）において，所得の分類や取引類型ごとに規定している。例えば本件に関わって，不動産所得について定めた同通達36-5（不動産所得の総収入金額の収入すべき時期）は次のようなものである。

「不動産所得の総収入金額の収入すべき時期は，別段の定めのある場合を除き，それぞれ次に掲げる日によるものとする。

（ⅰ）契約又は慣習により支払日が定められているものについてはその支払日，支払日が定められていないものについてはその支払を受けた日（請求があったときに支払うべきものとされているものについては，その請求の日）

（ⅱ）賃貸借契約の存否の係争等（未払賃貸料の請求に関する係争を除く。）に係る判決，和解等により不動産の所有者等が受けることとなった既往の期間に対応する賃貸料相当額（賃貸料相当額として供託されていたもののほか，供託されていなかったもの及び遅延利息その他の損害賠償金を含む。）については，その判決，和解等のあった日。ただし，賃貸料の額に関する係争の場合において，賃貸料の弁済のため供託された金額については，（ⅰ）に掲げる日」

📖 事件のゆくえ

「判例では，判決に基づいて賃料を受け取ったのなら，所得は実現したと見て，受け取ったお金を収入金額として計上すべきとしています」

「ほな，高裁で判決が覆ったらどうなるんや？」

烏丸は素早く質問をしてきた。藍子は一呼吸おいて続けた。

「仮に上級審でその判決が取り消された場合，相手方に返すことになる賃料は，所得がなかったものとして，更正の請求で対応することになります」

烏丸は右の耳たぶをいじりながら答えた。

「えらい難しいな。要は，賃料が入ってきたなら申告しろということやな。ほんで，もし判決が変わって賃料を返さんといかんようになったら，税金は戻すからということか。そうなった場合も藍子ちゃんが手続やってくれはるんやろ？」

「はい，社長。もちろん，最後まできちんと対応させていただきますわ」

藍子は深々と頭を下げた。

「どうしたの？」

女将が帳簿を抱えて応接間に入ってきた。

「いや，ちょっとした世間話や」

烏丸はそっけなく答えた。

「うちの人，何か迷惑掛けてない？　何かあったら私に言ってね」

「はい。でも大丈夫です」

「そうそう，これ新作。『風花』をイメージした和菓子なの。是非食べて感想聞かせてね」

女将の新作は，あっさりとした小豆のこし餡を，真っ白な上用生地で包み，しっとりと蒸しあげたきれいで上品な和菓子だった。

"あんな素敵な女将さんが烏丸社長のどこに魅力を感じたんだろう。まだまだ分からないことが多いなぁ"，と藍子は首を傾げながら，沙也加との待ち合わせ場所に向かった。

四条の某甘味処。週末は観光客の行列が凄まじいが，さすがに平日の昼下がりで空いている。沙也加は真生とともに，藍子を待っていた。前に座って

いる真生が話し出した。

「この店全然変わってないな，昔と。沙也加もちっとも変わらへんなあ」

「何も出ませんよ」

　沙也加は照れると怒ったような顔になる。

「いろいろ心配掛けてごめんな。いつも面倒なことに巻き込まれる」

「あえて飛び込んでいかれてるような気もしますけど」

「よく分かるなあ」

「ほどほどになさってくださいね。命がいくつあっても足りませんよ。それにもう，以前のようにお若くはないのですから。無理は利きませんよ」

　そう語る沙也加のあんみつに，真生は自分の白玉を乗せて，白い歯を見せた。

「世話掛けるなあ。そやな，もうだいぶやもんな。そろそろ卒業を考えなあかん頃かもしれんなあ。確かに」

「あっという間でしたね。事務所を承継されてから。と言っても，事務所も新設し，何もかもが一からみたいなものでしたけどね」

　言葉なく目で語り合う二人のところへ，藍子が到着した。

「お待たせしました」

「世代交代の時期かな」

　二人の発した言葉が重なった。

事件file 58

焦げ付いた貸付金

上告審：最高裁平成16年12月24日判決・民集58巻9号2637頁
控訴審：東京高裁平成14年3月14日判決・民集58巻9号2768頁
第一審：東京地裁平成13年3月2日判決・民集58巻9号2666頁

事件のいきさつ

　雪は幼馴染みである静香に会うため，地下鉄烏丸線に乗って北山駅に向かっていた。静香は3年前に結婚し，北山駅から徒歩10分の場所のマンションに住んでいて，雪も過去に何回か遊びに行ったことがある。手土産には静香の大好物の千枚漬けが入った京漬物の詰合せを選んだ。千枚漬けは京野菜の聖護院かぶをスライスしたものを塩漬けして乳酸発酵させ，良質の昆布の旨味とバランスさせた京都の冬を代表する漬物である。酢や味醂などを使っていない店のものなので，かぶの甘みと昆布の旨味が絶妙である。

　今回は静香の夫が知り合いに貸したお金が返ってこないために，相談に乗ってほしいとのことであった。雪らには会計や税務だけでなく，様々な相談が舞い込んでくる。

　雪はお金の貸借に関する問題を考えながら歩いていると，程なく静香のマンションに到着した。インターホンを鳴らすと，静香の甲高い声が出迎えてくれた。静香は雪の顔を見るなり，嬉しそうに話しかける。
「雪，今日はわざわざありがとう！　迷わなかった？」
「うん，何回か来たことあるし，ちゃんと来れたわ。そのたびに思うけど，北山っていいところよね。中心地と比べて静かでおしゃれな雰囲気もあるし」
　静香は微笑み，雪をリビングに案内した。夫は留守のようである。部屋は整理整頓が行き届いている。静香は幼いころから綺麗好きであることを，雪は思い出した。彼女は紅茶とお菓子をすすめながら話し始めた。
「雪，前にみんなで会った時に少し話したけど，夫が経営している会社から貸したお金が返ってこなくて，どうしたらいいか迷ってるの」
「静香，もう少し詳細に話してくれない？」
　すると，彼女は言葉を選ぶように話し始めた。

事件 file 58

焦げ付いた貸付金

「夫は塗装業の会社を経営していて，株式会社ペイントって言うんだけど，5年前，取引先から独立した山口って人の法人開業資金として，会社から300万円を貸してあげたみたいなの…本当は断りたかったんだけど，事業を始めた当初ってお金がないのは分かるし，仕事で大変お世話になった方みたいだったし」

「そういう理由だったのね。もっと早くに相談してくれていれば，起業家向けの補助金や助成金もあるし，公庫や銀行なんかも紹介してあげられたのに。
　なんでそんな大金を貸したのかなって思ってたの。納得したわ。それで，貸したお金の返済方法は決まってるの？」

「確か毎月5万円くらいずつ返してもらうことになってたと思うわ。でも3年目くらいから全く返してもらえなくなって…。最近は連絡さえ取れないの。
　噂によると，他にもかなり借金があるらしくて，みんな困ってるらしいわ。どうしたらいいのかな？　もちろん全額返してもらいたいし，弁護士さんにもお願いすることも考えているんだけど。
　もし返してもらえないなら，会社で何らかの対応が必要よね。私はどうしたらいいか全然分からなくて…。教えてほしいの」

　雪は静香の話を聞いて，以前読んだ判例を思い出していた。

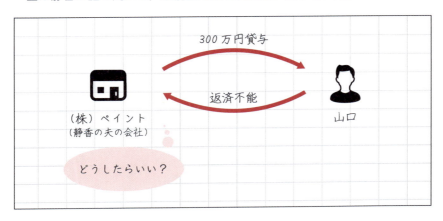

321

関連事件を学ぶ

(1)事案の概要

　訴外A社は納税者X社を含む金融機関が中心となって設立された住宅金融専門会社(以下「住専」という)であり、納税者X社が設立および経営に深く関与していた。バブル経済の崩壊後、A社の財務状況は悪化し、平成4年12月に当時の大蔵省はA社を含む住専に対して新たな再建計画の立案を指導し、各金融機関はそれに従い、再建計画が進められていた。しかしながら、不動産市況はさらに悪化したため、納税者X社はA社を整理することにしたものである。

　銀行等に債権放棄を要請する「住専処理法」が成立する前の平成8年3月29日に、納税者X社は、A社と債権放棄の合意書を締結し債権の全額を放棄、担保権も全面放棄をした。その上でこの事業年度(以下「本件事業年度」という)の法人税計算にあたって、当該債権放棄額3,760億円を法人税法22条③三号にいう「当該事業年度の損失の額」として損金算入し、青色確定申告を行った。

　課税庁Yはこの損金算入を否認して更正処分等を行ったため、納税者X社は不服申立手続を経て、当該更正処分等の取消しを求める訴えを提起した。第一審では納税者X社、控訴審では課税庁Y、最高裁では納税者X社の主張が認められている。

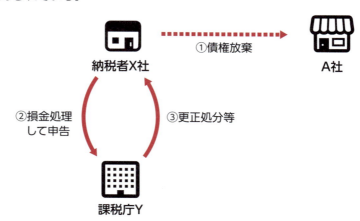

(2)当事者の主張

①納税者Ｘ社の主張

　本件債権放棄額は，会社法（当時の商法）上，「企業会計の専門家の通説を含む企業関係者の社会通念」に照らして合理的に判断したものであり，企業会計上も適正なものである。

　Ａ社は平成５年３月以降，同８年３月に至るまでの相当の期間に大幅な債務超過状態を継続し，遂に事業を閉鎖したのであり，また「書面による債務免除」が行われているため，法人税基本通達9-6-1に照らしても全額貸倒が認められるべきである。

　さらに，本件債権放棄は政府からの強い指導により行われたもので，金融システムの混乱等を避けるために実行したものであり，法人税基本通達9-4-1に例示されている「より大きな損失を避けるためにやむを得ず」行ったものである。

②課税庁Ｙの主張

　本件においては，平成８年３月31日において，Ａ社には資産が約１兆円残されており，本件事業年度においてその全額が回収不可能であることが客観的に確定したものとは言えない。

　また，政府の住専処理策は法人税基本通達9-6-1の「合理的な基準」に該当せず，政府の合意は「基本的な枠組み」に対する「おおむね」の合意にすぎず，同通達にいう関係者の「協議決定」と同視できない。

(3)最高裁（平成16年12月24日判決・民集58巻９号2637頁）の判示事項

　最高裁は，「法人の所得金額の計算において，金銭債権の貸倒損失を法人税法22条③三号にいう『当該事業年度の損失の額』として…損金の額に算入するためには，当該金銭債権の全額が回収不能であることを要する。

　そして，その全額が回収不能であることは客観的に明らかでなければならないが，そのことは，債務者の資産状況，支払能力等の債務者側の事情のみならず，債権回収に必要な労力，債権額と取立費用との比較衡量，債権回収を強行することによって生ずる他の債権者とのあつれきなどによる経営的損失等といった債権者側の事情，経済的環境等も踏まえ，社会通念に従って，総合的に判断されるもの」と判示した。

　本件債権については，X社と農協系統金融機関との交渉との経緯等から，「仮に住専処理法…が成立しなかった場合に，X社が社会的批判や機関投資家としてX社の金融債を引き受ける立場にある農協系統金融機関の反発に伴う，経営的損失を覚悟してまで，非母体金融機関に対し，改めて債権額に応じた損失の平等負担を主張することができたとは，社会通念上想定し難い」。

　したがって，「X社が本件債権について，非母体金融機関に対して債権額に応じた損失の平等負担を主張することは…平成8年3月末までの間に社会通念上不可能となっており，<u>当時のA社の資産状況等からすると，本件債権の全額が回収不能であることは客観的に明らかとなっていた</u>」と判示した。

関係条文を読む

(1) 法人税法22条③《各事業年度の所得の金額の計算》
　内国法人の各事業年度の所得の金額の計算上当該事業年度の損金の額に算入すべき金額は，別段の定めがあるものを除き，次に掲げる額とする。
　三　当該事業年度の損失の額で資本等取引以外の取引に係るもの

主要論点について考える

(1) 下級審判例を読む
　——第一審（東京地判平成13年3月2日・民集58巻9号2666頁）および控訴審（東京高判平成14年3月14日・民集58巻9号2768頁）——
　最高裁での判示事項と類似しているため詳細は割愛するが，第一審では，「債権の全額が回収不能か否かについては，…<u>合理的な経済活動に関する社会通念に照らして判断するのが相当である</u>」と判示し，「少なくとも，平成8年3月末までの間に，X社は本件債権を回収することが事実上不可能になっていた」とした。

　控訴審では，「<u>不良債権を貸倒れであるとして…直接償却をするためには，全額回収不能である場合でなければならず，また，…全額回収不能の事実が客観的に認知し得た時点の事業年度において損金の額に算入すべき</u>」と判示した。

　本件では，「A社の正常資産及び不良資産のうち回収が見込まれるものの合計額は，その当時，少なくとも1兆円は残されていたことが推認され，<u>この金額は，A社の借入金総額の約40パーセントにも上るのであるから，このようなA社の客観的な財務状況に鑑みると，本件債権が全額回収不能であったといえない</u>」とした。

⑵金銭債権の貸倒損失の損金算入に関して

　一般に法人税法上において，金銭債権の評価損の計上は認められていないため，金銭債権の貸倒損失を損金の額に算入するには，その全額が回収不能であることが必要であると解されている。

　さらに貸倒れの内容は，法人税基本通達9-6-1にも挙げられているように，2つに区別される。

・債権放棄等により，債権自体が法律上も消滅し完全になくなる場合
・債権は法律上存続するが，事実上その行使および実現が不可能であるため，経済的に無価値と認められるような場合

　本判例は後者，いわゆる事実上の貸倒れの認定にあたって，債権者側の事情，経済的環境等を考慮することの可否などを検討する上で重要な判例である。

⑶債権者側の事情をどうみるか

　金銭債権の貸倒損失を損金の額に算入するには，当該金銭債権の全額が回収不能であること要するという点は，最高裁，下級審とも一致している。また，回収不能であることが客観的かつ確実なものであることが必要という点でも大きな相違は見られない。

　最高裁（および第一審）と控訴審との結論を分けたのは，債権者の事情を考慮要素に含めるか否かの違いである。

　最高裁では「客観的に明らか」であること判定するにあたって，債務者側の事情のみならず，債権者側の事情，経済的環境等も基礎として総合的に判断すべきと明らかにした。

　これに対して，控訴審は「全額回収不能の事実が債務者の資産状況や支払能力等から客観的に認知し得た」か否かを基準とし，債権者に特有の事情は考慮の対象から除外していた。

　本事例においては，社会的な影響が大きく，最高裁において債権者側の事情や経済的環境等も考慮対象としたが，すべての事例において当事例のように判断されるものではないと思慮するところである。

⑷法人税基本通達9-4-1《子会社等を整理する場合の損失負担等》

　ここで本判例に関連するものとして，やむを得ない事情により子会社等のために損失負担をした場合，寄付金に該当しないとする通達（法人税基本通達9-4-1）を紹介する。

　「法人がその子会社等の解散，経営権の譲渡等に伴い当該子会社等のために債務の引受けその他の損失負担又は債権放棄等（以下9-4-1において「損失負担等」という。）をした場合において，その損失負担等をしなければ今後より大きな損失を蒙ることになることが社会通念上明らかであると認められるためやむを得ずその損失負担等をするに至った等そのことについて相当な理由があると認められるときは，その損失負担等により供与する経済的利益の額は，寄附金の額に該当しないものとする。」

⑸法人税基本通達9-6-1《金銭債権の全部又は一部の切捨てをした場合の貸倒れ》

　また，金銭債権を貸倒損失として計上する場合の通達（法人税基本通達9-6-1）を確認しておこう。

　「法人の有する金銭債権について次に掲げる事実が発生した場合には，その金銭債権の額のうち次に掲げる金額は，その事実の発生した日の属する事業年度において貸倒れとして

損金の額に算入する。
(3) 法令の規定による整理手続によらない関係者の協議決定で次に掲げるものにより切り捨てられることとなった部分の金額
　　イ　債権者集会の協議決定で合理的な基準により債務者の負債整理を定めているもの
　　ロ　行政機関又は金融機関その他の第三者のあっせんによる当事者間の協議により締結された契約でその内容がイに準ずるもの
(4) 債務者の債務超過の状態が相当期間継続し、その金銭債権の弁済を受けることができないと認められる場合において、その債務者に対し書面により明らかにされた債務免除額」

(6) 本判決の意義と射程

　既述のとおり、本判決はまず、金銭債権の貸倒損失を損金の額に算入するための要件該当性の判断にあたって、次の3点を考慮すべきことを明らかにした（判決要旨1）。
　①債務者側の事情だけではなく、債権者側の事情や経済的環境等も考慮の対象となること
　②考慮の対象となる債権者側の事情の例として、債権回収に必要な労力、債権額と取立費用との比較考量、債権回収を強行することによって生ずる他の債権者とのあつれきなどによる経営的損失があること
　③①および②の判断が社会通念に従って総合的にされること

　次に本判決は、納税者X社（興銀）が本件債権について、他社に債権額に応じた損失の応分負担を要請することは社会通念上不可能であり、債務者の資産状況からすると、本件債権の全額が回取不能であることは客観的に明らかであり、本件債権相当額は損失額として損金の額に算入されるべきものとした（判決要旨2）。

　以上本判決は、金銭債権の貸倒損失の損金算入の要件及びその要件妥当性の判断について判示するとともに、「債務者側の事情のみならず、債権者側の事情や経済的環境等をも考慮して」、その損金算入の可否を検討すべきとする事例判断であると指摘される（阪本勝（2007年）『最高裁判所判例解説民事篇平成16年度（下）』845-847頁、法曹会）。

事件のゆくえ

　雪は静香に対して尋ねた。

「静香，会社がお金を貸した時に借用書を書いてもらった？　もしくは銀行からお金を借りる時みたいに，金銭消費貸借契約書を作ったか覚えてる」

　静香は怪訝そうな顔を浮かべる。

「信頼している人に対してお金を貸してるわけだし，わざわざ借用書まで書いてもらってないような気がするわ。まさかこんなことになるとは思ってなかったし。一応聞いてみるね。でも，借用書がないと貸したお金は返してもらえないの？」

　静香は不安な顔色を浮かべた。すかさず，雪は答える。

「ううん，そんなことはないと思うわ。弁護士の業務の分野だから，詳しいことは弁護士に聞くとして，お金を貸したという証拠を積み重ねていくことが大事だと思うわ。でも，まずは借用書があるか，ご主人に確認してみて」

「雪，分かったわ。まずはそれからね」

　雪はうんうんと頷きながら，

「そうよ。もし借用書がなくても慌てないでね。うちの頼れる提携弁護士を紹介するし，借主の状況にもよると思うけど，お金を返してもらう方法を一緒に考えましょう」

　さらに，雪は付け加える。

「静香，あまり考えたくないけど，どうしても回収できなくて貸したお金を放棄する場合，会社で貸倒損失として損金計上することになるの？　でも，それが無条件に認められるのかというと，そうではないの」

　静香は間髪入れずに質問する。

「じゃあ，どんな条件なら，認められるの？」

「例えば，貸付金を回収するための弁護士費用が多額で，回収できたとしても，僅かな金額しか手元に残らないとか。後は，相手が自己破産しているとかね。こんな場合なら，貸倒損失が認められる可能性が高いと思うわ。

　今度紹介する弁護士さんに費用がどれくらい掛かるか，また合わせて相手の資産状況を把握してもらうことができるかどうか聞いてみましょう」

「ありがとう，雪。どっちにしろ，私には分からないことが多いから，また

相談させてね」
　雪と静香は後日，当事者である夫がいる時に今日の続きを話すことにし，二人で北山の街にショッピングに出かけた。

　その夜は【SCALETTA】で，事務所恒例の早春焼き肉パーティーである。北村，南川や大西に，裕美女史や高倉，北村，愛と堀川も加わっていつも以上に賑やかである。
「ところで，藍子の隣にいるあの男は誰なんだ」
　真生が，美味しそうに焼けた肉を雪の皿に載せながら聞いた。
「かっこいいですよねぇ～。IT系のコンサルティング会社の江藤さんですよ。中学時代の同級生とか。新しいクライアントです。まだお会いになられてなかったですか？」
　真生が急に不機嫌になったので，雪は話題を変えた。
「所長。今年は随心院のはねず（薄紅色）の梅を見に行こうと思っているんです」
「深草少将が小野小町を慕って通った『百夜通いの伝説』があるとこだろ。あと一日通えば願いが成就するのに無念だったろうなあ」
「所長の小町はどちらですか？」
　雪が指した方を見ると，沙也加と陽子が，何がおかしいのか大笑いしている。
「もう出来上がってる…もはや卒塔婆小町だな」
「そないないけず言ってはったら，お二人に言いつけますよ」
「冗談，冗談。さあさあ乾杯しよう」
　真生はごまかすように，ソムリエの資格を有する沙也加一押しのシャンパン，ボランジェを一気に飲み干した。

事件 file 58

焦げ付いた貸付金

事件file 59
FX取引の失敗

控訴審：名古屋高裁平成22年6月24日判決・税資260号順号11460
第一審：名古屋地裁平成21年9月30日判決・判時2100号28頁

📖 事件のいきさつ

　沙也加は北野天満宮の梅花祭を見に出かけていた。2月25日は梅の花をこよなく愛した菅原道真公の命日で，900年も続いている祭の日である。太宰府に左遷させられた無念の思いが怨霊と化したため，祭神として祀られた菅原道真公のことを感じていた。事務所に戻ると，坂田商店の坂田会長が沙也加を待っていた。
　「さっそくですけど，沙也加先生，これを見てください」
　坂田は一枚の用紙を取り出し，沙也加に示した。

事件file 59 FX取引の失敗

> **示談書（案）**
>
> F証券会社は，坂田藤吉に対して被らせた損失額500万円のうち，40％に相当する金員200万円を支払うものとする。

「実はね，沙也加先生。FX取引で大損させられまして。飛び込み営業できた証券会社の担当者の話を，冷やかし半分で聞いていたのですが，『絶対に儲かる』という言葉に，つい乗せられて。最近は預金をしていても，利息もろくに付かんこともあって，つい」

これまで株式取引の経験もほとんどなかった坂田は，証券会社の担当者にすすめられるがままに，200万円の証拠金を支払って，FX取引を始めたとのことであった。

最初は順調に利益が出ていたものの，相場の乱高下により損失が生じ，追加で300万円の証拠金まで拠出された挙句，すべての証拠金を失う羽目になった。担当者は調子のいいことを言うばかりで，FX取引のリスクについて，満足に坂田に説明もしなかったのである。

「弁護士先生に相談したら，証券会社と交渉してくれて，示談金200万円を今度受け取れることになったんですわ。

示談書案が出来上がったんで，一度沙也加先生にも見せておこうと思って，来させてもらいました。先生，ところでこの示談金やけど，損した500万円の一部を返してもらっただけなんで，税金は掛かりませんよね？」

沙也加は，損害賠償金についての非課税規定と関連する判例を思い出し，「坂田会長，この件につきまして，一度お調べした上で，後日ご回答いたしますわ」

と伝えて次回の日程を決め，坂田を見送った。

関連事件を学ぶ

(1)事案の概要

　納税者Xは，訴外A商事に委託して行った商品先物取引に関し，意思疎通を欠いた取引があったことから生じた損失について，Aから受け取った和解金457万円（以下「本件和解金」という）を所得に計上せずに所得税の確定申告を行った。

　課税庁Yから，本件和解金を雑所得として計上することなどを内容とする更正処分（以下「本件更正処分」という）およびこれに伴う過少申告加算税賦課決定処分（以下「本件賦課決定処分」という）を受けたことから，本件更正処分のうち納付すべき税額84万円（本件和解金に係る雑所得を除いて算出した税額）を超える部分および本件賦課決定処分の取消しを求める事案である。

　本件和解金が所得に該当するか否か，および本件和解金が所得税法9条①十七号を受けて定められた所得税法施行令30条二号の「不法行為その他突発的な事故により資産に加えられた損害につき支払を受ける損害賠償金」に該当するか否かが争点となった。

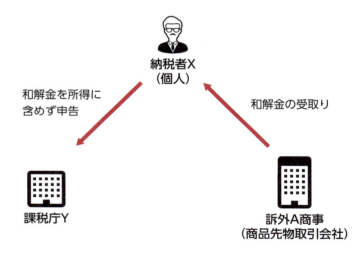

⑵当事者の主張

①納税者Ｘの主張

　本件和解金は生じた損害を原状に回復する損害賠償金であって，担税力を増加させるものではないから，収入といえども，純資産の増加という意味での所得にならない。したがって本件和解金は，「不法行為その他突発的な事故により資産に加えられた損害につき支払を受ける損害賠償金」に該当する。

②課税庁Ｙの主張

　所得税法は，人の担税力を増加させる経済的利得はすべて所得を構成するという包括的所得概念を採用し，損害賠償金についても人の担税力を増加させると捉えることができる。したがって本件和解金は，「不法行為その他突発的な事故により資産に加えられた損害につき支払を受ける損害賠償金」には該当せず，雑所得となる。

⑶名古屋地裁（平成21年９月30日判決・判時2100号28頁）の判示事項

①所得税法９条①十七号の趣旨について

　同号が損害賠償金を非課税所得として定めた趣旨は，「損害賠償金は，他人の行為によって被った損害を補てんするものであって，その担税力等を考慮すると，これに所得税を課するのは適当でないという判断によるもの」であるとした。

　その上で，「賠償の対象となる損害には種々のものが含まれるため，損害賠償金のすべてを一律に非課税所得とすることは適当でない」とし，「心身に加えられた損害又は突発的な事故により資産に加えられた損害に基因して取得するもの」を例示的に掲げ，「これらを含めて，非課税所得となる損害賠償金の範囲の具体的な定めを政令にゆだね」たものとした。

②所得税法施行令30条二号「不法行為その他突発的な事故」の範囲

　本件和解金が，法施行令30条二号にいう「不法行為その他突発的な事故により資産に加えられた損害につき支払を受ける損害賠償金」にあたるかどうかについては，「不法行為」を限定的に捉えるか否かが争点となっている。

　課税庁Ｙは，同号にいう「不法行為」は，「『突発的な事故』と同様の不法行為，すなわち，相手方との合意に基づかない突発的で予想することができない不法行為」に限定されるものと主張している。

　しかしながら，法施行令30条二号は，「『不法行為その他突発的な事故』と規定しているのであり，『不法行為その他の突発的な事故』と規定しているのではない。法令における『その他』と『その他の』の使い分けに関する一般的な用語法に照らせば，同号において『不法行為』と『突発的な事故』は並列関係にあるものとして規定されていると解されるのであって，文言上，同号にいう『不法行為』を…限定的に解すべき根拠はない」。

　また，実質的にも，「不法行為の態様が，突発的な事故ないしそれと同様の態様によるものであるか，又はそれ以外の態様によるものであるかによって，当該不法行為に係る損害賠償金の担税力に差異が生ずるものではない」とし，「損害賠償金が非課税所得とされている立法趣旨に照らしても，同号にいう『不法行為』は突発的な事故と同様の態様によるものに限られ」ないと示した。

③本件あてはめ

　本件和解金について，まず，適合性の原則違反や説明義務違反等に関する違法性があり，AのXに対する不法行為に基づく損害賠償金にあたるものであると示した。

　その上で，「施行令30条二号にいう『不法行為』は，突発的な事故ないしそれと同様の態様によるものに限られると解することはでき」ず，「本件和解金は，施行令30条二号にいう『不法行為その他突発的な事故により資産に加えられた損害につき支払を受ける損害賠償金』に当たる」とし，Xの請求を認容した。

　控訴審（名古屋高判H22.6.24・税資260号順号11460）は，第一審を支持し確定した。

関係条文を読む

(1)所得税法9条《非課税所得》
① 　次に掲げる所得については，所得税を課さない。
　十七　…損害賠償金（これらに類するものを含む。）で，心身に加えられた損害又は突発的な事故により資産に加えられた損害に基因して取得するものその他の政令で定めるもの

⑵所得税法施行令30条《非課税とされる保険金，損害賠償金等》

二 …不法行為その他突発的な事故により資産に加えられた損害につき支払を受ける損害賠償金…

主要論点について考える

⑴**所得概念について**

名古屋地裁は所得概念について，所得税法は，利子所得，配当所得，不動産所得，事業所得，給与所得，退職所得，山林所得，譲渡所得および一時所得という所得区分を設けるほか，それらに含まれない所得をすべて雑所得として課税の対象とし，「人の担税力を増加させる経済的利得はすべて所得を構成するという包括的所得概念を採用」していると判示した。

この点について，金子宏は次の3つの理由から包括的所得概念が一般的な支持を受けているとしている。

「第1に，一時的・偶発的・恩恵的利得であっても，利得者の担税力を増加させるものである限り，課税の対象とすることが，公平負担の要請に合致する。第2に，すべての利得を課税の対象とし，累進税率の適用のもとにおくことが，所得税の再分配機能を高めるゆえんである。第3に，所得の範囲を広く構成することによって，所得税制度のもつ景気調整機能が増大する。これらの理由に基づき，諸国の租税制度は，徐々に包括的所得概念の方向に動きつつある。」（金子宏（2017年）『租税法（第22版）』187頁，弘文堂）

⑵**非課税所得制度について**

本件名古屋地裁は，上記の包括的所得概念を採用しつつ，所得税法は「立法政策上，所得税の課税対象とすることが適当でないと判断された所得について，非課税所得として個別的に列挙している」旨，判示した。

この点について，「もっとも，人の担税力を増加させる利得であっても，未実現の利得」（所得資産の価値の増加益），および帰属所得（自己の財産の利用および自家労働から得られる経済的利益）は，「どこの国でも，原則として課税の対象から除外されている」。「わが国でも，所得税法は，所得を収入という形態でとらえているから，それらは原則として課税の対象から除かれている」。しかしその趣旨は「本質的に所得でないからではなく，それらを捕捉し評価することが困難であるからであって，それらを課税の対象とするかどうかは立法政策の問題」（金子宏，前掲書，188-189頁）と指摘されるところである。

⑶**所得税法9条①十七号の趣旨**

所得税法上の非課税制度の趣旨については，上述のとおりであるが，所得税法9条①十七号は，「損害保険契約に基づき支払を受ける保険金及び損害賠償金（これらに類するものを含む。）で，心身に加えられた損害又は突発的な事故により資産に加えられた損害に基因して取得するものその他の政令で定めるもの」を非課税所得として定めている。

同号が損害賠償金を非課税所得として定めた趣旨について名古屋地裁は，「損害賠償金は，他人の行為によって被った損害を補てんするものであって，その担税力等を考慮する

と，これに所得税を課するのは適当でないという判断によるもの」と示している。

　賠償の対象となる損害には種々のものが含まれるため，損害賠償金のすべてを一律に非課税所得とすることは適当でないことから，「『心身に加えられた損害又は突発的な事故により資産に加えられた損害に基因して取得するもの』を例示的に掲げた上，これらを含めて，非課税所得となる損害賠償金の範囲の具体的な定めを政令にゆだねたもの」と判示した。

(4)所得税法施行令30条二号「不法行為その他突発的な事故により資産に加えられた損害につき支払を受ける損害賠償金」について

　本件では，本件和解金が法施行令30条二号にいう「不法行為その他突発的な事故により資産に加えられた損害につき支払を受ける損害賠償金」にあたるかどうかが争われた。

　本件名古屋地裁は，文言上からも，また実質上，すなわち担税力の観点からも，「不法行為」を限定的に解すべきではないとしたものである。

(5)参考判例

①大分地判平成21年7月6日（税資259号順号11239）

　参考の判例として，大分地裁において，商品先物取引により被った損失についての和解金が，所得税法9条①十七号，法施行令30条二号が規定する非課税所得に該当するか争われた事案が挙げられる。

　所得税法9条①十七号の趣旨として，「本来課されるべきでない実損害を補てんする性質を有するものであるとの立法趣旨の下に，所得税法9条①十七号は，『突発的な事故』の中に『不法行為』が含まれることを前提として，突発的な事故により資産に加えられた損害に基因して取得する損害賠償金など政令で定めるものを非課税とする旨規定して，…，不法行為その他突発的な事故により資産に加えられた損害につき支払を受ける損害賠償金が非課税となることを定めたもの」と示した。

　その上で，和解金の実質的な内容を不法行為に基づく損害賠償金と遅延損害金であるとした。

　損害賠償金は，先物取引の売買差損等により原告の生活用資産である金銭等の資産に加えられた損害に基因して取得した損害賠償金であり，収益補償ではないと認められるから，所得税法9条①十七号，法施行令30条二号が規定する非課税所得に該当するとした。

　一方，遅延損害金は，不法行為その他突発的な事故により資産に加えられた損害に基因して取得した損害賠償金ではなく，履行遅滞という債務不履行による損害賠償金であるから，所得税法9条①十七号，法施行令30条二号が規定する非課税所得に該当しないとした。

　控訴審である福岡高裁（福岡高判H22.10.12・税資260号順号11530）においては，結論において第一審を支持したものの，判断要素が異なっている。

　第一審における「『突発的な事故』の中に『不法行為』が含まれることを前提として」という点を引用せず，「相手の合意を得ない予想されない損害であったかどうかに基準を置」いて判断すべきと判示したものである。

②大阪地判昭和54年5月31日（判時945号86頁）

　非課税とされる損害賠償金の範囲にかかる先例として有名な下級審判決は，大阪地判S54.5.31・判時945号86頁（控訴審は大阪高判S55.2.29・税資110号502頁，上告審は

最判S56.4.23・税資117号217頁）である。

　マンション建設に反対する納税者（近隣居住者）が，建築業者からマンション建設を承諾することの対価として支払を受けた金員の一部が，所得税法9条①二十一号の非課税所得に該当するか否かが問われた事件である。第一審，控訴審および最高裁いずれにおいても納税者が敗訴している。

　大阪地裁は所得税法9条①二十一号，同法施行令31条が「損害賠償金，見舞金及びこれに類するものを非課税としたわけは，これらの金員が受領者の心身，財産に受けた損害を補填する性格のものであって，原則的には受領者である納税者に利益をもたらさないからである」。

　したがって非課税とされるためには，「損害を生ぜさせる原因行為が不法行為の成立に必要な故意過失の要件を厳密に充すものである必要はないが，納税者に損害が現実に生じ，または生じることが確実に見込まれ，かつその補填のために支払われるものに限られる」ことになる。

　このため，当事者間で「損害賠償」という名目が利用されていても，「損害が客観的になければその支払金は非課税にならないし，また，損害が客観的にあっても非課税になる支払金の範囲は当事者が合意して支払った金額の全額ではなく，客観的に発生し，または発生が見込まれる損害の限度に限られる」ことになる，と判示したのである。

　当該事件では，建設に反対していた原告らが建設を承諾することの対価は，その名目いかんに問わず，非課税となる損害賠償金ではないとされた。

📖 事件のゆくえ

　梅花祭で賑わった宴も終わり，梅の花も散り始めた頃，坂田は事務所を訪ねてきた。

「坂田会長，先日お伺いの内容であれば，損賠賠償金として取り扱われますので，非課税となります。但し，課税庁（税務署）との関係で言いますと，事実を書面で残しておくことが，重要になってきます」

　沙也加はそう伝えると，一枚の紙を机の上に差し出し，説明を進めた。

「こちらに当てはまる事項があれば，漏れなく示談書にその旨を織り込む必要があります」

```
                 示談書　留意事項

① 適合性原則違反
   経験，知識に照らして，不適合な取引の勧誘を受けていたこと
② 説明義務違反
   FXのリスクについて，十分な説明がなされなかったこと
③ 新規委託者保護義務違反
   取引経験のない坂田会長を保護するための，手立てが講じられていなかっ
   たこと
④ 断定的判断の提供
   「絶対儲かる」等の勧誘文言があったこと
⑤ 無断売買，実質的一任売買
   実質的な投資判断が，担当者任せの取引になっていたこと
```

「会長，こちらの留意事項については，いずれも，示談金の実質的な内容が，損害賠償金であるということを示す重要な要素となります。

　当事者同士では，確認し合っている事項であっても，税務署に納得してもらえるように，文書として残す必要があります。弁護士の先生に伝えて，示談書に盛り込んでもらってくださいね。もしご不安なら，うちの提携弁護士をご紹介させていただきます」

「いろいろとありがとうございます。ほんと，心強いです。なるほど，示談金をいかに高くしてもらうかも大事ですが，後から税務署に所得と認定され

ないようにすることも大事なんですね」

　坂田は示談書の留意事項を見ながら話した。

　"菅原道真公が讒言により失脚したように，いつの時代もうまい話を持ちかけられたり，騙されることも多いので，ますます注意が必要ね"と沙也加は感じていた。

　「ところで沙也加先生，示談金が入金されましたら，お礼も兼ねて，来週末あたり，お食事でもどうですか。美味しい滋賀の地酒を取り揃えているお店を大津に見つけましたので。是非」

　沙也加は坂田の「うまい」誘いを快諾してよいものやら，即答しかねた。

事件file 60

華やかに輝かしい未来へ

上告審：最高裁平成22年10月15日判決・民集64巻7号1764頁
控訴審：福岡高裁平成20年11月27日判決・民集64巻7号1835頁
第一審：大分地裁平成20年2月4日判決・民集64巻7号1822頁

事件のいきさつ

　土曜日の昼下がり，マンションで管理組合の理事長をしているコマばあちゃんが，藍子の部屋を訪ねてきた。藍子は会計担当理事をしており，決算の相談をするためだった。
　昨夜は沙也加らと夜遅くまで語り合ってしまい，ついさっき起きたばかりで，ルームウェアのままだった。
「休日にごめんなさいね」
　藍子は彼女のことが大好きである。おばあちゃんとは言えないくらい活動的で，毎朝エントランスの花に水をやっている時に挨拶をするのが日課となっている。
　一通り相談が終わると，突然彼女は改まった表情になった。
「計理士の藍子ちゃんに，実は相談したいことがあって…」
　計理士とは，公認会計士法の制度が導入される前に，会計に関する検査等を業として計理士法に基づいて資格を与えられた者をいい，公認会計士の前身にあたる。彼女のように，現在でも公認会計士のことを計理士と呼ぶ人も少なからずいる。
　話を聞くと，個人事業として音楽教室ブリランテを営み，ピアニストでもあるご主人が先月亡くなったため，これからどんな手続が必要なのか不安なようだ。
「一人事務所の計理士先生が病気になられてねぇ。新しい先生を探しているところ，藍子ちゃんしか思い浮かばなくって。孫の純も一緒に事務所へお話を伺いに行きたいんやけど，今晩に帰ってきて明晩には東京へ帰らないといけないみたいなのよ。突然で忙しいと思うんやけど，明日の午前中に少し相談に乗ってもらえないかしら」

事件 file 60

華やかに輝かしい未来へ

　藍子はコマばあちゃんに事務所にきてもらって，正式に相談を伺うことにした。

　翌日，コマばあちゃんは孫とともに，老舗のもちもち触感の京菓子を手土産に訪ねてきた。その彼はジュリアート音楽院でヴァイオリンを学んだのち，東京ハーモニーフィル交響楽団で第1ヴァイオリニストとして活動をしており，時々京都の実家に帰ってきているとのことだ。だが，藍子が彼と会うのは初めてだった。早くに両親を亡くし，祖父母に育てられたらしい。

「純です。はじめまして。いつも祖母がお世話になっております。どうぞ，よろしくお願いいたします」

　挨拶を聞きながら，藍子は"そう言えばこの前，沙也加さんが給与所得認定を巡って，日本フィルハーモニー交響楽団ヴァイオリン演奏家事件[1]などを読み返していたわね。彼はどんな申告をしているのだろう"そんなことを考えつつも，さっそく本題に入った。

「夫が亡くなってしまって，どんな手続きをしたらよいのかよく分からないのよ…」

　藍子はまず，相続税の申告をする必要があることを説明した。

「こんな手続面倒ねぇ。藍子ちゃんやっていただけないかしら？」

　藍子は新しい顧問先が増えることに嬉しい気持ちはもちろんあったが，それよりも大好きな彼女の役に立てることが嬉しかった。

「ありがとね。ところで，うちの夫，実は何やら裁判中やったみたいなんよ。夫の仕事のことには口を出していなかったから，あまり状況を分かっていなくって。それはどうなるのかしら？　弁護士から説明も受けて，裁判はまた弁護士に任せることにしたけど，専門用語ばかり並べられて，内容がよく分からないのよね」

　藍子はどんな裁判だったのかを聞くと，持参した裁判記録を藍子に見せた。それを見ると，ご主人は生前，所得税の賦課決定処分の取消訴訟を起こして

MEMO

1　事件file51「給与と報酬との境目」参照。

いた。ご主人は，音楽教室を営みながら，出身校であるリスト音楽大学にて客員教授をしていたり，毎年クリスマスの時期には海外公演ツアーもしていたようで，その講師料や謝礼をブダペストの市中銀行に預金していたようだ。賦課決定処分の金額はおよそ4,000万円となっていた。

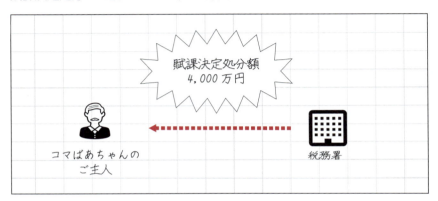

「簡単に言うと，過去の所得税の不足分を払えと税務署が言ってきたことについて，それを払わなければ未納付期間分の利息が付いてしまうので，ご主人は納付されたのですが，同時に『その処分はおかしいやろ』と言われてるんですね」

「で，どうなるんです？」

「もし裁判に負けたら賦課決定処分により納付された税金は返ってきませんが，裁判に勝った場合には，納付された税金は返ってきます。でも，いくつか注意の必要な点があります」

藍子はある裁判例のポイント集をスライドに映し，説明を始めた。

関連事件を学ぶ

(1) 事案の概要

納税者Xは，その母Aが平成12年7月に死亡したため，平成13年5月にAの相続税の申告を行った。Aは生前，夫B（すでに死亡）の過年度の所得税について，平成8年2月に賦課決定処分（以下「別件処分」という）を受けたため，所得税・過少申告加算税・延滞税を納付ののち，平成9年4月に別件処分の取消訴訟（以下「別件訴訟」という）を提起していた。A死亡後は，相

続人である納税者Xが別件訴訟を承継している。

　平成13年9月に別件処分を取り消す旨の判決が言い渡され，同年10月に判決が確定したため，課税庁Yは同年12月，Aが別件処分により納付していた所得税等（以下「本件過納金」という）および還付加算金を納税者Xに還付し，納税者Xは本件過納金等について所得税の確定申告をした。

　課税庁Yは平成15年4月に，本件過納金は納税者Xが相続により取得した財産であるとして，相続税の更正処分（以下「本件更正処分」という）および過少申告加算税賦課決定処分（以下「本件賦課決定処分」という）を行うとともに，所得税の減額更正処分を行った。そこで納税者Xは，本件更正処分および本件賦課決定処分の取消しを求め提訴し，本件過納金の還付請求権が，相続税法2条①に規定する相続税の課税財産に該当するかどうかが争点となった事件である。なお納税者Xは，第一審では勝訴したものの，控訴審および最高裁で敗訴している。

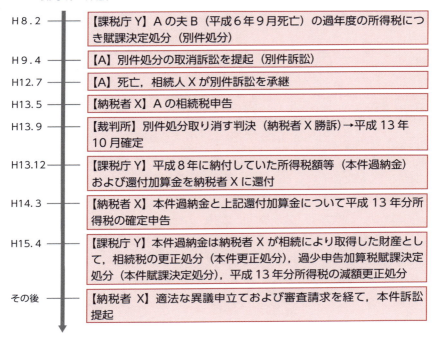

(2)当事者の主張
①納税者Xの主張
　本件過納金とその還付請求権は，別件訴訟の取消判決が確定したことによって初めて生じるものであり，Aの相続開始時には存在していなかったため，相続税の課税財産にはならない。

②課税庁Yの主張
　取消判決は遡及効を有しているから，別件訴訟の取消判決確定により，別件処分は当初から存在しなかったことになる。そのため，別件処分に基づきAが納付した時点に遡って本件過納金の還付請求権が発生していたと言え，相続税の課税財産となる。

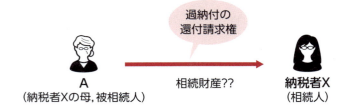

(3)最高裁（平成22年10月15日判決・民集64巻7号1764頁）の判示事項
　「所得税更正処分及び過少申告加算税賦課決定処分の取消判決が確定した場合には，…処分時にさかのぼってその効力を失うから，…処分に基づいて納付された所得税，過少申告加算税及び延滞税は，納付の時点から法律上の原因を欠いていたこととなり，…過納金の還付請求権は，納付の時点において既に発生していたこととなる」。
　そのため，別件訴訟「の係属中に被相続人が死亡したため相続人が…承継し」，別件「処分の取消判決が確定するに至ったときは」，本件「過納金の還付請求権は，被相続人の相続財産を構成し，相続税の課税財産となる」と判示し，上告を棄却した。

関係条文を読む

(1)相続税法2条①《相続税の課税財産の範囲》

…その者が相続…により取得した財産の全部に対し，相続税を課する。

(2)相続税法22条《評価の原則》

…相続…により取得した財産の価額は，当該財産の取得の時における時価に…よる。

(3)国税通則法15条②《納税義務の成立及びその納付すべき税額の確定》

納税義務は，次の各号に掲げる国税…については，当該各号に定める時…に成立する。

四　相続税　相続…による財産の取得の時

(4)国税通則法56条①《還付》

国税局長，税務署長又は税関長は，還付金又は国税に係る過誤納金…があるときは，遅滞なく，金銭で還付しなければならない。

(5)民法121条《取消しの効果》

取り消された行為は，初めから無効であったものとみなす。…

(6)民法882条《相続開始の原因》

相続は，死亡によって開始する。

(7)民法896条《相続の一般的効力》

相続人は，相続開始の時から，被相続人の財産に属した一切の権利義務を承継する。ただし，被相続人の一身に専属したものは，この限りでない。

主要論点について考える

(1)下級審判例を読む

——第一審（大分地判平成20年2月4日・民集64巻7号1822頁）および控訴審（福岡高判平成20年11月27日・民集64巻7号1835頁）——

①第一審（大分地判平成20年2月4日・民集64巻7号1822頁）

「Aの死亡時すなわち相続開始時には，別件…訴訟が係属中であり，未だ本件過納金の還付請求権が発生していなかったことは明らか」であり，「相続開始の時点で存在することが前提となる相続財産の中に，本件過納金の還付請求権が含まれると解する余地はない」とし，相続財産性を否定した。

また，「別件…訴訟の原告たる地位…に財産性が認められるのであれば，…相続開始時点における当該地位を金銭的に評価する必要が生じる」が，別件訴訟の原告たる地位は，「取消判決が確定する以前の段階では，財産上の法的地位ということもできず，金銭に見積もることができる経済的価値のあるものとして評価することはできない」として，課税庁Yの主張を退けた。

②控訴審（福岡高判平成20年11月27日・民集64巻7号1835頁）

「取消訴訟の確定判決によって取り消された…効果は，…遡及して否定され」るため，「当初からなかった状態が回復される」こととなり，「取消しの遡及効（民法121条）の原則とも整合する」ことから，「Aが別件…処分に従い納税した日に遡って本件過納金の還付請求権が発生していたことになる」として，相続財産性を認め，第一審を取り消し，納税者Xの請求を棄却した。

(2) 取消判決の遡及効と還付請求権の発生について

いずれの判決においても，取消判決の確定により瑕疵ある行政処分が遡って失効する，つまり，当初から処分がなかったことと同じ状態に回復されるという取消判決の形成力は認めているが，それを根拠として過納金の還付請求権が遡及的に発生しているとみるか否かで異なる（伊川正樹（2009年）『法学セミナー増刊　速報判例解説Vol.5』292頁，日本評論社参照）。

この点，「本件過納金の還付請求権の法的性質は不当利得返還請求権であるところ，その利得は納付され国が収納した税相当額であり，損失はその反面としてAが納付した税相当額である。本件過納金の原資はAが拠出した納付金であり，納税者Xが拠出したわけではな」く，「別件訴訟の取消判決によって取り消される処分は，納税者Xに対する処分ではなく，Aに対する処分であり，…Aに対する関係で還付請求権が発生するのであって，納税者Xがこれを取得するのは，Aから相続したからにほかならない」（鎌野真敬（2014年）『最高裁判所判例解説民事篇平成22年度（下）』643頁，法曹会）としている。

以上より，本件過納金の還付請求権は所得税等を納付した時点に遡って発生したと考えるのが妥当であるとしている。

(3) 過納金の還付請求権の相続財産性について

相続税法2条①における相続税の課税財産は，課税価格に算入する以上，金銭に見積ることができる経済的価値のあるすべてのもの（相続税法基本通達11条の2-1）であり，「既に存在する物件や債権のほか，いまだ明確な権利とはいえない財産法上の法的地位なども含まれると解」されており，「被相続人が生前に権利を行使し得たことは相続税の課税財産の要件とはされていない」（鎌野真敬，前掲論文，645-646頁）。

また，「相続税法自体，相続税の申告又は決定の時以後に，認知判決の確定…等により，相続人に異動を生じたことを理由とする更正の請求…や，相続により取得した財産についての権利の帰属に関する訴えについての判決があったことを理由とする更正の請求…を認めており…，遡及的な権利変動があり得ることを予定している」（鎌野真敬，前掲論文，646頁）。

さらに，被相続人が別件訴訟を通じて，本件過納金の還付を受けるべき旨を主張していたところに鑑みれば，訴訟継続中に被相続人が死亡したとしても，相続人が被相続人から相続により訴訟上の地位を承継したものであり，民法896条ただし書きでいうところの一身専属的なものではない（鎌野真敬，前掲論文，645頁参照）。

以上より，本件過納金の返還請求権は，相続税法2条①の相続財産にあたるとしている。

⑷相続財産の評価について

　納税者Xは，本件過納金の還付請求権が相続財産にあたるとしても，「その財産評価は零であり，…相続税の課税は発生しない」（民集64巻7号1778頁）と主張している。しかし，この主張は，「取消判決の遡及効を無視して訴訟係属中は還付請求権が発生しないことを前提に，…別件…処分取消訴訟における訴訟上の地位を相続財産として評価すべきであるとする見解に帰着するものであ」（鎌野真敬，前掲論文，648頁）るため，この主張は採用できないとしている。

⑸被相続人の死亡時点ごとの判定

　過納金の還付請求権が相続財産にあたるか否かの判定を，被相続人の死亡時点ごとに整理すると，以下のとおりとなる（鎌野真敬，前掲論文，653頁）。

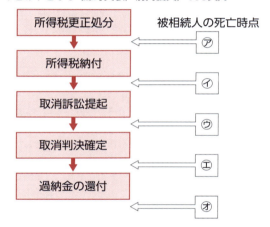

　本事件は，㋒の時点で被相続人であるAが死亡した事案である。

　㋐の時点で被相続人が死亡した場合は，相続人は所得税更正処分による納税義務を承継（国税通則法5条）し，その相続人が納税した上で同処分の取消訴訟を提起しているため，過納金の還付請求権は相続人の固有財産と言える。

　㋑の時点で被相続人が死亡した場合は，直接明示されていないが，「相続人が…訴訟を提起することができるのは，…相続人として，過納した被相続人の地位を承継しているからであろう。もし，所得税の納付（過納）が被相続人の一身専属的なものであると解すると，相続人は被相続人の過納をめぐり更正処分の取り消しを求めて争う余地がなくなってしまう。このように考えれば，…相続人に還付される過納金は相続を根拠とするものであって，相続財産であると解するのが素直であろう」（本山敦（2009年）『月報司法書士No.449』40頁，日本司法書士会連合会）と指摘する。

　㋓の時点で被相続人が死亡した場合は，取消判決確定により，過納金の還付請求権が被相続人に発生しているため，当然に相続財産になる。

　㋔の時点で被相続人が死亡した場合は，過納金は金銭として還付された後であり，当然に被相続人の相続財産に含まれる。

(6) 相続財産に含めず相続税の申告をした場合

　基本的に，相続財産に漏れがあった状態で相続税の申告をした場合は，修正申告が必要となり，それにより延滞税と過少申告加算税が課せられることとなる。ただし本事案のように，過納金の還付請求権自体の相続財産性が争点となっている場合で，それが相続財産に含まれないと主張している原告が相続財産に含めずに相続税の申告をした場合の取扱いは，当然問題となろう。

　国税通則法65条④は，過少申告加算税の計算の基礎となった「事実のうちにその修正申告又は更正前の税額（還付金の額に相当する税額を含む。）の計算の基礎とされていなかったことについて正当な理由があると認められるものがある場合には，…納付すべき税額からその正当な理由があると認められる事実に基づく税額…を控除して」，過少申告加算税が計算されると規定する。すなわち「正当な理由」が認められれば，過少申告加算税は課せられないことになる（伊川正樹（2010年）『月刊　税務Q&A』49頁，税務研究会）。

　この「正当な理由があると認められるものがある場合」の例示については，後述の裁決事例を参照されたい。

(7) 国税通則法65条④に規定する「正当な理由があると認められる場合」の該当性について（平成17年6月20日裁決・裁集69集217頁）

　ここでは，過納金の還付を求める権利を相続により取得した場合の過少申告加算税を巡る裁決事例を整理しておきたい。

　まず過少申告加算税について，その趣旨は「当初から適法に申告した者とこれを怠った者との間に生じる不公平を是正するとともに，過少申告による納税義務違反の発生を防止し，申告秩序の維持を図るため」のものであり，したがって，「『正当な理由があると認められるものがある場合』を除き，単に過少申告であるという客観的事実のみによって課されるもの」と位置付ける。

　さらに，「正当な理由があると認められるものがある場合」についての例示を次のように示す。すなわち，「申告当時適法とみられていた申告がその後の事情の変更により，納税者の故意過失に基づかずして過少申告となった場合のように，当該申告が真にやむを得ない理由によるものであり，こうした納税者に過少申告加算税を課することが不当又は酷になる場合がこれに該当し，単に過少申告が納税者の税法の不知又は誤解に基づく場合はこれに該当しない」，というものである。

　当該事件では，課税庁側が納税者に対し，「還付されるべき金額はないと主張していたのであり，このような状態において」，課税庁は納税者に対して「本件過納金の還付を求める権利を相続財産として申告することを予定しておらず」，また納税者においても，「本件過納金の還付を求める権利の適正な金額を正確に判断し，申告することは困難である」と認定された。

　以上より当該事件では，「正当な理由があると認められる場合」と認められ，相続税の賦課決定処分は取り消された。

事件 file 60

華やかに輝かしい未来へ

📓 事件のゆくえ

　藍子はコマばあちゃんと純に裁判例について一通り説明し終わったのち，今後注意が必要になる点を次のような表に書きながら説明した。

	相続財産に含めて申告	相続財産に含めず申告
勝訴 （4,000万円戻る）	見合う額の納付必要 過少申告加算税なし 延滞税なし	修正申告必要 （延滞税が必ず掛かる。過少申告加算税が掛かる恐れがある）
敗訴 （4,000万円戻らない）	還付加算金付く	還付加算金付かない

　「まずは，相続税の申告は相続発生時点から10か月以内にしないといけません。そこで，一旦は賦課決定処分額4,000万円を相続財産に含めて申告しておけば，仮に敗訴した場合4,000万円は戻ってきませんが，相続財産に含めてその分相続税を多めに支払っていることになるので，その多く支払った部分について利息のようなものを受け取ることができます。この利息のようなものを還付加算金と言います。一方で，相続財産に含めずに申告すると，勝訴した場合4,000万円は戻ってきますが，相続税の修正申告が必要になり，延滞税は必ず掛かりますが，正当な理由がない場合には過少申告加算税も求められるリスクがあります。

　「なるほどねぇ。一旦は相続財産に含めて申告した方がお得ということね」

　藍子の説明に一応，二人とも納得したようだった。

　「でも，どうすればいいのかよく分からないし…，この際，藍子ちゃんに任せてしまってもいいかなぁ。その方が安心やし」

　「畏まりました。では所内で再度検討し，確実にサポートさせていただきます」

　コマばあちゃんの依頼に藍子が応じた。そのセリフを聞いて安堵した様子が見てとれた。そこで藍子は，音楽教室ブリランテが今後どうなるのか気になって尋ねると，今度は純が答えた。

　「それはぼくが引き継ごうと思っています。祖父母には本当に感謝してもしきれません。ヨーロッパへも留学させてもらって本当にいい経験をしたので，ぼく自身も演奏だけではなく教えることを通じて，音楽を大切にする後進を

349

育てるという一翼を担いたいと思っています」
　藍子は，事業を引き継ぐ場合の注意点を純に伝えた。
「個人事業に課される所得税は事業主個人に掛けられるものなので，相続をすると，お祖父様から純様へと納税者が代わることになります。ですので，まずは，個人事業の廃業届出書を亡くなられてから1か月以内に，お祖父様の今年の所得税申告書を亡くなられてから4か月以内に，税務署に提出しなければなりません」
　藍子は渇いた喉を潤すため，水を口に含んだ。
「そして，純様の個人事業開業届出書を提出するという流れになります。その他，お祖父様が青色申告をされていたなら，所得税の青色申告の取りやめ届出書を提出する必要があり，承継後も引き続き青色申告を希望されると思うので，青色申告承認申請書を提出する必要があります。このあたりは私が責任を持って作成と提出をいたしますので，ご安心ください」
　純は藍子の話に頷いて紅茶のカップを片手に持ち，今後の展望を語り始めた。
「実は他にも考えていることがあります。現在はブリランテの1階が店舗，2階が教室，3階が倉庫になっていますが，3階の倉庫を整理して，週末に演奏会を実施するようなサロンにしたいと考えています」
　藍子は，純の目がどんどん輝いていくことを感じていた。
「僕はプロの音楽家ですが，プロ・アマ関係なく，音楽をやる人にとっては『音楽が大好き』という感情が一番大切だと思っています。音楽が大好きという子供たちや大人を精一杯応援してあげたいんです」
　藍子自身も社会人になってからヴァイオリンを始めたため，純の考え方がどれほど素敵なものかを実感していた。
「教室名のブリランテって，音楽用語の『華やかに，輝かしく』という意味ですよね。私自身，音楽を奏でるのがとても好きで，ピアノはずっと習っていたのですが，昔からの憧れもあって，社会人になってからヴァイオリンを習い始めました。日本舞踊も習っているのですが。
　ピアノは弾いた鍵盤以外の音は鳴りませんが，ヴァイオリンは押さえる位置がちょっとでも違ったら音程が違うということに苦労しています。でも大切なのは左手ではなく，右手なんですよね？　ヴァイオリンを習うまでは，

左手ばかり注目していましたが，強弱などの表現はすべて右手で表現します
もんね」

「藍子先生って公認会計士でありながら，芸術家でもあり，本当にすばらし
いです。そのとおりです。後はどの程度『力を抜く』か，ということが重要
です。私たちプロでも，『力を抜く』ということは永遠の課題です」

　藍子は新人の頃，同期の男性会計士に負けるものか，と肩肘を張って仕事
をしていたことを思い出した。現在も頑張りすぎるところがあるので，仕事
でもよい意味で「力を抜く」という重要性は感じているところであり，どん
なことでも共通することのように思えてきた。真生にもそう諭されることが
ある。

「そうよ，藍子ちゃん。いつも夜遅いようだし，仕事もほどほどにね。心身
の健康には気を付けないと」

　藍子はコマばあちゃんの優しい言葉に胸が熱くなった。

「藍子先生，実は５月に，哀悼の意味も込めてぼくのリサイタルを祖父の出
身校のリスト音楽大学でするんです。ちょっと遠いですが，よければ聴きに
来ていただけませんか？」

「所長の真生に聞いて，休みが取れるようなら是非聴きに行きます」

「ありがとうございます。お待ちしております」

　藍子は純を見送った後，さっそく真生に相談したところ，

「そしたらせっかくの機会やし，みんなで出かけるとするか。ところで，ど
こにあるんやぁ」

「ブダペストです」

「ほぉ，『ドナウの真珠』って言われる美しい街やな。オスマン・トルコと
の深い歴史を体感しに行こう。どうやって行こうか？」

　そう尋ねる真生に，飛行機ファンの藍子がすかさず答えた。

「ドバイ経由で行きましょうよ。エアバスA380で。関空にも来るようになっ
たし，何より空港のラウンジは大きくて華やかやし，機内ではヴーヴ・クリ
コが飲み放題のバーもあるから，私たちにぴったりやわ」

　そう言うと結局，藍子だけではなく，真生・沙也加・雪・弁護士の陽子に
南川，裕美女史が参加する賑やかなツアーになった。

　6月，藍子たち一行はドバイ経由でブダペストではなくウィーンに降り立った。帰路はパリ経由にしている。初めはブダペストで開催される純のリサイタルを聴きに行けるだけで十分だと思っていたが，真生のリクエストでウィーン，ザルツブルグ，プラハを観光し，最後にブダペストへと，2週間かけてゆっくり訪ねることになった。まるで誰かのハネムーンに付き添うかのようである。雪がいるので，言葉に困ることもない。

　さすがに長期間事務所を空けることには一抹の不安を感じたが，真生によると"パソコンとWi-Fiがあればどこでも仕事ができる"とかで，藍子たちはすっかり納得させられてしまった。

　一行は各地を堪能し，ようやく今回のメインイベントである純のリサイタルの街に辿り着いた。ドレスアップして，予約していた花束を受け取り，劇場に向かった。

事件file 60

華やかに輝かしい未来へ

　純の奏でるヴァイオリンの音色は何とも美しく，藍子は一段と聴き惚れてしまった。
　リサイタル終演後，ホワイエにてレセプション。純の演奏の感動が収まらないままハンガリーの赤ワインを飲んでいると，藍子は肩をトントンと叩かれた。"えっ"と振り返ると，そこには江藤が立っていた。
　「藍ちゃんも聴きに来てたんや。俺は純と小学校の同級生やねん。中学校も一緒のはずやったんやけど，海外で暮らすようになりよって…それから連絡取ってなかったけど，年末にあった同窓会でリサイタルがあるって聞いて立ち寄ってん。ちょうど，リヒテンシュタインに行く用事があったし」
　藍子は，この地で江藤と再会した偶然と，江藤と純が小学校時代の友達であったことの偶然が続き，言葉を失っていた。
　まもなく，純を含めたカルテットで，『美しく青きドナウ』の演奏が始まり，レセプションを楽しんでいた観客が二人一組となり，ホワイエはたちまちダンス会場へと様変わりした。江藤は藍子の手を取りダンスを始めた。2巡目の演奏も始まろうとしていた時，純は他のカルテットメンバーに演奏を任せて，藍子と江藤の下へやってきた。

　「藍子さん，今日は来ていただきありがとうございます。江藤もありがとうな。藍子さん，よければぼくと一緒に踊っていただけませんか？」
　一瞬，江藤の眉間のしわが寄った気がしたが，引き留められることもなかったので藍子は純とのダンスに応じることにした。
　"人はステップを踏み続けて成長していくものね。決して一人で生きることはできず，たくさんの人の支えがあってこそステップが踏めるのだわ。これからもステップを踏んでいこう。そう，これまでのように，これからも華やかで輝かしい未来へ向かって…このチームで!!"

353

キーワード索引 （索引番号は事件file番号です。）

あ行

い イコール・フィッティング‥48
一時所得 ‥‥‥‥‥‥‥‥42
違法収集証拠と
　証拠排除について ‥‥54
違法な固定資産の価格の決定
　‥‥‥‥‥‥‥‥‥‥41

う 売上原価 ‥‥‥‥‥‥33,56

え S1+S2方式 ‥‥‥‥‥37
円滑な運営 ‥‥‥‥‥53

か行

か 回収不能 ‥‥‥‥‥‥58
確定手続の要否 ‥‥‥‥32
格別の確定手続 ‥‥‥‥32
課されるべき消費税に
　相当する額 ‥‥‥‥52
加算税・延滞税 ‥‥‥‥55
貸倒損失 ‥‥‥‥‥‥58
家事費 ‥‥‥‥‥‥‥53
過少申告加算税 ‥‥‥55,60
課税売上高 ‥‥‥‥‥52
課税仕入れ ‥‥‥‥‥33,47
課税事業者 ‥‥‥‥‥52
課税物件の帰属 ‥‥‥49
過大な源泉徴収 ‥‥‥44
過年度遡及会計基準 ‥‥33
過納金の還付請求権 ‥‥60
株式保有特定会社 ‥‥‥37
管理委託方式 ‥‥‥‥36
管理支配基準 ‥‥‥‥57

き 基準期間 ‥‥‥‥‥‥52

寄附金 ‥‥‥‥‥‥‥35,48
客観的な交換価値 ‥‥‥50
給与所得 ‥‥‥‥‥‥51
共同事業 ‥‥‥‥‥‥49
共同相続人 ‥‥‥‥‥32
業務の遂行上必要な支出 ‥53

け 経営主体 ‥‥‥‥‥‥49
減額支給 ‥‥‥‥‥‥43
原始的な瑕疵 ‥‥‥‥38
源泉徴収 ‥‥‥‥‥‥44,51
憲法14条 ‥‥‥‥‥‥34
憲法17条 ‥‥‥‥‥‥41
憲法24条 ‥‥‥‥‥‥34
憲法35条 ‥‥‥‥‥‥54
憲法38条 ‥‥‥‥‥‥54
憲法84条 ‥‥‥‥‥‥31
権利確定主義 ‥‥‥‥57

こ 合意解除 ‥‥‥‥‥‥38
行為の形態 ‥‥‥‥‥35
交際費等 ‥‥‥‥‥‥35
公正証書 ‥‥‥‥‥‥40
公正処理基準 ‥‥‥‥33
国家賠償請求 ‥‥‥‥41
固定資産税の課税標準 ‥‥50
顧問契約 ‥‥‥‥‥‥51
懇親会費 ‥‥‥‥‥‥53
コンドミニアム ‥‥‥‥31,46

さ行

さ 財産権 ‥‥‥‥‥‥‥31
財産評価基本通達 ‥‥‥37
債権放棄 ‥‥‥‥‥‥58

（この索引は，項目をすべての読みがなで50音順に並べたものです。）

債務確定基準 ･･････････56
錯誤 ･･････････････38
雑所得 ･･････････42,59
サブリース方式 ･･････36

仕入税額控除 ･･････33,47
事業所得 ･･････42,48,49,51
事業に関係のある者 ･････35
事業主の判断要素 ･･････49
自己の計算と危険 ･･････42,51
資産の取得に要した金額 ･39
資産の譲渡に要した費用 ･39
事実上の配偶者 ･･････34
支出の相手方 ･･････35
支出の目的 ････････35
事前確定届出給与 ･･････43
実現 ･･････････57
質問検査権 ･･････････47,54
支配的影響力 ･･････49
社会経済事情の急変 ･････45
収益事業 ･･････････48
重加算税 ･･････････55
宗教法人 ･･････････48
収入すべき金額 ････････57
主観的な意思 ･････････46
出訴期間 ･･･････41
純資産価額方式 ･･････37
上場株式の評価 ･･････45
譲渡所得 ･･･････31,39,46
消費税の納税義務 ･･････52
商品先物取引 ･･････59
書面による贈与 ･･････40
所有権移転 ･･････････38,40

所有目的 ･･････････46

生活に通常必要でない資産
･･････････････46
税込処理 ･･････････52
清算課税 ･･････････39
精算調整 ･･････････44
正当な理由 ･･････47,55,60
税抜処理 ･･････････52
整理 ･･････････････47
前期損益修正 ･･････33

相続財産 ･･･････37,39,45,60
相続財産の価格の下落 ････45
相続税の連帯納付義務 ････32
贈与契約 ･･････････40
遡及効 ･･････････60
遡及立法禁止 ･････31
損益通算 ･･････････31,46
損害賠償金 ･･････59
損失の額 ･･････････58

た行 対価 ･･････････48

直接要する費用 ･･････39
賃料増額請求 ････････57

提示 ･･････････････47
適時に提示 ･････････47
適正管理料 ･･･････36
適正賃貸料 ･･････36
適正な時価 ･･･････50

355

キーワード索引

と 同族会社の行為計算 ……36
登録価格の違法 …………50
特別の責任 ……………32
取消判決の遡及効 ………60

な行

な 7割評価通達 ……………50

に 認識必要説 …………55

は行

は 配偶者控除 ……………34
犯則調査 ………………54

ひ 非課税所得 ……………59
被相続人の死亡時点ごとの判定
…………………………60
必要経費 ……………42,46,53

ふ 賦課決定処分 …………60
複数回支給 ……………43
付随費用 ………………39
負担金 …………………56
不動産取得税 …………38
不動産の取得 …………38
不動産の引渡し …………40
不法行為 ……………41,59

へ ペット葬祭業 …………48

ほ 法律上の婚姻 …………34
ホステス ………………51
保存 ……………………47

ま行

み 見積金額 ………………56

め 名義変更手数料 …………39
免税事業者 ……………52

や行

や 役員給与 ………………43

ら行

る 類似業種比準方式 ………37

わ行

わ 和解金 …………………59

判 例 索 引

（索引番号は事件file番号です。）

昭和30年以前

大判T5.7.5・民録22.1325 ‥‥‥‥‥‥ 38
最判S29.11.26・民集8.11.2087 ‥‥‥ 38

昭和31〜40年

最判S37.3.16・裁判集民59.393 ‥‥‥‥ 49
東京高判S38.2.28・高民集16.1.42 ‥‥ 38

昭和41〜50年

東京地判S43.4.25・税資52.731 ‥‥‥‥ 51
高松高判S44.9.4・高民集22.4.615 ‥‥ 44
仙台地判S45.7.15・民集32.1.64 ‥‥‥ 57
最判S45.10.23・裁判集民101.163 ‥‥ 38
最判S47.11.22・刑集26.9.554 ‥‥‥‥ 54
最判S48.11.2・裁判集民110.399 ‥‥‥ 38
最判S48.11.16・民集27.10.1336 ‥‥‥ 38
横浜地判S50.4.1・行集26.4.483 ‥‥‥ 51
仙台高判S50.9.29・民集32.1.70 ‥‥‥ 57

昭和51〜60年

最判S51.7.9・裁判集刑201.137 ‥‥‥‥ 54
東京高判S51.10.18・行集27.10.1639 ‥ 51
大阪地判S51.10.27・民集34.4.552 ‥‥ 32
京都地判S52.12.16・判時884.44 ‥‥‥ 40
最判S53.2.24・民集32.1.43 ‥‥‥‥‥ 57
大阪高判S53.4.12・民集34.4.563 ‥‥‥ 32
東京高判S53.12.20・訟月25.4.1177 ‥ 40
大阪地判S54.5.31・判時945.86 ‥‥‥‥ 59
大阪高判S54.7.19・訟月25.11.2894 ‥ 40

大阪高判S55.2.29・税資110.502 ‥‥‥ 59
最判S55.7.1・民集34.4.535 ‥‥‥‥‥ 32
最判S56.4.23・税資117.217 ‥‥‥‥‥ 59
最判S56.4.24・民集35.3.672 ‥‥‥ 42,51
神戸地判S56.11.2・税資121.218 ‥‥‥ 40
大阪地判S57.11.17・判時1076.45 ‥‥ 56
大阪地判S59.4.25・行集35.4.532 ‥‥‥ 45
最大判S60.3.27・民集39.2.247 ‥‥‥‥ 31

昭和61〜63年

大阪高判S62.9.29・行集38.8・9.1038 ‥ 45
大阪高判S63.9.27・税資165.767 ‥‥‥ 46

平成元〜10年

最判H元.6.6・税資173.1 ‥‥‥‥‥‥ 45
最判H元.9.14・判時1336.93 ‥‥‥‥‥ 38
名古屋地判H元.10.20・民集46.2.88 ‥‥ 44
最判H2.3.23・税資176.136 ‥‥‥‥‥ 46
名古屋高判H2.6.28・民集46.2.107 ‥‥ 44
千葉地判H2.10.31・税資181.206 ‥‥‥ 49
東京高判H3.6.6・税資183.864 ‥‥‥‥ 49
最判H4.2.18・民集46.2.77 ‥‥‥‥‥ 44
浦和地判H4.2.24・判時1429.105 ‥‥‥ 41
福岡地判H4.5.14・税資189.513 ‥‥‥ 36
最判H4.7.14・民集46.5.492 ‥‥‥‥‥ 39
福岡高判H5.2.10・税資194.314 ‥‥‥ 36
名古屋地判H5.3.24・訟月40.2.411 ‥‥ 40
東京高判H5.6.28・税資195.700 ‥‥‥ 35
最判H6.6.21・訟月41.6.1539 ‥‥‥‥ 36
名古屋地判H7.9.27・税資213.694 ‥‥ 34
名古屋高判H7.12.26・税資214.1048 ‥ 34

判例索引

東京高判H8.4.17・税資218.1498 ····· 56

東京地判H8.9.11・民集57.6.743 ······ 50

最判H9.9.9・税資228.501 ············· 34

東京地判H10.2.24・税資230.722 ····· 46

東京高判H10.5.27・民集57.6.766 ···· 50

名古屋地判H10.9.11・訟月46.6.3047 ·· 40

最判H10.11.10・判時1661.29 ········· 57

名古屋高判H10.12.25・訟月46.6.3041 ·· 40

平成11〜20年

東京地判H11.1.29・民集59.2.296 ····· 52

水戸地判H11.5.31・刑集58.7.813 ····· 56

最決H11.6.24・税資243.734 ··········· 40

東京高判H12.1.13・民集59.2.307 ····· 52

前橋地判H12.5.31・民集58.9.2472 ···· 47

東京高判H12.10.20・刑集58.7.865 ···· 56

東京地判H12.12.21・税資249.1238 ··· 39

東京高判H13.1.30・民集58.9.2529 ···· 47

東京地判H13.3.2・民集58.9.2666 ····· 58

東京高判H13.6.27・税資250.8931 ···· 39

最判H13.7.13・税資251.8946 ········· 51

松山地判H13.11.22・刑集58.1.47 ····· 54

東京高判H14.3.14・民集58.9.2768 ···· 58

東京地判H14.9.13・税資252.9189 ···· 35

最判H15.2.14・刑集57.2.121 ·········· 54

高松高判H15.3.13・判時1845.149 ···· 54

名古屋地判H15.5.29・税資253.9357 ·· 49

最判H15.6.26・民集57.6.723 ········· 50

東京地判H15.6.27・民集60.4.1657 ··· 55

東京高判H15.9.9・税資253.9426 ····· 35

最決H16.1.20・刑集58.1.26 ··········· 54

名古屋高判H16.1.28・税資253.9357 ·· 49

千葉地判H16.4.2・訟月51.5.1338 ····· 48

東京高判H16.9.29・民集60.4.1710 ··· 55

最判H16.10.29・刑集58.7.697 ········ 56

東京高判H16.11.17・税資254.9820 ··· 48

最判H16.12.16・民集58.9.2458 ······· 47

最判H16.12.20・税資254.9870 ······· 47

最判H16.12.24・民集58.9.2637 ······· 58

最決H17.1.25・税資255.9910 ········· 52

最判H17.1.25・民集59.1.64 ··········· 51

最判H17.2.1・民集59.2.245 ··········· 52

最判H17.2.1・訟月52.3.1034 ········· 39

最判H17.3.10・民集59.2.379 ········· 47

名古屋地判H17.3.24・税資255.9973 · 48

H17.6.20裁決・裁集69.217 ············ 60

和歌山地判H17.10.11・LEX/DB28111763
··· 38

名古屋高判H18.3.7・税資256.10338 ·· 48

大阪高判H18.3.24・判例地方自治285.56
··· 41

最判H18.4.20・民集60.4.1611 ········ 55

H18.11.27裁決・裁集72.246 ··········· 44

福岡地判H20.1.29・税資258.10874 ·· 31

大分地判H20.2.4・民集64.7.1822 ····· 60

千葉地判H20.5.16・民集65.6.2869 ··· 31

名古屋地判H20.7.9・民集64.4.1055 ·· 41

最判H20.9.12・訟月55.7.2681 ······· 48

大阪地判H20.9.30・判例地方自治318.10
··· 41

福岡高判H20.10.21・税資258.11056 ·· 31

福岡高判H20.11.27・民集64.7.1835 · 60

東京高判H20.12.4・民集65.6.2891 ··· 31

平成21〜30年

名古屋高判H21.3.13・民集64.4.1097 ‥ 41
名古屋高判H21.4.23・判時2058.37 ‥‥ 41
大分地判H21.7.6・税資259.11239 ‥‥ 59
名古屋地判H21.9.30・判時2100.28 ‥‥ 59
東京高判H22.3.24・訟月58.2.346 ‥‥‥ 35
最判H22.6.3・民集64.4.1010 ‥‥‥‥‥ 41
名古屋高判H22.6.24・税資260.11460 ‥ 59
最判H22.10.15・民集64.7.1764 ‥‥‥‥ 60
最判H23.1.14・民集65.1.1 ‥‥‥‥‥‥ 44
最判H23.3.22・民集65.2.735 ‥‥‥‥‥ 44
東京高判H23.3.24・税資261.11648 ‥ 33
新潟地判H23.6.2・税資261.11695 ‥‥ 52
東京地判H23.8.9・判時2145.17 ‥‥‥‥ 53
最判H23.9.22・民集65.6.2756 ‥‥‥‥ 31
最判H23.9.30・民集237.519 ‥‥‥‥‥ 31
東京高判H23.11.24・税資261.11814 ‥ 52
東京地判H24.3.2・税資262.11902 ‥‥‥ 37
東京地判H24.9.4・税資262.12029 ‥‥ 49
東京地判H24.9.19・判時2170.20 ‥‥‥ 53
東京地判H24.10.9・訟月59.12.3182 ‥ 43
神戸地判H24.12.18・裁判所ウェブサイト
‥‥‥‥‥‥‥‥‥‥‥‥‥‥‥‥‥‥‥ 41
東京高判H25.2.28・税資263.12157 ‥ 37
東京高判H25.3.14・訟月59.12.3217 ‥ 43
東京高判H25.4.26・税資263.12210 ‥ 51
大阪地判H25.5.23・刑集69.2.470 ‥‥ 42
東京高判H25.6.27・税資263.12242 ‥ 49
最判H25.7.12・民集67.6.1255 ‥‥‥‥ 50
東京地判H25.10.17・税資263.12311 ‥ 53
東京高判H25.10.23・税資263.12319 ‥ 51
最決H25.12.12・税資263.12350 ‥‥‥ 49

最判H26.1.17・税資264.12387 ‥‥‥‥ 53
東京地判H26.4.23・税資264.12460 ‥ 33
大阪高判H26.5.9・刑集69.2.491 ‥‥‥ 42
東京地判H26.8.26・LEX/DB25520864
‥‥‥‥‥‥‥‥‥‥‥‥‥‥‥‥‥‥‥ 38
H26.12.10裁決・裁集97.1 ‥‥‥‥‥‥ 49
最判H27.3.10・刑集69.2.434 ‥‥‥‥‥ 42
東京高判H27.3.25・税資265.12639 ‥ 36
東京地判H27.5.14・民集71.10.2235 ‥ 42
最判H27.7.7・税資265.12690 ‥‥‥‥‥ 51
東京地判H27.9.25・税資265.12725 ‥ 33
最判H27.10.8・税資265.12732 ‥‥‥‥ 51
東京地判H27.5.11・判時2300.121 ‥‥ 51
東京地判H28.3.4・LEX/DB2553815 ‥ 42
東京地判H28.3.29・LEX/DB25535063
‥‥‥‥‥‥‥‥‥‥‥‥‥‥‥‥‥‥‥ 48
東京高判H28.4.21・民集71.10.2356 ‥ 42
東京高判H28.9.29・税資266.129 ‥‥‥ 42
東京高判H28.10.25・LEX/DB25561891
‥‥‥‥‥‥‥‥‥‥‥‥‥‥‥‥‥‥‥ 48
横浜地判H28.11.9・訟月63.5.1470 ‥‥ 42
東京高判H29.9.28・LEX/DB25547535
‥‥‥‥‥‥‥‥‥‥‥‥‥‥‥‥‥‥‥ 42
最判H29.12.15・民集71.10.2235 ‥‥‥ 42
最決H29.12.20・LEX/DB25560181 ‥‥ 42
最決H30.8.29・TAINSZ888-2199 ‥‥‥ 42

◆執筆者紹介◆ （50音順）

□**岩永　憲秀**（いわなが　のりひで）

　立命館大学経済学部経済学科卒業。中央青山監査法人での勤務を経て，岩永公認会計士事務所を開設するとともに，ひかり監査法人代表社員。平成16年公認会計士登録。平成18年税理士登録。

　日本公認会計士協会京滋会役員（会報部部長）。

□**大川　真司**（おおかわ　しんじ）

　同志社大学法学部法律学科卒業。あずさ監査法人での勤務を経て，大川公認会計士・税理士事務所所属。平成20年公認会計士登録。平成22年税理士登録。

　日本公認会計士協会京滋会会員。一般社団法人研友会役員。

□**川崎　覚史**（かわさき　さとし）

　関西大学商学部商学科卒業。清友監査法人代表社員。平成18年公認会計士登録，平成24年税理士登録。

　日本公認会計士協会京滋会会員。

□**川元　麻衣**（かわもと　あい）

　関西大学商学部商学科卒業。ひかり監査法人，新井・松原コンサルティング株式会社での勤務を経て，川元麻衣公認会計士事務所開設。平成27年公認会計士登録。平成28年税理士登録。関西大学非常勤講師。

　日本公認会計士協会京滋会会員。一般社団法人研友会会員。

□**岸野　将史**（きしの　まさし）

　同志社大学経済学部経済学科卒業。京都監査法人での勤務を経て，岸野公認会計士・税理士事務所所属。平成23年公認会計士登録。平成24年税理士登録。

　日本公認会計士協会京滋会会員。一般社団法人研友会会員。

□**小林　美香**（こばやし　みか）

　大阪大学経済学部経済学科卒業。太田昭和監査法人での勤務を経て，監査法人グラヴィタス社員。平成9年公認会計士登録。

　日本公認会計士協会京滋会会員。

□四方　浩人（しかた　ひろと）

　税理士法人エム・エイ・シー京都での勤務を経て，四方公認会計士・税理士事務所を開業。平成18年公認会計士登録。平成19年税理士登録。

　日本公認会計士協会京滋会役員（総務部部長）。一般社団法人研友会会員。

□白井　太郎（しらい　たろう）

　慶應義塾大学商学研究科修了。監査法人誠和会計事務所での勤務を経て，税理士法人白井会計事務所。平成6年公認会計士，税理士登録。

　日本公認会計士協会京滋会会員。一般社団法人研友会会員。

□谷口　純一（たにぐち　じゅんいち）

　同志社大学商学部商学科卒業。中央青山監査法人，京都監査法人での勤務を経て，谷口純一公認会計士事務所を開業。平成18年公認会計士登録。平成22年税理士登録。

　日本公認会計士協会京滋会会員。一般社団法人研友会会員。

□野田　典秀（のだ　のりひで）

　京都大学大学院経済学研究科博士後期課程修了。中央（青山）監査法人での勤務を経て，公認会計士野田典秀事務所を開設。平成18年公認会計士登録。平成29年税理士登録。

　日本公認会計士協会京滋会会員。一般社団法人研友会会員。

□八田　泰孝（はった　やすたか）

　監査法人トーマツでの勤務を経て，税理士法人エム・エイ・シー京都代表社員。平成13年公認会計士登録。平成23年税理士登録。

　日本公認会計士協会京滋会役員（経営委員会委員長）。一般社団法人研友会会員。

□菱刈　学（ひしかり　まなぶ）

　同志社大学経済学部卒業。中央青山監査法人での勤務を経て，ひしかり会計事務所開設。平成12年公認会計士登録。平成17年税理士登録。

　日本公認会計士協会京滋会会員。一般社団法人研友会会員。

□深井　和巳（ふかい　かずみ）

　神戸大学経営学部会計学科卒業。みすず監査法人パートナー，京都監査法人パートナーを経て，深井公認会計士事務所を開設。昭和55年公認会計士登録。

　日本公認会計士協会京滋会相談役（前京滋会会長）。

□山田　陽子（やまだ　ようこ）

　京都大学教育学部卒業。四方宏治公認会計士事務所での勤務を経て，山田陽子公認会計士事務所を開設。平成11年公認会計士登録。平成14年税理士登録。

　日本公認会計士協会京滋会役員（副会長，女性等委員長）。

□山本　憲宏（やまもと　けんこう）

　中央大学経済学部経済学科卒業。監査法人トーマツでの勤務を経て，山本公認会計士・税理士事務所。平成16年公認会計士登録。平成17年税理士登録。

　日本公認会計士協会京滋会役員（税務委員会委員長・滋賀県部会副部会長）。一般社団法人研友会会員。

□吉川　了平（よしかわ　りょうへい）

　立命館大学院経営学研究科博士課程博士（経営学）学位取得修了。中央新光監査法人での勤務を経て，吉川了平公認会計士事務所開設。平成7年公認会計士，税理士登録。四国松山凜監査法人社員。

　日本公認会計士協会京滋会役員（出版委員会委員長）。一般社団法人研友会副会長。元日本公認会計士協会修了考査委員（租税法）。元関西学院大学大学院法学研究科国内客員教授（租税法）。

会計プロフェッショナルの税務事案奮闘記2
ストーリーで学ぶ租税法判例プラス30

2019年5月20日　発行

編著者　　日本公認会計士協会京滋会 ©

監修者　　木田　稔

発行者　　小泉　定裕

発行所　　株式会社 清文社

東京都千代田区内神田１-６-６　（MIFビル）
〒101-0047　電話03（6273）7946　FAX03（3518）0299
大阪市北区天神橋２丁目北２-６（大和南森町ビル）
〒530-0041　電話06（6135）4050　FAX06（6135）4059
URL http://www.skattsei.co.jp/

印刷：大村印刷株式会社

■著作権法により無断複写複製は禁止されています。落丁本・乱丁本はお取り替えします。
■本書の内容に関するお問い合わせは編集部までFAX（06-6135-4056）でお願いします。
※本書の追録情報等は、発行所（清文社）のホームページ（http://www.skattsei.co.jp）をご覧ください。

ISBN978-4-433-63709-5

会計プロフェッショナルの
税務事案奮闘記

ストーリーで学ぶ租税法判例30

租税法判例は奥が深くて**面白い！**

小説仕立てで楽しく学べる入門解説書！

税務分野の学習・実務に役立つ1冊！

深井和巳　監修
日本公認会計士協会 京滋会　編著

日々生起する税務案件を,京都で活躍する公認会計士達が,租税法判例をもとに解決していく本書の第1巻！小説仕立てで分かりやすく解説。

■A5判272頁(本文2色刷)/定価：本体 2,600円+税